江南文化

空间分异及区域特征

Jiangnan Wenhua
Kongjian Fenyi ji Quyu Tezheng

陈修颖 著

中国社会科学出版社

图书在版编目(CIP)数据

江南文化：空间分异及区域特征 / 陈修颖著 . —北京：中国社会科学
出版社，2014.12

ISBN 978 – 7 – 5161 –5332 –1

Ⅰ.①江…　Ⅱ.①陈…　Ⅲ.①文化史 – 研究 – 华东地区　Ⅳ.①K295

中国版本图书馆 CIP 数据核字(2014)第 301460 号

出　版　人	赵剑英
责任编辑	宫京蕾
责任校对	秦　艳
责任印制	何　艳

出　　版	中国社会科学出版社
社　　址	北京鼓楼西大街甲 158 号
邮　　编	100720
网　　址	http://www.csspw.cn
发 行 部	010 – 84083685
门 市 部	010 – 84029450
经　　销	新华书店及其他书店

印刷装订	北京市兴怀印刷厂
版　　次	2014 年 12 月第 1 版
印　　次	2014 年 12 月第 1 次印刷

开　　本	710 × 1000　1/16
印　　张	18.25
插　　页	2
字　　数	272 千字
定　　价	59.00 元

凡购买中国社会科学出版社图书，如有质量问题请与本社联系调换
电话：010 – 84083683

目 录

第一章 绪论 ·· (1)

一 江南文化空间分异研究的价值 ················· (2)

二 本书的思路和内容 ···························· (5)

三 关于本书的研究方法 ·························· (8)

第二章 文化的空间分异与文化区 ··············· (10)

第一节 文化及文化区 ···························· (10)

一 文化及其结构 ······························· (10)

二 文化的空间分异及文化区 ··················· (13)

第二节 文化区空间划分 ·························· (31)

一 文化区空间划分方法及评价 ················· (31)

二 江南文化空间区划方法 ····················· (34)

第三章 江南文化及文化区划分 ················· (47)

第一节 江南的文化内涵及其区域界定 ··········· (47)

一 "江南"地域范围的历史演化 ··············· (47)

二 江南空间范围的界定 ······················· (50)

三 江南的现代核心:长江三角洲 ··············· (58)

第二节 江南文化区形成的环境基础及其演变 ······· (63)

一 江南文化区形成的地理环境基础 ············· (63)

二 江南运河的开凿与文化的南迁 ··············· (65)

三 江南文化的历史演变 ······················· (72)

第三节 江南文化的内核及文化基因 ··············· (80)

一 江南文化的内核 ··························· (80)

二　江南文化的基因 ……………………………………（83）

第四节　江南文化区划原则、依据及方案 ……………（89）

一　江南文化区划分原则 ………………………………（89）

二　江南文化区划分的学术基础及区划依据 …………（91）

三　江南文化空间分异的七点说明 ……………………（98）

四　江南文化空间分异方案 ……………………………（101）

第四章　太湖水乡文化区 ………………………………（103）

第一节　太湖水乡文化区文化特征 ……………………（104）

一　太湖水乡的文化性格和价值观念 …………………（105）

二　生产文化 ……………………………………………（110）

三　饮食文化 ……………………………………………（121）

四　服饰文化 ……………………………………………（122）

五　建筑文化 ……………………………………………（124）

六　水网交通文化 ………………………………………（126）

七　语言和戏曲 …………………………………………（132）

八　宗教信仰 ……………………………………………（134）

九　节庆娱乐文化 ………………………………………（140）

十　婚丧习俗 ……………………………………………（140）

十一　江南市镇文化 ……………………………………（141）

第二节　太湖水乡文化区的区域中心 …………………（145）

一　传统文化中心：苏州 ………………………………（146）

二　现代文化中心：上海 ………………………………（160）

第三节　太湖水乡文化区的亚区划分及其文化特征 …（170）

一　苏南浙北文化亚区 …………………………………（170）

二　绍兴文化亚区 ………………………………………（172）

第五章　江淮文化区 ……………………………………（180）

第一节　江淮文化区文化特征 …………………………（180）

一　江淮文化区的方言 …………………………………（181）

二　江淮文化区的民俗 …………………………………（182）

第二节　区域文化中心及文化特征 ……………………（184）

　　一　文化中心：帝都南京 ……………………………………（185）

　　二　南京文化特征 ……………………………………………（186）

　第三节　亚区划分及其文化特征 ………………………………（189）

　　一　淮扬文化亚区 ……………………………………………（190）

　　二　海盐文化亚区 ……………………………………………（196）

　　三　亚区间饮食文化的比较 …………………………………（198）

第六章　浙东南海洋文化区 ………………………………………（202）

　第一节　浙东南海洋文化区特征 ………………………………（202）

　　一　浙东南的越人与越文化 …………………………………（203）

　　二　浙东南文化特色：海神信仰 ……………………………（210）

　　三　生产文化 …………………………………………………（217）

　　四　饮食文化 …………………………………………………（219）

　　五　节庆活动 …………………………………………………（221）

　　六　婚葬文化 …………………………………………………（222）

　　七　文化性格和价值观念 ……………………………………（223）

　第二节　文化孤岛与文化的浸入 ………………………………（225）

　　一　文化孤岛与文化浸入的环境背景 ………………………（226）

　　二　隐士文化 …………………………………………………（227）

　　三　耕读文化 …………………………………………………（228）

　　四　建筑的文化内涵 …………………………………………（230）

　　五　村落空间格局的文化内涵 ………………………………（231）

　第三节　区域文化中心及文化特征 ……………………………（235）

　　一　宁波的航海文化 …………………………………………（235）

　　二　饮食文化 …………………………………………………（237）

　　三　宗教信仰 …………………………………………………（239）

　　四　服饰文化 …………………………………………………（240）

　　五　宁波商帮 …………………………………………………（242）

　第四节　亚区划分及其文化特征 ………………………………（243）

　　一　舟山群岛海洋捕捞文化亚区 ……………………………（244）

　　二　温台海洋贸易文化亚区 …………………………………（253）

第七章　浙西南山地文化区 ···（256）

　第一节　浙西南山地文化区特征 ·····················（256）

　　一　区域文化特征 ···（257）

　　二　饮食文化 ···（258）

　　三　古村建筑文化 ···（259）

　　四　农耕文化 ···（260）

　　五　隐居文化 ···（261）

　　六　宗教信仰 ···（261）

　　七　民间工艺 ···（263）

　　八　节庆娱乐 ···（265）

　　九　婚丧习俗 ···（267）

　　十　文化性格和价值取向 ·····························（268）

　第二节　亚区划分及其文化特征 ·····················（269）

　　一　金衢文化亚区 ···（270）

　　二　丽水文化亚区 ···（274）

　　三　畲族文化孤岛 ···（281）

后记 ···（286）

第一章

绪　　论

随着地域文化对区域社会、经济发展的重要意义的深入认识，区域发展中日益重视传统文化传承及文化产业的发展，各地纷纷实施大量文化工程建设项目，地域文化研究已成为当前文化学、社会学、文化地理学界研究的热点问题。就目前学术界在这个领域的研究来看，现有研究偏重于文化景观、文化生态、文化整合、文化演变过程及文化的区域效应等的研究，对文化的区域（空间）分异及文化的区域特征研究相对较少。研究文化的地域分异及区域文化特征，有助于从文化地理学角度分析文化的区域差异形成，以及地域文化的区域发展效应。

文化的空间分异最终形成不同的文化区，也是人文地理学里文化区划的依据。历史地理学者周振鹤认为，文化区的划分往往是文化地理学研究的归宿①。传统文化地理学也许如此。今天，随着文化地理学的"经济转向"，文化的空间分异及文化区划研究的目标逐步面向经济发展和文化产业开发，此时的文化空间分异研究和文化区划已不是目的与归宿，而是一种手段和方式；不再是研究的终点，而是研究的起点。文化—经济一体化已成为当代社会经济活动的显著特征。随着经济与文化的相互影响和相互渗透，文化区的功能性特征日趋明显。本研究通过对江南文化区的空间分异的形成机制、区域文化与环境相互关系的探讨、文化的区域特征与区域特色文化等的系统梳理，为推进区域文化开发、促进经济建设、构建和谐社会提供基于区域文化视角的理论依据。

---

① 周振鹤：《中国历史文化区域研究》，复旦大学出版社 1997 年版。

江南文化区核心区构成了长三角经济圈的核心部分，长江三角洲区域是我国最具经济活力的地区之一，以其深厚的历史文化底蕴推动了经济社会的可持续发展，是一个地域文化、社会结构、经济发展等方面高度耦合、和谐的区域。吴越地缘近，浙苏沪一家亲，三地地域相邻，人缘相亲，文化相通，经济相融，在经济、科技、教育、文化等方面的交往合作历史悠久，源远流长。三地处于同一发展阶段，都面临着率先发展的共同使命，都肩负着转型升级的共同任务。长三角区域发展规划中明确提出要以共同的文化地域单元为基础，以文化软实力作为区域社会经济发展的重要推动力，大力促进发展理念一体化、基础设施一体化、产业发展一体化、生态治理一体化、体制机制一体化，不遗余力地共推长三角地区率先发展、一体化发展，为全国发展大局作出更大贡献。当前，长三角地区正处在工业化、城镇化、信息化加速提升期，江南文化作为长三角地区乃至泛长三角地区社会经济发展的共同精神动力之源和文化产业、旅游业发展的产业基础，在加快推进区域产业布局、城镇体系结构优化、重大基础设施建设等方面的一体化进程中，对破解区域壁垒、创新竞合关系等方面具有其他力量不可替代的关键作用。

一　江南文化空间分异研究的价值

文化地理学是研究人类文化空间组合的一门人文地理分支学科，也是文化学的一个组成部分。它研究地表各种文化现象的分布、空间组合及发展演化规律，以及有关文化景观、文化的起源和传播、文化与生态环境的关系、环境的文化评价等方面的内容。文化的空间分异和文化区是文化地理学的核心概念，文化区或地域文化历来是区域地理的重要研究内容之一。20世纪20年代，文化地理学在美国加利福尼亚伯克莱大学诞生，自此地域文化成为文化学、文化地理学的研究内容。文化地理学之父索尔（Carl O. Sauer）从景观入手，分析文化区的特征和范围。地域文化以文化区（cultural region）的概念形式列为文化地理学研究的核心主题之一。

众所周知，江南作为一个历代知名的社会、经济和文化地域，也是近世以来中国经济最为富庶繁荣的地区。从 20 世纪 80 年代起，江南研究就成为一门显学。关于江南地区的研究，现有成果已相当丰硕。在现阶段，针对江南地区的研究已成为一大热点，学术水平较高，成果覆盖面较广，诸如江南地区如何界定，江南文化如何审视，它的形成渊源、江南文化的核心、江南文化的影响等都是研究的重点，著述浩繁，已经取得较多实质性成果。但关于江南文化的空间分异或文化区划研究，是以往较少涉及或尚处空白的内容，因为关于江南地区的空间界定尚存争议，江南文化区划便难以进行。本研究试图通过对自然因素、人文因素及其历史演化过程的综合剖析，概括出当代社会、经济和文化背景下江南地区的界定，进而探究文化的空间分异及文化区的科学划分，梳理各文化单元的区域文化表现和特征，意欲展现江南文化的地域差异及各区域文化的地域特征，反思和修正既往认识的不足，追求对江南文化的更高层次的整体性新认知，以进一步深化江南文化的空间研究。

从江南区域文化及其文化的区域差异入手，对区域文化的历史与现状展开全面、系统、有序的研究，一方面可以借此梳理和弘扬江南的历史传统和文化资源，繁荣和丰富当代的先进文化建设活动，规划和指导未来文化发展以及在区域社会管理、经济建设、体制创新、制度构建等方面发挥文化力的作用；另一方面，也是深入了解江南传统文化、研究区域文化、发展区域文化、创新区域文化的重要途径之一。如今，区域文化研究日益受到地方政府和学术机构的重视，成为我国文化研究走向深入的重要标志。江南文化的空间分异研究的意义也在于此。

在我国区域社会、经济、文化研究中，江南地区一直备受中外学者的关注。从唐代中叶以来，江南的区域形象地位不亚于汉唐盛世的关中，而江南文化更是中国人文精神的最高代表。在快速城市化和区域城乡一体化进程的现代背景下，江南地区成为现代化巨变的前沿阵地，江南文化一方面面临前所未有的冲击，另一方面也将在各个层面展现文化的软实力。江南文化空间分异及其文化区特征研究的意义在以下五个方面。

第一，服务于地区经济建设的需要。悠久深厚、意蕴丰富的区域文化，是历史赐予我们的宝贵财富，也是我们开拓未来的丰富资源和不竭动力①。从以往的经验来看，国家、地区的发展战略研究中往往只提经济发展战略，而不提社会文化发展战略，但长期的建设实践表明，某一地区经济发展的迟缓，不仅仅是因为区位条件、自然资源基础欠佳，很大程度上是因为世俗文化的落后、人民素质不高造成的。尤其是地域传统文化中积极进取的内容没有得到弘扬光大，而传统文化中腐朽糟粕的内容却根深蒂固。在这些地区，区域文化是区域经济发展迟缓除市场外对地区发展起重要作用的"无形之手"②。浙江的民营经济发达、产业集群密集，造就了浙江鹤立鸡群的经济成就，这与浙江注重工商、自主创业、务实求新、注重亲缘等独特的区域文化特征密不可分。不同的区域背景和发展历程是形成文化区差异的温床，不同区域的文化特质和赖以传承的文化基因，对江南内部区域的社会、经济活动产生了不同的影响。条分缕析这些文化特质和基因，对指导区域经济发展、区域产业分工、区域经济协调与合作、区域城市群发展及带动周边地区经济发展都具有重要价值。

第二，服务于地区文化建设的需要。立足多元性，面向统一性，通过提炼、概括逐步形成超越区域层次的"江南文化"精神特质，在多尺度层面实现对江南文化的整体性认识和更高层次的把握，进而通过江南文化特性的把握、渊源的追溯、内涵的充实、精神的提炼、传统的分类，对内形成文化认同，提高凝聚力；对外重塑江南文化形象，扩大江南文化影响，提高江南文化的知名度和美誉度，为中国文化大发展大繁荣提供具有典型代表意义的江南案例。

第三，构建和谐江南的需要。江南文化区由一个成熟的核心文化区域以及受其辐射的多个各具特色的区域共同构成，且各区域在历史发展中分属不同的政治行政区，诸多文化单元间虽然文化的相互认同

---

① 陈修颖、孙燕：《钱塘江流域人口迁移与城镇发展史之"习近平：浙江文化研究工程成果文库总序"》，中国社会科学出版社 2009 年版。

② 徐建春：《文化区的意义及先秦浙江文化区的演变》，《浙江学刊》1990 年第 1 期，第 83 页。

是主流，但文化冲突也是不可避免的。江南文化建设必须处理好不同区域文化间的相互关系，在求同存异、相互尊重的原则下实现共同发展。在制定区域发展政策时，文化的区域差异也是重要的影响因素。为了建设"和谐江南"，我们首先必须认识这些文化的区域差异性。

第四，为江南文化的地域差异的专项研究提供基础。重点是服务于江南地区文化设施建设的空间布局规划，服务于城市与区域规划，服务于区域协作政策的制定，服务于江南城市群规划与建设，服务于其他专项文化研究，如江南经济史研究、江南古村落研究、江南旅游资源开发、江南园林研究等。

第五，区域形象塑造的需要。区域形象是区域发展综合状态的综合反映。区域综合状态包括社会状态、经济水平、人口素质、传统文化等表现出的整体感知。研究认为，区域形象的好坏与区域文化关系最为紧密，区域形象的塑造与经营不仅是实现精神文明与物质文明协调发展的客观要求，而且它本身将成为区域发展一项低投入、高产出的事业。江南区域文化研究的重要目的之一是依据对区域文化现象的考察获得江南区域文化特质和区域文化精神，而区域文化特质和文化精神是树立江南区域形象的关键，也是形成区域凝聚力的核心黏合剂，因为任何人都有文化认同和空间归属的心理需要。心理学中的差异性原理认为，任何行为体时刻都在宏观环境中识别自己的身份，它们时刻都在识别自己的伙伴。江南区域文化特质和文化精神是江南区域文化的核心内容，也是江南区域形象认知的最重要的视点和区域形象建设的核心内容，江南区域精神不仅在江南区域形象中得到集中表现，而且随着江南区域主体形象的提升和传播而得以强化和光大。

二 本书的思路和内容

从宏观上，本书立足于当前学术界文化区划的现有研究成果，对文化研究做一个总体的归纳，包括文化区的形成、文化区的特征、文化区划三个方面；从微观上，分析历史上江南文化的形成背景、江南文化区的界定；之后对江南文化区进行综合区划；最后分析讨论各文化区及其核心的典型文化现象和文化特征，进一步划分文化亚区体系，进而深入研究各文化亚区的文化特质。

（一）研究思路

本书的基本思路可大致概括为四个步骤：一是确定区域空间范围。分析历史积淀，划定江南文化区的地区界限；二是确定空间分异格局。立足自然基底，分析文化的区域差异格局；三是确定文化区划原则。明晰各文化单元的空间范围；四是区域文化特征分析。梳理各文化单元的典型文化现象、剖析文化核心等。

1. 确定区域空间范围

李伯重先生认为，对于一项认真的区域研究来说，第一步工作是为所研究的地区划出一个明确的地域范围，并且说明划分的依据。根据越充分，越合理，该项研究的科学性自然就越高①。对于江南地区的地域范围，从来没有一个统一的共识。在对江南地区这个综合文化区划研究时，我们将立足在某个时间下限，结合历史概念分析，同时参考当代江南地区的形态，划出本研究中江南地区的区域范围。

2. 确定空间分异格局

自然环境形成文化发展的本底，自然环境特征决定了文化的基本格局。文化区空间分异的生成机制，自然环境起到基础作用。自然条件除了形成区域间的天然屏障，更重要的是能使其内部形成较为紧密的联系。山脉、河流、盆地等自然单元不仅是自然环境分异的明显界限，也是人文要素分异的重要分界线。明确江南地区哪些自然地形、水系为重要文化分界线，对文化区划十分重要。

3. 确定文化区划原则

确定文化区划分的原则和指标是文化区划中最关键的问题。一个文化区具有一个特定的文化体系，包含许多文化综合形成的文化复合体。在进行文化区的划定工作中，最重要的是将这些文化复合体尽可能地以空间语言的形式呈现出来，因此需要科学地确定区域原则和区划指标。区域不同，文化的空间分异历程、分异机制、分异动力都完

---

① 李伯重：《简论"江南地区"的界定》，《中国社会经济史研究》1991 年第 1 期，第 100 页。

全不一样，因此在文化区划的实践中有各种各样的区域原则，不可能有一个普适的标准。我们需要找到符合江南实际的区划原则。江南文化区是一种形式文化区，其边界具有渐变性、模糊性，但文化区划需要明晰的边界。在区划中往往不能忽视政区的影响，由政区组成的应是一种机能文化区。随着文化产业的发展和文化—经济一体化趋势的不断加深，文化区划更应面向文化产业开发和经济社会发展的需要。而行政区不仅是文化建设的重要单元，也是文化区划的重要依据，对文化的形成发展有着重要的影响。历朝历代在确定政区界线时常常考虑文化因素，而长期稳定的政区范围往往是文化区域的一个发生学标志。但由于政治干预，政区和形式文化区重合的例子往往少之又少，因此，如何协调好两者的界线问题成为江南文化区划研究必须考虑的问题。文化区的划定在西方多以语言（方言）和宗教为主导指标。而我国宗教观念及影响相对薄弱，取而代之的是较为杂乱的民间信仰体系，即俗神信仰，民间信仰渗透至生产生活的方方面面，形成了不同的民风民俗，这样看来我国的宗教表征不及风俗显著。因此周振鹤先生认为，在中国，风俗和语言一道可作为地域文化分异研究的两项主要指标①。就江南地区而言，饮食、方言、民居、地方戏曲、节庆、婚丧礼仪、价值取向、文化性格、地方信仰等存在着明显的区域差异，这些都是进行江南文化区划的重要线索。

4. 区域文化特征分析

在给江南地区划定地域范围后，通过宏观的自然与人文因素分析，把握区域文化的格局，梳理出典型区域文化现象以及区域文化的区域特征。美国学者柯文（Pail. Cohen）认为"因为中国的区域性与地方性的变异幅度很大，要想对整体有一个轮廓更加分明、特点更加突出的了解——而不满足于平淡无味地反映各组成部分间的最小公分母——就必须标出这些变异的内容和程度"，我国学者认为区域文化特征研究一是探究该地区与其他地区的文化差异；二是分析本地区内

---

① 张伟然：《试论湖南的历史文化区域》，《地理学报》1995 年，第 60 页。

部的文化地域差异①。可见，区域文化特征的分析不仅是必需的，而且应该是深入细致的、系统的和实证的。我们在研究江南文化的区域特征时，首先对各文化区的共性特征进行高度概括和总结，然后进行亚区划分，对文化核心进行剖析，对典型文化现象进行梳理。

（二）全书内容

本书的主要内容分为七章。第一章对本书的意义、研究思路和研究方法进行说明。第二章重点对文化、文化的空间分异、文化区等相关概念进行理论解释，重点说明文化空间分异研究的理论基础以及文化区划定的方法等。第三章主要确定了本书的"江南"空间范围、江南文化区域分异的环境基础以及江南文化区划定的原则、依据，确定江南文化区划的具体方案。第四章、第五章、第六章和第七章分别对太湖水乡文化区、江淮文化区、浙东南海洋文化区和浙西南山地文化区的区域文化特征进行论述。

三　关于本书的研究方法

本书采用的研究方法主要有：

（一）文献资料分析法

首先需搜集海量第一手资料，包括相关书籍、期刊、论文、档案资料等。在学习、分析整理资料的基础之上，对文献进行甄别、总结、归纳。

（二）实地调查取证法

前往相关地区进行实地考察，一方面与当地居民交流，深入了解当地方言、民俗、宗教、文化性格等情况；另一方面到当地文化部门收集文献资料，同时访问相关专家及文化工作者，获得第一手的真实资料。

（三）对比分析法

对比分析法是本书的最主要的研究方法。这种方法也类似于卢云所说的区域比较法，或朱海滨的区域描述法。区域描述法是文化学、

---

① 周振鹤：《中国历史文化区域研究》，复旦大学出版社 1997 年版。

文化地理学研究最基本的方法。不同的区域具有其文化要素的不同表现方式。在研究中,许多学者都是根据单项或综合的文化要素分析进行文化区分区,再比较区域的不同文化特性。在本书中,我们认为,应该着眼于综合分析得出文化区划方案,由单项或少数几项要素进行的分析是不全面的。当然,这也并不是终极方案,因为文化区划带有较大的主观性,同时也随着文化的区域交流、区域分化与区域融合、空间扩散等而处于不断演化中,不同的人从不同的研究角度也会有不同的方案,且选择的研究时间背景不同,区划方案也会不同。

(四)地图法

地图法是文化学和文化地理学中最常用的研究方法,文化地理学利用地图方法来反映区域文化要素分布的空间差异和组合,具有直观形象的效果。

第二章

文化的空间分异与文化区

第一节　文化及文化区

一　文化及其结构

（一）文化的概念

文化是一个含义极其复杂的概念，关于文化的解释，据《大英百科全书》统计，世界上正式的出版物中关于文化的定义已达 160 种之多，一些主要的说法之间存在明显差别。

多数学者都认为，文化可分狭义和广义两种理解。《辞海》中对文化的解释为：文化从广义上来说是指人类社会历史实践过程中所创造的物质财富和精神财富的总和；从狭义来说是指社会的意识形态，以及与之相适应的制度和组织机构。①《不列颠百科全书》中对文化的解释为人类知识、信仰和行为的整体，在这一定义上，文化包括语言、思想、信仰、风俗习惯、禁忌、法规、制度、工具、技术、艺术品、礼仪、仪式及其他有关成分②。英国著名的人类学家爱德华·B.泰勒认为，文化是指"含知识、信仰、风俗、习惯，以及人作为社会一员获得的一切其他才能和经验在内的整个复合体"③。从上述观点看来，这种广义的文化解释将文化视为人类物质文明与精神文明的总

---

① 辞海编委会：《辞海》，上海辞书出版社 1979 年版，第 1533 页
② 《不列颠百科全书》第 5 本，国际中文版，中国大百科全书出版社 2007 年版，第 56 页。
③ ［英］爱德华·B.泰勒：《原始文化》，上海文艺出版社 1992 年版。

和，包括了人类的一切生产、生活活动，使文化这个具体的事物失去其词汇的特殊指代性，内涵过于宽泛，指代性迷乱。而狭义的文化是指人类的精神文明，例如文学、语言、思想、教育、学术等，又使文化失去了其普遍性的意义。无论从广义还是狭义的角度定义文化的概念，都是件困难的事，这也说明了文化的复杂性。实际上，文化的概念就是一种感觉，因人而异、应景而异、应时而异。对于学术研究而言，也应当因研究目的而异。

可以说，文化的发展离不开一定的物质条件和基础，它是在物质基础上升华出来的精神与意识的结晶，代表了不同地域人类漫长的生产生活实践下汇集的智慧成果，这个成果形式是丰富多彩的，可以是语言文字、生产生活方式、性格特征、思维方式、道德行为、宗教信仰、民俗风情、建筑形式、村落结构，甚至村规民约和宗族制度等，"文化"表达的是文化体系的全部内容。因此，我们在本研究中所立足的文化概念，是一种广义的文化。但能代表江南文化区以及各文化单元的代表性文化元素是有限的，也是明确的，这些典型区域文化现象正是该文化区（单元）的区域文化特征的表现。

（二）文化的结构

文化是一个庞杂的体系，学术界通常把文化划分为三类：物质文化、制度文化和精神文化。物质文化是指人们的物质生产及其产品的总和，例如饮食文化、服饰文化、建筑文化、交通文化等。制度文化是指解决个人与他人、个体与群众之间的各种关系制定的各种规范、准则、法律等；制度文化包括三个部分：第一，反映社会形态的基本制度，如社会主义制度、资本主义制度；第二，具体制度，如政治、经济、法律方面各种大小制度；第三，一般的规章制度，如邻里自愿规范、奖惩办法等；精神文化是指人们在社会实践中所形成的文化，又称意识文化、观念文化。包括两个部分：第一，纯精神类文化，例如心理、心态、观念、思想、文化性格、认知等；第二，理论化和对象化的精神文化，如哲学、文学、美学、宗教音乐、诗歌、绘画、道德伦理等。一般认为精神文化就是"狭义的文化"。三种文化是互相渗透、互相延伸的，物质产品中融有精神文化，物质生产中包含精神文化，制度文化也是精神文化的反映。其中物质文化带有基础性，精神文化是文化的核心。

当然，也可以将文化按照不同的角度进行划分，可以得出不同的结构，比如：

①按发生年代，可以将文化分为史前文化（或称原始文化）、古代文化、现代文化等，甚至可以进一步具体划分为先秦文化、隋唐文化等；

②按特征的稳定性，可以将文化分为传统文化（也叫古典文化或经典文化）、流行（或时尚）文化；

③按用途归属，可以将文化分为生产性文化（简称生产文化）、生活性文化（简称生活文化）；

④按使用主体，可以将文化分为平民文化（也可称民用文化）、士大夫文化（也可称缙绅文化）、宫廷文化（也可称帝王文化）；这其中也可按文化载体——人的阶级构成来划分，又可以分为雅文化、上层文化、俗文化、大众文化、民间文化等；

⑤按空间结构，可以分为海洋文化、内陆文化、草原文化等；

⑥按生产生活方式，可以分为稻作文化、游牧文化、渔猎文化、酒文化、茶文化、水文化等。

在每一类划分类别中，学术界通常将其分为若干亚类。如生产文化，可以分为产业文化、行业文化；产业文化我们又可以进一步分为第一产业文化、第二产业文化、第三产业文化；第一产业文化我们又能分为耕作文化、园艺文化、渔猎文化、游牧文化、采矿文化等，不一而足。其中各种划分方法之间产生层层重叠，这取决于划分的角度和出发点的不同。

其中物质文化、制度文化、精神文化形成的文化结构在文化地理学中最为常用，但我们认为，研究文化现象并不应绝对地从单一划分角度去探讨，综合各类划分方法去研究文化现象能使研究更加全面、深入。

二　文化的空间分异及文化区

（一）文化的空间分异

文化的空间分异是指文化的区域差异的发生机制。正如地理学所划分的综合地理区一样，由于地理空间的经度地带性规律、纬度地带性规律和垂直地带性规律的共同作用，导致地理空间分异出特征完全不同的综合地理区，是区域地理学研究的对象。文化现象也是伴随着人类的活动驮载在人类活动的地表空间上的，因此也会出现空间分异。同样是语言，随着地形的屏蔽，河流的隔断，距离的增加，语言会发生明显地域分异现象，这也是平原区域的语言多样性远比山区简单的原因。江南文化区内江苏的方言较少而浙江的方言千姿百态就是这个道理。饮食文化的空间分异主要受自然环境、社会环境、群体文化三方面要素制约①。文学是江南地区最亮丽的文化元素，文学的空间分异使得江南地区不同文化单元的文学特色各不相同。江南地区文学的空间分异主要表现在文学风格的地域差异性和发展程度上表现出的不平衡性。这是自然和人文的诸因素共同作用的结果。不同的区域，各因素所起作用的大小和性质不同。一般来讲，环境条件优越、经济发达的地区，多是文学发展程度较高的地区。而地理环境的不同及其所导致的生产、生活方式的多样性，以及由此所衍生的民风民俗的相异性使文学特色表现出地域差异②，文学的这种空间分异性使文学表现出明显的地域差异，也彰显出文化的区域特征。和语言、文学等这些文化现象一样，宗教、饮食、服饰、制度、民俗、建筑、村落空间结构的文化表达等都会发生空间分异现象。

（二）文化区的概念

根据空间尺度和内容的差异，文化区又可称为文化圈、文化区域（cultural area/ cultural province）或文化地域。在《大英百科全书》中，将广义的文化区定义为一个区域在特定自然环境相互作用下社会

---

① 蔡晓梅：《广东饮食文化特质及其区域分异研究》，中山大学博士论文，2006 年。
② 梁璐：《陕西文学地理分异研究》，《地理科学》2008 年第 1 期。

和文化具有同一性的居民群体。狭义的文化区是指不同区域学术文化在传统、内容上的相近与差异，居民教育、文化发展的不同水平①。据《不列颠百科全书》中对文化区域的解释为：人类学上是指由具有相同或相似特征，或共享一种占支配地位的文化倾向的社会群落所构成的相邻的地理区域。②《辞海》第六版对文化区域的解释较为模糊，认为文化区域是社会学和文化人类学用语，指具有同一文化模式的地理区域③。

目前，国内学术界对文化区概念的界定千差万别，由于研究的角度不同，对文化区内涵的理解也不尽相同。

中山大学朱竑认为，文化区是指具有相似或相同文化特质的地理区域。作为文化的空间投影，文化区能完好地表现区域文化空间格局，准确揭示其分布规律。因此，文化区的划分是文化地理学研究的重要方法④。

安徽师大的张飞、崔郁对文化区的定义更为详细，他们认为，文化区是以不同地区盛行的文化特质的差异而划分的一种空间单位，即在同一个区域内，某一种文化要素，甚至多种文化要素（语言、宗教、艺术形式、道德观念、社会组织、经济特色等）以及反映这些文化特征的景观呈现一致性的特征⑤。

北京大学王恩涌在研究地理现象时一直强调人地关系，他认为，文化区是指某种文化特征或具有某种文化特征的人在地球表面所占据的空间⑥。

复旦大学历史地理学的卢云认为，文化区是人类文化的空间结构

---

① 徐建春：《文化区的意义及先秦浙江文化区的演变》，《浙江学刊》1990 年第 1 期，第 84 页。

② 《不列颠百科全书》第 5 本，国际中文版，中国大百科全书出版社 2007 年版，第 56 页。

③ 《辞海》，上海辞书出版社 2009 年版，第 2380 页。

④ 朱竑：《海南岛文化区域划分》，《人文地理》2001 年第 3 期，第 44—48 页。

⑤ 张飞、崔郁：《安徽省文化区划初步研究》，《云南地理环境研究》2007 年第 7 期，第 69 页。

⑥ 王恩涌：《文化地理学导论》，高等教育出版社 1989 年版。

形式，也是历史文化发展的积累与凝结。相比前面几种说法，这种说法是站在宏观的角度，定义比较宽泛和人文一些[①]。

本研究是从区划的角度出发，认为文化具有历史传统（时间现象）和地区分异（空间表征）两重性，而文化区的概念是从地区的文化差异而来的，所以文化区应当是具有某种共同文化属性的人群所占据的地域空间，是在政治、社会或经济方面具有独特的统一体功能的空间单位。我们认为，文化区是以不同地域的人—地复合体中的主流文化特征为代表的地域文化体系的区域差异而划分的空间单元，是文化空间分异的结果，同质性形成了文化区的内容，差异性是辨识文化区的依据。

同时我们不能忽略的是，在现代背景下总结文化区特征难度比过去更大，这是因为，作为文化主要载体的人，其移动的动力、移动的平均距离、移动的频率与人的文化水平成正比关系。随着全球一体化进程的加速，人口流动规模越来越大，流动频率也越来越高，现代人的高速流动性决定了总结文化区特征的困难性。同时，不同背景的人混居在同一个区域，使得民众的思想观念和行为差异甚大。在现代背景下，要在复杂的人群中概括出文化区域的共同特征，容易产生片面性。因此，正确把握区域文化形成、演变的历史脉络非常关键。

（三）文化区的特征

文化区从实质上也是区域的范畴。区域具有以下几个特点：占有一定的空间；具有一定的范围和界线；具有分级性和层次性；客观存在。文化区也同样继承了这些特点，除此之外，还具有以下特点：

1. 存在文化中心与模糊边界

文化区一般都存在文化中心与边缘地区。文化中心往往是该区文化最先发展的地方，或者是后期成为该区文化最发达、影响力最大的地方。文化中心是文化区文化特质的典型表现地区，其文化发展方向也决定着整个区域文化发展动态。从我国历史上看，政治中心一般都

---

① 卢云：《文化区——中国历史发展的空间透视》，《历史地理》第 9 辑，上海人民出版社 1992 年版，第 81 页。

兼具文化中心的作用，发展到近现代，经济中心后来居上，也充当着文化中心的重要作用。在文化核心之外，其代表性文化特征往往随着与中心距离的增加而逐渐减弱，最后过渡到另一个文化单元的文化特质，即中心地区在向周围地区的文化扩散中，扩散程度和强度随着距离的增加而减弱，体现出明显的距离衰减规律。

总体上，文化扩散的空间过程符合人文地理学中的核心—外围—边缘结构模式，在理想的均质区，呈同心圆圈状分布。当然，在实际中，不可能绝对的呈现同心圆形状，在实际中的文化扩散中往往受各种因素的影响，同心圆发生一定程度的变形，但圈层结构是不会打破的。这一点在文化区的形成、演变机制中会有进一步分析。

在实际中，这种文化传递过程大多是渐变的和不明显的，通常边界也是模糊的。由于边缘地带处于与其他文化区的交汇地带，在历史传承和文化交流的积淀中多少会夹带其他地区文化的浸入，成为具有一定宽度的文化混杂地区，即过渡地带。所以，往往要确定其边界并不容易。但有时也有明显的文化区边界存在，这种情况大多是由于某种自然障碍和人为因素造成。例如一些巨大山脉、大江大河、海洋沙漠这些因长久阻隔人类活动交流行为，从而成为明显的文化区边界。还有一些强制性的政治边界长期存在使两边的文化特征到这里被拦截中断，形成文化成分的突变现象。大部分文化区的边界都是模糊的，缺乏明显的突变现象。

然而，在历史发展过程中，文化区界线也带有一定的惯性延续性。虽然由于各种因素导致文化特征的空间分布不断重新整合、演变，但是其边界往往受到各种因素的限制，带有一定的保守性。这在实际中有两种观点：第一种，"边缘遗存"现象。历史上远离文化中心的边缘地区文化变革也比较慢，加之文化扩散过程中的时间差，使得边缘地带往往最终是最能保留中心地区已经消失的古代早期文化的地方。① 同时，边缘区又处于与其他文化区交汇的地带，因此也或多或少地带有邻近地区的文化特征。第二种，文化边界的历史遗留惯性。在文化的演变中，文

① R. Linton: *The Story of Man*, New York and London, 1936.

化特征空间变化因素消失后，文化界线却仍然可能保持原有的特征，长期存在。例如人们常说的东西欧的划分，即现在的易北河和莱茵河之间的地区，从罗马帝国以来就是东欧和西欧文化差异较大的过渡、演变地区，以它为界的东西欧在政治、经济、社会、生活上都有较大差别。尽管在历史上这一地区几经变更，尤其是到后期德国统一该地区，虽然政治因素为整合这一地区文化作出了很大努力，但是一直到现在，该地区仍然是东西欧文化的分界地带。

2. 文化区的尺度特征

文化区域是一种复杂的区域系统，它是由一系列不同功能和结构的文化等级序列地域单元所构成，自下而上依次为：文化特质—文化丛—文化体系—文化源地—文化副区—文化区—文化大区。① 我们认为，文化特质是最小的能反映区域文化精髓的内容，就是文化基因。文化丛、文化体系和文化源地实际上在地域空间上很难分辨出来，它们是相互交织的，它们共同组成文化单元，这个文化单元内有文化源地（核心），各种文化要素构成一个有机文化体系。因此，文化区的等级序列为文化特质—文化单元—文化副区（亚区）—文化区—文化大区，共五级的空间尺度结构。江南文化区归属于长江文化大区。

文化区的层次性以功能文化区最为典型，由于文化区内部多个中心的存在，虽然这些中心具有相似的文化特质，但由于扩散影响程度不同，以及文化区内部地理环境基础的差异、历史积淀的不同，使文化区内部存在一定的等级层次。这表现在一个文化区下可以划分成若干个亚区。同理，几个文化传承相似、文化同源或联系密切的文化区，可以组合成更高层次的文化区，或构成一种联系紧密的文化圈。例如在王士性的《广志绎》中便将浙江分为浙东和浙西两类文化区，并将浙东又划分为宁绍、金衢和台温舟三个文化亚区②。

除了自然因素，文化区的层次性在历史上往往是受行政区、经济发展水平的影响，这些因素共同作用形成了文化区的雏形。进入近现

① 吴郁文等：《人文地理学》，广东人民出版社1995年版，第333页。
② （明）王士性著，周振鹤点校：《广志绎》，中华书局2006年版，第263页。

代后，文化区的层次及各文化区所在等级尤其要受到城市等级体系影响，表现在城市规模、城市人口构成、城市经济等方面，文化区的层次是客观存在的。例如将我国进行文化区划后，华北文化区属于第一层次，而下面可将其划分为首都、燕赵、三晋、齐鲁四个亚文化区，四个亚文化区之间各有特色。

（四）文化区的类型

文化地理学所研究的内容在美国著名人文地理学家 Jordan Terry G 的《人文景观——文化地理学导论》（The Human Mosaic——A Thematic Introduction to Cultural Geography）一文做了系统研究。文化区分为三类：形式文化区（formal culture regions）、功能文化区（functional culture regions）和乡土文化区（vernacular culture regions）。①

1. 形式文化区

形式文化区是指具有一种或多种共同文化特征的人所分布的地理范围，强调不同地区文化特征的重叠性。以一种文化特征作为研究对象时，在实际操作中，可以把调查或搜集的资料描绘在地图上，绘出诸如某种语言、宗教、民俗在地图上的分布范围，根据离散的疏密程度，总结出大致的边界，得出文化区的范围。如世界基督教、汉语区的分布，都是以某种特定的文化特征为标志划分的。但是在研究过程中，更为普遍的是以多种相互关联的文化特征为标志作出的综合的文化区划分。例如在全国范围内的文化区划分，就是这类划分，要根据大范围的语言、经济、风俗、文化性格、物质环境等内容来综合分析。

2. 功能文化区

功能文化区是根据政治、经济或社会的某种机能或机制组合起来的地区。例如，一个城市、一个独立的国家、一个教区都是一个功能文化区。与形式文化区相比，功能文化区更为具体，不像形式文化区那么抽象和主观。功能文化区都有一个节点或中心点，作为区域功能的协调指挥中心。例如市政府、首都、教堂就是上述功能文化区的

---

① 王恩涌等：《文化地理学》，江苏教育出版社 1995 年版，第 41 页；周尚意、朱竑：《文化地理学》，高等教育出版社 2004 年版，第 228 页。

节点。

功能文化区一般具有明显的边界和执行机能的机构。例如一个国家就是一个功能文化区，国家的领土、领海、领空等所有加起来就是该文化区的范围。国家的运行由政府机构掌握，中心点就是首都，常常政府将整个国家划分为若干个单元进行分区管理，每个单元都由其行政、财政等组成，所以，每个单元也可以成为一个功能文化区，其界线是明确的。

3. 乡土文化区

乡土文化区是一个颇有争议的概念，是一些地理学家在前两类的基础上提出的第三类文化区。乡土文化区是一种在居民头脑中存在的一种区域意识，而且这一区域名称也被其他人广泛接受和使用，亦被称为感性文化区。例如在明朝设立浙江省之后，浙江人便逐渐形成了以钱塘江为界划分为浙东和浙西两大区块的空间意识，两地民风差别甚大，这种划分思想长期以来在民间有重要影响。乡土文化区虽然是可以感受得到的，与形式文化区类似，乡土文化区的边界也不明显，但是，乡土文化区并不像形式文化区那样以文化特征的一致性为划分标准。与功能文化区相比，乡土文化区一般有中心点，但中心点的作用并不充当指挥协调区域机能的作用。乡土文化区的判断标准是以区域内居民的思想意识为对象，所以带有一定的大众认同性和主观性。

（五）文化区的生成与演化机制

区域分异及其分异的演变是文化区生成与演化机制。区域分异是由组成区域的诸多要素分异的结果。区域结构要素十分复杂，它们构成一个有机整体，即人—地复合系统。虽然结构复杂，但核心要素主要包括自然地理环境和政治、经济、人口等人文环境或条件。我们在梳理了大量前人的研究成果后，归纳概括出文化区的生成与演化的要素主要有自然地理环境因素和社会人文因素，包括政治因素、经济因素和移民因素等[①]。

---

① 此处"社会人文因素（政治、经济和移民）"参阅了大量前人相关研究成果，因为篇幅的局限，在此不一一列出。谨向相关学者表示感谢。

1. 自然地理环境因素

自然地理环境是形成文化区最基本的要素之一。在不同的自然环境下，会产生不同的文化现象，形成不同的文化区。正如王恩涌、胡兆量等著的《中国文化地理》中所说，地理环境作为文化发展的舞台，它影响到人在该舞台上的表演，而且这个舞台也在不断适应演出而不断地"装修"，这个不断被演员为表演而进行"装修"形成的现象，我们称为文化景观或文化现象，而地理环境则是缔造文化景观的最基本因素。

自然地理环境的基本作用主要表现在以下两个方面：一是自然地理环境为文化形成提供物质基础；二是自然环境影响区域文化的空间分异格局。

首先，地区自然环境对形成区域文化的特质起到重要作用，为人类的精神生活提供物质基础，它孕育了人类文化，是区域文化形成与演化的温床。从物质层次来看，区域地形、土壤、气候、水文、地质等因素对文化区的建筑文化、服饰文化、生产生活文化、饮食文化起到关键作用，尤其是居住风俗和建筑文化。从精神层次看，上述物质文化的综合作用和发展又影响了地区人民的节日庆典、民俗风貌、价值取向、文化性格等方面。

例如浙江的温州、台州等地存在大量极具地方特色的"通天楼"建筑，尤其在楠溪江流域更集中[1]。所谓通天楼是指大开间、大进深、通天达地的住宅形式。通天楼开间一般在 3.6—4.5 米，进深一般在 12 米以上，中间布置楼梯，楼梯梯步高而窄，通常高度 17 厘米、宽度 20 厘米左右。一楼前半间为客厅，沿街都做成店面，后面半间一般是厨房和餐厅，二楼以上都是住房，同样的平面结构，从一楼直通到四楼、五楼，高的甚至达到六层楼，通向天庭，因此形象地称为通天楼。通天楼这种独特的建筑形式主要是建筑适应自然环境的结果。台、温邻郡，山川绸缪，两个地区只是一山相隔，都属于浙江南部山区，山多地少。温州素有"八山一水一分田"之称，台州地区同样属

---

① 陈志文等：《蓬溪村古村落社会经济变迁研究》，中国社会科学出版社 2010 年版。

于山多地少，人地矛盾历来非常突出，村落、城镇建设用地相当紧张。从现状分析，城镇人均建设用地在 80 平方米左右，农村人均建设用地在 60 平方米左右。这在《城市用地分类与规划建设用地标准》中，规划人均建设用地指标属用地最紧张的地区，这就是温台地区的土地利用现状。温台地区人多地少的自然地理环境，决定了自古以来，为节约居住用地，都采用了大进深的住宅模式。大进深是为了节约用地，中间分隔，两边住人，能容纳更多的居住人口。有的古建筑，甚至将两边的厢房也一分为二，因此，温州古建多有侧廊。所有的居室都是单边采光，室内空间阴暗、潮湿，为此，前檐、后厦和侧廊成了改善居住环境的重要措施。前檐、后厦和侧廊是室内外空间的过渡空间，是主要的活动和生活场所，表现出建筑的外向性。建筑的外向性是大进深建筑向院落争取日照、通风、景观的必然要求。这种大进深的建筑形制延续至今，并由此演变成当今的通天楼建筑形式，形成了楠溪江流域乃至整个瓯江流域独特的建筑形式。

其次，在文化区的空间结构方面，某些大规模的地貌形态对人类文化的交流与传播起着阻隔或促进的作用，如大型的山川、海洋、湖泊、冰川、沙漠等。这些地形特征会大致决定文化区的分布扩散状态，并可能成为文化区域的边缘区或边界。

巨大的地理障碍对文化的阻隔作用是明显的，例如我国秦岭—淮河一线成为划分我国南北方的界线；南岭成为划分华中文化区与华南文化区的界线；四川盆地的周围山脉成为巴蜀文化区与其他区域的交界，重庆东边的长江三峡则是巴蜀文化区与楚文化区的交接地带。

当然，大型地貌对文化传播的阻隔或促进作用是相对的，并不是绝对的。有学者研究发现，在山脉、河流的垂直方向上，文化传播受到阻碍，而在与它们平行的方向上，相对于前者往往形成自然的地理通道，文化传播因此而便利[1]。具体表现在，如大江大河往往形成古代两岸人民难以逾越的天险，自古成为兵家天然防御战线。但却为沿

---

① 卢云：《文化区——中国历史发展的空间透视》，《历史地理》第 9 辑，上海人民出版社 1992 年版，第 86 页。

江的人民提供了天然的航道，大大提高了经济运输能力，一般都会成为交通干线。沙漠、沼泽、海洋对文化的阻隔作用也非常明显，但它们的边缘地带，往往成为文化交流的通道。例如南疆的塔克拉玛干沙漠一直成为中原与中亚及以西地区文化交流的鸿沟，但沙漠南北沿天山及昆仑山分布的一系列绿洲，形成了两条中西交通要道，成为联结中原与亚洲内陆地区的纽带。海洋作为人类仅次于天空发展起来的最晚的交通线路，在历史上一直是隔绝人类文化交流的最大障碍，相比陆地，隔海导致的文化差异往往要比陆地地理障碍形成的文化差异大很多。在近5个世纪人类进入航海时代后，海洋贸易发展迅速，因此大陆的沿海地带尤其是有优良筑港条件的海岸往往发展成为海港，而这一地区也成为文化的前沿阵地，最先接受来自海外的文化，并由沿海向内陆逐渐传播。相比内陆，海岸地带的文化具有多样性、包容性、更新迅速的特点，海洋人民相比内陆往往在文化性格上更富有拼搏与冒险精神，安土重迁的思想意识较弱。

体育文化是地理环境影响文化特质的很好案例。从宏观地理环境看，中国的传统体育文化体现出鲜明的中国地理环境特色[1]。从小区域地理环境的多样性看，呈现出丰富多样的地方特色。中国周边封闭的天然屏障使中国的体育运动在相对独立的地理环境中独立的发展起来。同时，中国是一个多山国家，高山大川阻隔了地域间体育运动的交流与融合，在巨大的地理空间内，南北之差、东西之异悬殊，不同的地理环境必然形成不同风格、不同内容的体育运动项目。如中国的国技——武术运动，就有"南拳北腿，东枪西棍"之说，并且形成了黄河流域派、长江流域派和珠江流域派等多种体现地域特色的武术流派，从武术的集散地看，又有少林派、武当派、峨眉派等不同派别。南方以水上运动见长，北方以冰雪运动见长，西北、内蒙古、青藏高原以马术、射箭和摔跤见长。民俗体育更是一地一异，生动地体现出地理环境特色，如北方平原地区的风筝、鞭陀螺，山地森林地区的荡

---

① 陈修颖：《中国传统体育运动起源与发展的地理诠释》，《人文地理》2000年第2期。

秋千，湘鄂地区的拔河，长江中下游地区的赛龙舟。游泳作为中国古老的传统体育项目，与地理环境是密不可分的。我国第一部诗歌总集《诗经》就有"就其深矣，方之舟之。就其浅矣，泳之游之"的记载，这说明早在 2500 年前，我国先民就已掌握了游泳技术。在中国，南方水多，不仅游泳，同时所有水上运动水平都很高。苏轼对南方游泳运动作了详细描述，他说："南方多没人，多于水居也。七岁而能涉，十岁而能浮，十五岁而能没矣。夫没者岂苟然哉，必将有得于水之道者。日与水居，则十五而得其适。生不识水，则身壮见舟而畏之。"显然，南方人多善游泳是因为南方人身居水多的地理环境之故。同样，除游泳外的水上运动多源于南方。如水球、水秋千、赛龙舟等。

江南地区的大型地貌单元同样对区域文化起到条分缕析的作用。这些地形地貌单元包括山脉、河流、湖泊、盆地和海洋五类。总体看，江南区域的地形单元大体格局是北部以平原湖泊为主，河流冲积平原是主体地形，因此文化的均质性较高，而南部区域山间盆地众多、河沟纵横、山岳层峦叠嶂、海岸线蜿蜒曲折、海岛星罗棋布，因此南部江南的文化地域单元比较复杂，表现在方言、饮食、民俗、建筑、生产生活等诸多文化现象的碎块化十分明显。特别值得一提的是，江南地区的大型盆地和海岛通常都构成一个完整的独立地域文化单元。这些盆地主要有金衢盆地、永康盆地、诸暨盆地、新嵊盆地、天台盆地、仙居盆地、丽水盆地、松古盆地和云和盆地等，通过考察可以发现，这些盆地在方言、饮食、风俗等方面相互间均有一定差异，而每个盆地内部却是高度一致。江南区域近海有大量海岛，几乎每个大型海岛的文化特征相互间都有或多或少的差异，可见海峡是导致岛屿区域文化分异的重要因素。仅浙江沿海就有舟山群岛、韭山列岛、鱼山列岛、东矶列岛、台州列岛、洞头列岛和南北麂列岛七大群岛或列岛。以舟山群岛为例，舟山本岛的方言、饮食、海神信仰、生产生活、思想观念等文化内容与岱山岛、嵊泗列岛和远洋离岛间存在很多差异，每个大型岛屿或者列岛都是一个完整的岛屿文化单元。再如洞头列岛的洞头岛和大小门岛有完全不同的文化特征，原因是洞头列岛都是近现代移民，移民来源于福建沿海和温州沿海，他们分别集聚于不同的岛屿，最终形成不同的岛屿文化单元。

结合以上两点来看，自然地理环境在文化区的形成及分布格局方面起着显著作用，是文化地域分异的基础。

2. 政治因素

政治对文化影响最大的是行政区划，总体上看，行政区划一般都是在某一地区自然、经济、人文状况的综合前提下进行的。在我国历史上，自秦朝开始，就形成了一套完整的政区体系制度。以后尽管朝代变迁反复，政区划分格局有很大不同，但政区制度始终延续，并不断完善。因此，我国文化区的形成与行政区有不可忽视的关系。周振鹤在《方言与中国文化》一书中指出：政区的存在，能够使得政区内部的语言、风俗等文化因素趋于一体化，这种趋势的强弱与地域的大小则有密切的关系，而唐宋的州、明清的府这类统县政区，因其地域大小适中，所以最有利于内部文化的一体化。造成州、府内部文化趋同的动力核心则是州（府）的治所。治所不仅是州（府）的政治中心，一般也是经济、文化、交通的中心，因此其属下各县与州（府）治所之间在各个方面的密切接触，必然有助于消除各县文化的特殊之处。"在那些辖境长期稳定的州（府）中，上述因素的作用特别强烈。"①

首先，在自然地理差异的基础上，一个政区在形成后往往会反过来对该区的文化进行整合，使政区往文化均质区域这一趋势发展。这是因为，在同一政区内，文化交流所受阻碍较小，交流频繁，如果政区长期稳定存在，就极易在长期历史发展过程中形成均质的文化区域，区别于周边其他地区。

其次，早期行政划形成的政区，往往成为后来大范围的文化区形成的文化源地或文化基础。我国在历史演变过程中政区的不断细化、演变，往往早期确立的政区在朝代更替中又进一步分化，析出不同的政区分设。但由于原来政区文化的传承、传播，以及政区人口、经济迁移，而使后期大范围不同政区之间文化特征相似而形成文化统一体。

当然，在很多时候，文化区和政区是不吻合的。这是因为，在历史上，文化区域的形成遵循文化的地域分异规律并且呈现的是一种自然、客观的发展过程。而政区划分往往是随着统治阶层根据各种需要人为划定的，带有强烈的主观性，是为中央集权统治服务的。随着朝代的变迁，划分理念和原则也不同，有时甚至因为高层统治者的个人因素而使行政区划带有明显的不合理性。

政治对文化影响的另一个途径就是政治制度。从作用上看，政治制度对区域文化有促进或遏制作用。首先，从政治本身来看，由于政治及军权的暴力性质，高层制定的政治策略往往能够在一定程度上引导文化意识发展的走向。其次，从政治载体来看，政治人物的文化喜好也能影响一地区的文化发展走向。最明显的就是历史上不乏许多著名的朝廷官吏同时也是一代文人墨客，从而极大地带动了区域戏曲、文学甚至是民俗民风的嬗变。例如唐宋时期以白居易、苏轼为首的一代文豪先后在苏杭等太湖地区州府担任地方官员，直接影响了这一地区的文风、诗风，甚至由于文人好雅兴好出行游玩，而这也在某种程度上成为整个太湖地区风景优美、民众多好出游这一文化现象兴起的重要因素，这一文化特征一直延续至今，甚至已扩散到周围地区，影响力广及全国。

一些大型的政治事件，也有可能导致区域文化现象短时期剧变或者长时期潜移默化地嬗变。除此之外，大规模的军事冲突、战争，也可能导致区域文化的短时期萧条或跨地区转移，使文化区之间重新整合。

结合历史演变发展来看，政治因素在文化区的演变中更大程度地充当着文化整合的角色，影响文化区域的深度演化。

3. 经济因素

文化与经济是不可分割的关系。从微观角度来看，文化因素对人们的经济行为有重要的影响；从宏观角度来看，文化因素还对经济发展起着关键的作用。当今时代，文化与经济相互交融，文化发展影响着经济发展，文化素质决定着经济素质。文化因素通过消费文化、文化消费、企业文化、文化企业、政府文化与文化政策这六种渠道影响人类的经济行为或经济发展①。人类的生存离不开经济活动，因而经济也是文化特征形成与演化的重要因素。人们在自然环境中劳作，形成了区域特有的经济生产及文化现象。

江南经济发展与江南文化的兴盛息息相关，反过来，江南深厚底蕴的地域文化的形成又推动了江南经济的可持续发展。由于经济是与自然条件最为密切的部分，因此经济也成为人类文化形成与发展的基础。

首先，就经济生产方式上看，区域经济生产方式在很大程度上决定了农业景观的基本框架、人民生活方式的基本状况、区域文化的基底以及整体发展的方向。我们考察了舟山的地域分化特征，可以清晰地发现生产方式与地域文化的关系。从舟山的经济活动地域分布看，定海是舟山的本岛，是舟山唯一的农业生产地域，普陀是半农半渔的经济活动格局，而嵊泗和岱山以及所有一千多个离岛，都是以海洋渔业为经济活动内容。定海本岛农业经济活动现场的岛民性格与大陆传统农业社会的农民性格没有差别，勤俭节约、精打细算、注重储蓄、守望农时，尤其注重计划未来，计划性和时间性观念很强。究其原因，依赖于土地和农作，未来的收益是大致可以预料到的，对未来的确定性是他们有预计未来的可能，即使来年收成不理想，但也无性命之虞。因此形成了安逸、自信、讲规矩、守信用的文化特点，但也存在缺乏敢闯敢干、敢于冒险、开拓创新的外向型性格特征。嵊泗列岛、岱山岛和大量离岛的经济活动是海洋捕捞，海洋的凶险和渔获的不确定性是海洋捕捞业的最大特点。丰收时鱼虾满仓，运气不济时鲜有收获，台风来时命丧黄泉。出海季节岛上只留下妇女和小孩，男人出海时多则三五个月，少则一两个月。这种经济活动特点形成了粗犷豪放、不拘细节的渔民性格特征，对未来的不确定性和对性命的担忧，派生出海神崇拜等民俗民风，计划性远不如农耕文化区，及时行

---

① 金相郁：《文化与经济的关系：第三种解释》，《经济学动态》2004 年第 3 期。

乐的奢侈思想是海洋渔业区文化的不健康思想。普陀由于既有渔民又有农民，是农耕文化和海洋渔业文化的交汇区，形成两种截然不同的思想观念和行为处事方式。从各种文献资料、调查研究以及亲身感受可以发现，游牧、半农半牧的生产制度必然与辽阔单调的自然景观、种类较少的植被构成相联系，形成了草原人民彪悍、尚武、质朴的文化性格，产生的是悲凉、悠远的草原牧歌和哀婉低沉的马头琴、呼麦民乐；中部麦作平原地区的旱作农业生产方式形成了北方典型的大规模聚集而居的聚落现象，同时促进了大平原地区民众敦厚、稳重、保守、宗族观念深厚的文化性格；南方山地丘陵河流密集的地区，由于稻作农业生产方式需要土地平整因而在许多南方地区形成了壮观的梯田景观，但同时带来的农业生产成本较高及耕地匮乏带来的精耕细作，使得该地区民众往往灵活多变善于运用环境资源，形成了本土宗教多样化、信巫重鬼神的民风的盛行以及精明、善于思考的文化性格，在水乡地区更发展孕育了婉约、多变、轻柔的音乐风格，与北方音乐大相径庭。

其次，从生产力水平来看，经济发展水平的不同使得民众的民俗形式、社会精神、文化意识形成差异，导致不同文化区域的形成。在经济发达之地，都市兴盛、商贾众多，往往成为文化交流的枢纽，吸引八方汇集，区域包容性较强，使这里往往成为时尚文化的前沿，更有甚者使该地区逐渐形成了追求时尚、攀比富贵、投机取巧的市井风气。经济发展水平较高的地区，相比贫困地区其文化民俗更易受政治、经济中心的影响，而在高山老林地区，常出现"山幽谷暗，蒙蔽不见天日"的景象，生产力水平低下，农业发展滞后，由于长久闭塞与外界联系甚少，其文化风俗往往能够保持较多的原始特点，如我国西南地区是全国少数民族最密集的地区，但也是经济发展水平相对落后的地区。

并且，从基础设施上看，交通发达带来的信息的通畅也能促进地域的开放和文化的进步。历史上，文化异常发达先进之地往往位于陆路、水路交通的沿线或枢纽地带。因为，作为一个开放的系统，文化区在不断接受区内文化中心影响的同时，也会受到邻近地区文化现象的浸染。无论是文化区受区内中心辐射程度如何，还是接受异质文化容易与否，其都与交通通畅程度有重要关系。在形态上，以文化中心为核心，文化传播往往是沿着交通道路向外延伸扩散、传播，呈现一种不规则的放射形态。

结合文化发展路径来看，经济因素在文化发展与演化中充当的是促进文化发展的作用，是文化区域发展的促进机制。需要指出的是，区域文化和区域经济发展存在明显的相互影响关系。一旦地域文化形成并成为影响区域社会生活、人的价值观的重要原因后，最终将对区域经济活动产生根深蒂固的影响。最突出的例子是江南地区尤其是浙江省的产业集群现象。浙江省的产业集群是浙江省区域经济尤其是县域经济的特色。浙江省的产业集群的形成与演化与地域文化密不可分，这也注定了浙江省的产业集群是其他地区无法复制和效仿的。20世纪90年代我国中部地区大规模的"造链运动"失败的根本原因就因为产业集群的价值链是可以复制的，但这个价值链生存的土壤——地域文化是无法复制的。有学者从文化的视角认为产业集群是具有共同的产业文化和价值的企业在一个地域空间内的集聚[①]。我们通过考察长江三角洲的产业集群可以发现，产业集群内企业只有具备了共同的社会文化背景及价值观念，才具有区域的"根植性"，才可以形成稳定的产业群。如江苏戴南的不锈钢产业集群、浙江永康的五金产业集群、东阳的红木家具产业集群、义乌的小商品市场集群等无一不是在地域文化的温床之上发育而成的。宁波的服装产业十分发达，得益于历史上奉帮裁缝的文化积累和技能。大量的产业集群都是在相同的文化价值观下的长期交往与合作形成的相对稳定、根植于当地社会文化的非正式交流、信赖关系和协作关系，能够降低风险与不确定性。同时由于这种关系网络是建立在当地特有的传统文化基础之上的，其他地区难以模仿，从而进一步加强了当地产业群的根植性。在此背景下催生的集群产业文化，体现了文化与行为尤其是经济行为的一致性。文化以其缓慢

① 王缉慈：《创新的空间——企业集群与区域发展》，北京大学出版社2003年版。

的渗透性，潜移默化地影响着集群发展主体。

4. 移民因素

由于人是文化的缔造者和载体，因此文化区的地域分异以及文化的扩散传播本质上都取决于人类集群的地域分异以及人的流动性。所以，人口的迁徙是文化传播和文化区域分异的重要原因。

由于移民具有不同的方式和特征，因此对目的文化区的影响也是多种多样的。首先，移民文化占优势，则可能形成迁移传播，即具有某种特定文化的人群在迁移时，同时将原居地的文化带到新的地区，这种文化特质不仅为移民所继续承袭，还被当地人接受，最后形成新的文化区。迁移传播只有在大规模的移民运动中才能产生。这种扩散方式相比扩展扩散要快。因为迁移扩散是随着人的流动而传播的，当迁移路线较长时，人的流动可以克服原本文化传播的自然所需的时间周期；当人在迁移时越过巨大山川、河流、海洋、沙漠、沼泽时，人的流动克服了文化传播遇到的地理障碍问题，就使文化扩散的速度大大缩短。这样在空间的分布上，造成新的文化区与原文化区是断裂不相连的。在世界上，很多文化现象就是通过移民活动而扩散形成的。例如，世界上唯一的大陆国家澳大利亚，原本是一个人烟稀少、文化原始且与北半球人口聚集地相隔甚远的较为蛮荒的地方。1770 年英国殖民者第一次登上澳大利亚后，便将该地作为英国的罪犯流放地，后来将澳大利亚纳入英国殖民地。由于政治原因英国人大量迁入，使当地土著居民比例大大下降，到现在，澳大利亚的英国移民后裔占人口的95％左右，不但在生活方式上，甚至在许多政治法律制度上也与英国颇为相似。所以，这种占据式文化迁移往往发生在土著居民稀少、土地尚未充分开发的地区，即使发展到后期新文化区文化可能出现和原文化区文化有所分化，但总体上仍属于迁移扩散的范畴。例如，我国东北地区是 19 世纪下半叶至 20 世纪初由大量山东、河北移民开发的，到现代东北地区文化已特色鲜明、自成一体，但仍带有山东、河北的文化特征，尤其是在饮食、习俗等方面，十分相似。

其次，移民文化本身较为复杂。来自多个文化源地的移民在文化区汇聚，由此产生的杂居文化互相影响，可能会在特定环境条件下形成新的文化特色。这种新的文化区的面貌特征不仅取决于移民的数量，同时取决于移民来自何地，以及移民流的阶级结构和比例。一般来说，如果迁入居民占有数量上的优势、文化先进、多上层阶级宗族大家，那么在众多移民文化的碰撞中往往能占有主导地位，甚至在长期发展中逐渐取代土著文化。这种移民产生的文化演变较为复杂，一般发生在交通枢纽地区，或者是远离政治敏感的地区。例如上海在近代开放口岸后，各国人群以及全国各地人民汇集，甚至在第二次世界大战时接受了近十万犹太居民，这些都使上海这一城市成为文化碰撞最频繁的地区，已经很难用某些特定的含义来总结上海的文化特色。到后期有学者定义上海文化为"海派文化"，但其中的"海派"这一具体内涵也是争议颇多。

最后，移民文化不占优势。这常常表现在移民数量、文化水平、阶级层次上不占优势时，原有的区域文化就不会发生根本性变迁。移民可能被当地文化所同化，渐渐融入当地，文化区保持原有风貌。但在历史上，往往出现移民与土著居民在文化、生活上发生冲突的现象。例如，客家人是一个具有显著特征的汉族分支族群，是汉族在世界上分布范围最广、影响最深远的民系之一。从历史上看，客家人是北方汉人南迁移民的一支，源自河洛地区，即以洛阳为中心的黄河中游地区，在东晋末年"永嘉之乱"、唐"安史之乱"、南宋朝廷南迁、明末清初、太平天国运动五次爆发式汉人迁移中，一路南迁至江南、岭南、闽赣粤山地丘陵地区，甚至延伸到海外。在迁徙过程中，由于当地经济相对繁荣，当地人需要客家的劳力，形成了土客共利的局面。到了19世纪，由于客家的大量迁入，土客风俗语言文化各异，客家人多围屋聚集而居，客家高度的种族集团的自觉性逐渐使得当地"土人"和"客人"之间不兼容，随着19世纪岭南地区经济开始衰落，生产资料匮乏，终于在清朝咸丰年间广东西路爆发了震惊中外的"土客"大械斗。后由于政府出资鼓励，使得一部分客家人继续辗转南迁到海南、东南亚，甚至是更远的海外。

江南地区文化的形成和演化深受移民的影响。从六朝以来，中国的经济、文化重心逐步南移，江南经济文化持续发展，这种渐重的过程是通过三次变乱跳跃式地完成的①。永嘉之乱、安史之乱、靖康之难这三次变乱，分别代表了六朝、中唐至五代、南宋这三个对长江文化发展举足轻重的时期。永嘉之乱中人们为逃避战乱而纷纷南迁，这不仅充实了江南人口，又带来了先进的中原文化，不久建立的东晋政权及南朝宋、齐、梁、陈各代，其政治经济文化中心均在江南，促进了江南的第一次繁荣，成为我国古代文化南移之始。唐朝中期的安史之乱在中原文化及江南文化之间起到了抑彼扬此的效果，八年的战乱给北方经济文化以毁灭性的打击，却给南方的崛起与繁荣提供了千载难逢的机会。包括北人南迁、农业商业繁荣，区域文化中心不断涌现在内的诸多因素使江南文化已开始逐步取代正在衰退中的中原文化。到五代十国时中国文化已是南重北轻。公元 1126 年靖康之难后建立起来的南宋，以临安（杭州）为都城。以后元、明、清各代，虽然都城仍大多在北方，但国家的经济、文化命脉更依赖长江流域来负担。如明代江南境内苏、松、常、嘉、湖五府交纳给国家的税粮之和，已占全国总额的五分之一，而苏州一府竟占了将近十分之一②。

总体上看，移民在文化区的形成演变中发挥了一个使文化现象突变、重新整合的作用，是文化区的突变机制。

第二节　文化区空间划分

一　文化区空间划分方法及评价

与综合自然区划一样，文化地理在进行各项文化要素的具体研究之后，也要对该文化区域进行区划工作。

《辞海》第六版认为在一个文化区域内可包括多种亚文化，并认为可根据语言、宗教、民族等为依据划分文化区域，划分原则并未形

---

① 张承宗：《对江南文化研究的回顾与思考：〈江南文化与经济生活研究〉序》，《苏州大学学报》1999 年第 3 期。

② 同上。

成统一①。

　　有关文化区的划分，目前国内有两大流派，一种是以中山大学的司徒尚纪、朱竑为代表的文化地理学派；另一种是以复旦大学谭其骧、周振鹤、卢云等为代表的历史地理学派。

　　司徒尚纪认为划分文化区应该遵守以下原则：①比较一致或相似的文化景观；②同等或相近的文化发展程度；③类似的区域文化发展过程；④文化地域基本相连成片；⑤有一个反映区域文化特征的中心。② 其中，①和②是最基本的。

　　侧重历史区域研究的复旦大学的卢云归纳划分历史时期文化区域的四种方法：描述方法、叠合方法、主导因素方法、历史地理方法。其中，描述方法依据区域相似性原则，即依据人类文化在空间上的相对一致与差异，对文化景观与内涵进行区域分类与描述。描述方法具有明显的原始特征，它主要依据经验的观察与判断，而缺乏区域分析的具体指标，带有一定的主观性和任意性。叠合方法依据综合性原则和区域共轭原则。该方法首先是要选择若干重要的具有代表性的文化特质，通过对历史文献资料的检索、分类与统计，并结合实地考察，确定其基本分布特征，按地理学的符号加以分析，绘成多幅分布图。然后，再把这些文化特质分布图叠合在同一张底图上，得出一定的网络，其重叠程度最多的呈束状的线条，即可划定为文化区域的边界。叠合方法直观性、综合性强，标识明显，有利于在掌握各文化要素空间分布的基础上探索其成因和影响。但缺点也是明显的，当叠合图上缺乏明显的密集线条束时，即各类文化要素在分布上不相吻合，这一方法就不适用了。主导因素方法依据主导因素原则。由于文化体系中往往存在一种居于主导地位的文化形态，影响着整个文化体系的基本面貌，因此，寻求、识别文化整体中的主导文化因素，以此为标识，分析其地域分布上的连续性和断裂性，进行文化区划。主导因素方法实用性强，但和描述方法一样，在主导因素的选择上，往往会带有主

---

① 《辞海》，上海辞书出版社2009年第六版，第2380页。

② 司徒尚纪：《广东省文化地理》，广东人民出版社1993年版，第379—418页。

观意向，使得该类方法同样带有人为的主观任意性。历史地理方法依据发生学原则。历史地理学强调文化是历史的产物，同一种文化常具有显著的发生共同性，因而具有相似的文化基因与形态，这样也可以理解为是一种历史溯源的方法。运用历史地理的方法，探求区域文化形成、扩散的具体过程，确定它在时空的连续分布状况，是划分文化区域的有效手段①。

张伟然在《湖南历史文化地理研究》中也提出文化区划应借鉴自然地理区划的经验，而自然地理的区划原则是发生学原则、综合分析原则和主导因素原则、相对一致性原则、区域共轭性原则②。朱海滨认为，由于自然地理学的研究起步较早，其理论体系已较为成熟，其原则差不多是区域地理学所共同遵循的原则，也为文化区划提供了非常有价值的参考。

虽然两学派的划分方法在说法上差别甚大，但经比较可发现实质是相同的：文化地理学派在划分上遵循比较一致或相似的文化景观，历史地理学派则主要依据区域相似性原则，二者所表达的意思是一致的。同时在两者的划分工作中，都要采用主导因素方法，选择出最能反映文化区异同的主导指标，进行比较和分析。往往选择的因子不同导致划分的结果不同。因此，不管用哪种方法，主导因子的选择成为关键。不过两个学派的观点也存在各自的缺陷，文化地理学派注重文化现象的相似性，但也容易陷入只着眼于人文背景和现象的极端，可能会陷入过度纯粹的描述和统计方法之中；历史地理学派强调历史源头，注重追寻区域文化发展过程，但也可能陷入过度地着眼于历史，而忽略了文化是一个不断发展的动态过程，近代社会的发展对文化产生了巨大的改变，完全摒弃现实的研究是不全面的。

而国外学者对文化区划分标准不一。代表性的有美国学者柯达尔（Herry. M. Kendall）、日本学者石毛直道、青野寿郎等。根据国外学者对文化区划的观点来看，主要归纳为以下方面：第一，文化区的划分并

---

① 卢云：《文化区——中国历史发展的空间透视》，《历史地理》第9辑，上海人民出版社1992年版，第90—92页。

② 张伟然：《湖南历史文化地理研究》，复旦大学出版社1995年版，第189—208页。

不是绝对的，因划分目的、标准、原则的不同而不同；第二，文化区在空间上是呈片状的、连续的；第三，文化区内部的文化特征具有相当程度的一致性和同一性，不同文化区之间则差异较为明显；第四，体现不同文化区之间差异的最大因素是宗教和语言；第五，大文化区可进一步划分为一系列小文化区，组成一定规模的文化单元。

这样看来，不管是国内还是国外，对文化区划的研究都非常强调指标因素，指标的选取不同会造成区划方案的差异，这是区分不同文化区的关键。

二　江南文化空间区划方法

本研究的文化区划方法主要采用自然地理方法、主导因素方法、描述方法、历史地理方法等。这里需要重点论述的是前两种方法。

（一）自然地理方法

总的来说，地理环境是文化发展的舞台，它直接、间接地影响一些文化的发展，其他的人类行为表象都是建立在地理环境的基础之上不断衍化和发展起来并不断对地理环境产生一定影响。引用18世纪德国哲学家和地理学家康德的见解，地理学和历史学这两门关系最密切的学科它们的区别分别用三个词语来表示：历史学研究事物，注意的是"what"、"when"和"why"，即首先注意的是什么历史事件，其次是事件发生的时间，最后是事件发生的原因。地理学研究事物，注意的是"what"、"where"和"why"，即首先注意的是什么地理现象，其次是发生在什么地点，最后是发生的原因。可见，地理学非常强调的是"地点"。因此，地理学往往从地理环境基础出发，以空间为研究载体，对地理对象进行空间划分。中国自古便有"五里不同风，十里不同俗"的说法，可见文化区现象是客观存在的，同时也是极易被感知的。梁启超曾从地理环境和文化生态圈的具体特点出发，研究了水土对人的气质以及文风的影响，他说："气候山川之特征，影响于住民之性质；性质累代之蓄积发挥，衍为遗传；此特征又影响于对外交通及其他一切物质上生活；物质上生活，还直接间接影响于习惯及思想。故同在一国，同在一时，而文化之度相去悬绝；或其度不甚相远，其质及其类不相蒙，则环境之分限使然也。环境对于'当时此地'之支配力，其伟大乃不可思议。"[①] 在江南平原水乡地区，水运方便，与水运有关的交通文化显著，而在江南丘陵山地地区，河流落差大，内部交通必然以陆路交通为主。又如地理区位的不同也会导致文化的差异，在滨海、滨江的地区，往往对外交通方便，人员流动性大，易形成一定规模的物流集散中心，因此商业文化浓厚。从民风上看，生活条件较好的平原地区民风相对奢靡，而山区由于自古交通不便，以内部交往为主，生存条件艰难，民风相对刚烈。明代王士性在《广志绎》中对当时的浙江十一府的地理环境和社会民俗、文化性格的关系有一段十分精辟的描述：

> 杭、嘉、湖平原水乡，是为泽国之民；金、衢、严、处，丘陵险阻，是为山谷之民；宁、绍、台、温连山大海，是为海滨之民。三民各自为俗，泽国之民，舟楫为居，百货所聚，闾阎易于富贵，俗尚奢侈，缙绅气势大而众庶小；山谷之民，石气所钟，猛烈鸷愎，轻犯刑法，喜习俭素，然豪民颇负气，聚党与而傲缙绅；海滨之民，餐风宿水，百死一生，以有海利为生不甚穷，以不通商贩不甚富，闾阎与缙绅相安，官民得贵贱之中，俗尚居奢俭之半。[②]

王士性的观点便是文化区域是依托于自然地理环境的，这也说明了自然地理基础在区划文化区中的重要性。

不过地理环境对文化特征和文化区划的影响是复杂的，尤其是随着人类生产力的发展，人地关系极其复杂多变。又正如《广志绎》中描述的古时汹涌的钱塘江下游成为隔断浙东和浙西经济文化交流的天然屏障，然而现在的钱塘江下游已成为一条重要的航道，是沟通两岸乃至各地的天然通道。

---

① 梁启超：《近代学风之地理的分布》，《清华大学学报》1924 年第 1 期。

② （明）王士性著，周振鹤点校：《广志绎》，中华书局 2006 年版，第 264 页。

从区域空间结构看，信息社会的空间结构发生了巨大变化，区域文化空间是典型的地方空间。地方空间的网络结构图式据发育程度不同可以分为点状空间、点轴空间和网络空间三种，如果从文化生态的逻辑观点出发进行考察，地方文化空间的结构由基质、斑块和廊道三者组成①。自然地理环境构成区域文化形成的"基质"，一个一个的文化单元就是区域内最小的文化"斑块"，链接文化单元和文化斑块的是文化"廊道"。显然，自然地理环境构成的基质、斑块和廊道结构是地域文化空间结构形成的基础，也是文化区划的基础。

（二）主导因素方法

确定文化指标是文化区划中十分重要的问题。指标选取不当会造成文化区划的偏差和不科学。我们认为，文化主导因素的选择需要遵循两个原则：一是研究目的的原则。目的不同，主导因子选择要服务于研究目的。二是因地制宜原则。就是不同的区域有不同的区域文化特色，选择最能代表该区域文化的指示性因子需要依循因地制宜的原则。一般而言，在进行文化区划因子的选择时，我们可以将区域内不同地区的物质文化、制度文化、精神文化的具体表现，作为区划的具体因子，归纳如下：

表 2 - 1　　　　　　　江南文化区空间分异指示性因子

文化形态	指示指标	文化形态	指示指标
物质文化	饮食文化	精神文化	语言文字文学
	服饰文化		价值观念
	建筑文化（民居为主）		宗教信仰
	生产生活		文化性格
	交通		地方音乐
制度文化	官府制度		节日庆典
	宗族制度		丧葬习俗
	民间社会制度（乡规民约等）		地方特色文化现象

---

①　陈修颖：《信息社会下中国区域经济空间结构模式的创新》，《中国软科学》2009年第3期。

首先，语言是人类最重要的交际工具，是文化的符号。人们借助语言保存和传递人类文明的成果，因此语言是民族的重要特征之一，具有强烈的历史文化传承性，是区域文化的核心基因之一。

饮食是人类生存与发展的最重要、最基本的生活民俗，人类的饮食偏好与方式，与其生存的环境有着密切联系。人们在长期的生产和生活实践中，善于充分利用本地富饶的自然资源，创制出许多丰富的具有地方特色的菜肴，甚至形成一类体系，成为一个完整的菜系。"一方水土养一方人"、"民以食为天，食以地为本"就是这个道理。

建筑文化中民居是最能体现地方特色的内容。民居风格的形成与自然地理环境和人文地理环境有着十分密切的关系；反映区域文化特色的建筑文化主要包括三个内容：一是村落与环境背景的和谐关系，体现了地域文化中人地关系的精髓；二是营村造户的理念，体现了区域文化中人对理想家园的基本理念和基本要求，折射出文化精髓；三是民居的建筑材料、房屋的空间布局等，体现了区域文化中个体的微观文化特性。也就是从建筑的宏观、中观和微观三个层面可以窥见区域不同层次的文化特色。

生产生活是人类最基本的实践活动，也是孕育财富的过程。生产生活的文化非常丰富，其中科技创新、人才、新工艺、独特的生产工艺和生产流程等内容是反映区域生产生活文化的关键指示性内容。

在江南地区，宗教信仰主要体现在民间信仰上，民间信仰是建立在广大群众基础上的，在我国民间信仰主要是俗神信仰，是非宗教信仰，这种信仰在我国具有悠久的历史。中国民间信仰的一个典型特征，就是把传统信仰的神灵和各种宗教的神灵进行反复筛选、淘汰、组合，构成一个杂乱的神灵信仰体系。不问各路神灵的出身来历，有灵就香火旺。这鲜明地反映了中国世俗信仰的多元性和功利性。由于江南地域民众极重香火以及民间信仰具有多教合一，多神崇拜的特点，尤其是海神崇拜内容更是名目繁多、异彩纷呈、一地一异，因此民间信仰是反映江南地区间文化差异的重要指标。由于宗教信仰的强大精神力量，使其得以世代相传、虔诚守望，因此，宗教信仰成为江南区域文化的重要文化基因之一。

　　节庆活动在民俗学中一般称为岁时习俗，是指每年都定期举行的有特定内容的种种与时令有关联的活动，是地方文化的重要组成①。我们认为岁时习俗有以下几个特征：在一定的地域范围内流行；有固定的日期，一般是一年一度；在这期间内要举行相同的一系列仪式活动，主要体现在娱乐、饮食等方面；有一定的纪念和祭祀对象或附有宗教色彩、历史传说，等等。

　　文化性格、价值观念的地区差异是基于文化带有强烈的主观感受上的，这体现在两个方面：一类指人类群体的"活法"，即所谓的文化模式，重点在于总结人类不同的生存方式；另一类是指人类群体的"想法"，即所谓的文化性格，重点在于指明不同群体的精神特征。因此，文化性格和价值观念也是不同地域文化特征的表现。正如王士性对浙江的民情分区，他认为杭嘉湖"泽国之民"重视商业、俗尚奢侈、富豪众多，贫富差距悬殊；浙中南"山谷之民"生活简朴、好打斗、目无法纪、喜欢聚众对抗；浙东沿海"海滨之民"富有冒险精神，吃苦耐劳。这些都是不同人群文化性格和价值观念地域性差异的体现②。

　　关于制度文化的几个范畴，研究发现，首先，由于家庭是建立在婚姻和血亲基础上的社会组织形式，是构成社会的基本单位，家庭便成为社会文化的最小体现单位。其次，民间社会则是由地缘关系把若干不同家族或亲族集团组合起来的生活共同体，是固定在特定地域的、更大范围的社会单位。在长期的历史发展中，社会形成了很多习俗习惯，这些民俗几乎渗透到了人们生活的各个方面。例如在水乡地区，桥梁是重要的交通设施，民间一直有自愿捐钱或出力来建造桥梁的良风美俗，许多时候，会由地方上某个热心公益事业的人士牵头，筹建民间社团桥会。然后由桥会出面发动，广为募捐，来修建某座桥梁。桥建成后，当初成立起来的桥会一般依旧存在，负责有关这座桥的管理和日常维护，有的地方还有桥规，也是由桥会负责监督，要求民众遵守，这桥会和桥规便是江南水乡地区普遍存在的乡规民约，这

---

① 朱海滨：《近世浙江文化地理研究》，复旦大学出版社 2011 年版。

② （明）王士性著，周振鹤点校：《广志绎》，中华书局 2006 年版，第 263 页。

是其他地区较难见到的。对于江南地区的山民（如磐安山区、天台山区、雁荡山区和钱塘江源的开化山区等），水源地和生态涵养地是维系古村落生态安全的命脉，因此有大量不成文的乡规民约约束村民保护水源地和水源林。

中国自古便将礼法置于非常重要的地位，其中婚丧文化是关于民生最隆重的大事。《礼记》曰："昏礼者，将合二姓之好，上以事宗庙，而下以继后世也。""昏礼者，礼之本也。"丧葬文化体现在将一代又一代的逝者送往他们认为应该去的另一个世界，同时让生者带着这种信念生存着，由于人对死亡的畏惧，有关丧葬的一切成为人到了一定年纪便开始非常重视的事情，也成为生者和死者之间联系的纽带。而中国古代鬼魂观念深入人心，认为人死后仍能福祸活人，因而中国自古丧俗便十分繁复，也成为不同地区文化差异的标志之一。

当然，除上述因子外还有其他因子也同样具有重要的参考意义，如民族因素，由于民族是具有共同地域、共同语言、共同经济活动，以共同文化为基础的共同心理素质的人群。且在中国少数民族地区具有分布集中的空间特点，因此这也是文化区划的重要指标。江南地区的畲族集聚区，其文化现象、文化特质、文化渊源、文化的演化以及文化景观（culture landscape）等有别于其他周边地域，因此成为一个特殊的文化单元。

（三）江南文化区划分的主导因子

在针对研究对象区域文化区划中，确定区划主导指标是其中最关键的问题。在现有文献中，我们发现，国外的文化区划多以语言和宗教为主导指标，较为典型的便是美国学者 Herry. M. Kendall 的《现代文化区》一文，在这样的主导指标下他将世界划分为西方文化区、伊斯兰文化区、印度文化区、东亚文化区、东南亚文化区、非洲文化区六大文化区①。美国著名战略学家塞缪尔·亨廷顿（Samuel. Huntington）在其著的《文明的冲突与世界秩序重建》（*The Clash of Civiliza-*

---

① ［美］柯达尔：《现代文化区》，李根良译，《国外人文地理》1986 年第 1 期，第 83 页。原文为美国 1976 年版的 Introduction to Geography。

tions and the Remaking of World Order) 一书中，对于"文明"的理解是
"那种把一类人同其他种群区分开来的文化实体层次"。他依据宗教和
民族的地域差异将全球文化分异为决定人类的命运的八种文明：西方
文明、儒家文明、日本文明、伊斯兰文明、印度文明、斯拉夫—东正
教文明、拉美文明和可能出现的非洲文明。他把西方分为欧洲和北
美，把伊斯兰教的成员分为阿拉伯人、土耳其民族和马来人。在全球
化和区域一体化的今天，这些文明之间的摩擦加剧，增强了人们的文
化差异意识。与此同时，政治意识形态和民族国家作为归属感的载体
也在褪色。文化特性被认为是比政治或经济更为永久的东西。亨廷顿
警告说，如果发生下一场世界大战，那将是"文明之间的战争"①。

　　对于多民族的国家和地区来说，语言的确是重要指标，这一点在
我国同样适用。然而我国总体上宗教观念及其影响并不显著，宗教的
地区差异还不及民俗差异明显。在国内现有的文化区划案例中，针对
各地文化表征的不同，主导指标的选择也有所差异。关于主导指标，
谭其骧先生认为文化区域的形成主要是语言、信仰、生活习惯、社会
风气的异同②。如司徒尚纪划分广东文化区时选用的是方言和民俗作
为主导指标③；张伟然在划分湖南文化区时除方言和民俗外又增加了
信仰和民歌作为主导指标④；朱竑在划分海南文化区时将民族、方言
作为主导指标，兼顾风俗、信仰等因素⑤；孟召宜等在划分江苏省文
化区时将方言、饮食、民歌、价值取向作为主导指标⑥；张晓虹对陕
西文化区划分时主要考虑方言和民俗，同时将民俗细化为婚俗、丧

---

　　① ［美］塞缪尔·亨廷顿（Samuel. Huntington）：《文明的冲突与世界秩序的重建（修
订版）》，新华出版社 2010 年版。

　　② 谭其骧：《历史人文地理研究发凡与举例》，《历史地理》1992 年第 10 期，第
22 页。

　　③ 司徒尚纪：《广东文化地理》，广东人民出版社 1993 年版，第 379—418 页。

　　④ 张伟然：《试论湖南的历史文化区域》，《地理学报》1995 年第 1 期，第 61—
62 页。

　　⑤ 朱竑：《海南岛文化区域划分》，《人文地理》2001 年第 6 期，第 45 页。

　　⑥ 孟召宜、苗长虹等：《江苏省文化区的形成与划分研究》，《文化研究》2008 年。

俗、岁时民俗、居住民俗、信仰民俗等多个指标——细化罗列[1]；张飞、崔郁对安徽省文化区划时又增加了村落建筑风格作为主导指标[2]。

从上述案例可以看出，针对不同的地区不同的文化现状，区划指标结构有所差异。换个角度来说，因为区划指标的选取不同，区划的结果也不尽相同，这样看来，文化区划难免带有较多的主观色彩。由于主导指标的选择差异，往往要继续进行综合角度的考虑，这样主观程度又进一步增加。同时我们不能忽略的是，由于文化区一般是由文化中心、文化核心区、文化辐射区组成，因此文化区之间的界线更趋近于一种过渡混杂地带，不可能准确地反映文化的突变，只能反映一种大致的情形。因此在区划时，对有争议的过渡性地区，很难客观地、明确地划出区域界线，这里有很大的主观因素。如浙江省的绍兴、丽水、台州等地便具有明显的文化过渡性特点，绍兴兼具了浙东、浙西的许多共性，丽水兼具了金衢、温州两地的许多共性，台州位于宁波和温州之间，也表现出一定的过渡特点。

本研究的研究对象江南地区作为长期的汉文化中心地区之一，境内以汉族人口占绝对优势，具有代表性的少数民族有丽水的景宁畲族自治县，因此，总体上看，民族不能作为江南文化区划的主导指标。通过研究，我们将饮食、建筑、生产生活、语言、信仰、文化性格和价值观念、婚丧文化、制度文化以及地方音乐、民间工艺、节庆娱乐等组成本研究的区划的指标体系，旨在集成综合的文化区划方案。

就江南地区来看，境内地形复杂多变，总体来看，自北向南的扬州菜、南京菜、苏州菜、海派菜、宁波菜、金华菜等地方菜便各有特色，扬州菜咸甜适中，苏州菜偏甜，太湖平原的饮食多湖鲜、江鲜，而宁波菜多海鲜，金华菜多山珍，舟山菜多海味，这都与区域的地理环境和物产有很大关系。因此，饮食是江南文化区划的重要指标。

江南地区北部以平原水乡为主，南部为丘陵山地，东部还有一道狭长的沿海平原以及诸多海岛，地区之间的建筑文化差异很大。水乡

① 张晓虹：《陕西文化区划及其机制分析》，《人文地理》2000 年第 6 期。
② 张飞、崔郁：《安徽省文化区划初步研究》，《云南地理环境研究》2007 年第 7 期。

地区，由于气候湿热，雨量充沛，年降水量1000毫米以上，而以砖瓦木结构的两面坡式屋顶的民居为主。人字形的瓦顶，有利于雨后迅速排水，不少房屋檐外挑有廊檐、雨搭，可防止雨水打入屋内，夏天也可遮阳光。天井和住宅周围阳沟、阴沟与下水道相通，利于排水。多重檐的层层下落式住宅，便于雨天迅速排水。靠天井周围的楼上设飞来椅栏杆（俗称美人靠），临街的二楼为骑马楼式。人住楼上，具有通风、散热、防潮的功能，也便于楼下行人在雨中行走购物。江南水乡的住宅，很多沿河分布，有的建筑在石驳河岸上，有的打桩建在河边、湖边，并在临河一侧修石阶码头。舟山海岛以青岗石筑成的石屋和渔舍为特色民居及地标性建筑，这种民居便于就地取材、抗击暴风雨和防潮防腐蚀。

在江南地区，长期以来便大致形成了北部平原运河区水稻耕种、桑蚕养殖、淡水渔猎、江河航运、工商业繁荣，东南部山海区海洋捕捞、海洋航运、外出经商的生产格局。由此也形成了截然不同的生活、信仰、节庆、交通等文化。

江南地区境内南京、扬州、镇江以及泰州和南通两市的一部分通行江淮方言，其他地区以吴语为主。1984年在江苏无锡召开的吴语讨论会上的成果及其后陆续出版的后续成果中将中国吴语区域分为六大片区，即太湖片、台州片、瓯江片、婺州片、处衢片、宣州片，这是目前学术界较为权威的一套方案。除去宣州地区不予论述，太湖片又可分为毗陵、苏沪嘉、苕溪、杭州、临绍、甬江六个小片；处衢片可分为处州、龙衢两个小片。太湖片范围囊括今苏南、上海市及其辖区、浙北地区，这是吴语区范围最广的地区。其中：（1）毗邻小片主要位于苏南的东北部和西部的十一个县市地区，包括常州市的大部分、丹阳市、金坛市大部分、溧阳市、江阴市（西北角除外）、宜兴市、张家港市长江以南地区、靖江市（西南部分地区除外）、南通市北部部分地区、海门市北部、启东市北部；（2）苏沪嘉小片位于吴语区东北部，主要包括南通市南部、如东县东南地区、启东市中部及南部、海门市南部、张家港市长江以东地区、常熟市、无锡市、苏州市、昆山市、吴江市、太仓市、上海市、嘉兴市及其所辖县市；

（3）苕溪小片位于浙江省西北，主要包括湖州市（其中长兴县和安吉县两个县的西部边境除外）以及杭州的余杭区；（4）杭州小片包括杭州市城区及其周围郊区；（5）临绍小片包括浙北的临安市、富阳市、杭州萧山区、桐庐县、建德市东部、绍兴市、诸暨市、嵊州市、新昌县、上虞市、余姚市、慈溪市这十二个县市区；（6）甬江小片位于浙江东部，包括宁波市、奉化市、宁海县（南部小块地区除外）、象山县、舟山本岛（定海区和普陀区）、岱山县、嵊泗县七个县市。台州片包括台州市、天台县、三门县、临海市、仙居县、温岭市、玉环县、宁海县南部小部分地区、乐清市清江以北地区。瓯江片位于浙东南瓯江流域，行政上包括乐清市清江以南地区、永嘉县、温州市、瑞安市、平阳县和苍南县的非闽语地区、文成县大部分、泰顺县大部分、洞头县部分、青田县东部。婺州片包括金华市、兰溪市、永康市、武义县中北部、东阳市、义乌市、磐安县、浦江县八个县市。处衢片位于吴语区的西南，包括浙江省西南、江西省上饶市及周围几个县以及福建省浦城县以北。处衢片又分为处州小片、龙衢小片，其中：（1）处州小片包括丽水市、缙云县、武义县南部部分地区、云和县、青田县西部、景宁畲族自治县、泰顺县北部、文成县小部分、庆元县东北。（2）龙衢小片包括龙泉市、庆元县东北以外地区、松阳县、遂昌县、衢州市、龙游县、开化县、常山县、江山县及江西和福建的吴语区。[1] 这样看来，江南地区的方言格局较为复杂，且与行政区形成了明显的交错现象。

　　"信鬼神，好淫祭"是北方人对长江以南地区的最初印象，也是两千多年来中国南方地区的信仰特征。在江南地区，新中国成立前一个中等大小的县级政区，境内民间祠庙的数量可能多达四五千所之多[2]。民间祠庙多元化的特点决定了民间信仰是识别江南地方文化空间分异的重要因素。除了一些南北方盛行的神灵如观音、地藏王、关羽、灶君、龙王等之外，江南地区更多的则是许多地方性神灵，其影

① 傅国通等：《吴语的分区（稿）》，《方言》1986年第1期。
② 朱海滨：《近世浙江文化地理研究》，复旦大学出版社2011年版，第73页。

响范围大小不等，多数寺庙的庙主影响范围并不大，多数在方圆几十里的范围内流行，差不多每县数位至数十位不等，甚至有些神灵只在几个村落受到供奉。舟山群岛可以说是信仰最繁杂、寺庙观最多的区域，几乎村村有庙甚至一村数庙，每座山头每个小岛，庙宇无处不在。除了佛教、基督教、道教等大型宗教外，还有观音、海龙王、妈祖等海洋性宗教，以及难以数计的海神信仰、祭海活动等民间信仰。江南地区的民间信仰的影响因素及其格局主要有以下几个方面：

（一）自然环境条件决定民间信仰的基本格局。这主要通过交通状况、自然灾害方面影响信仰的产生和分布。交通线路的状况是制约民间信仰传播的重要因素，江南地区北部以江河运输为主，内部人员来往较多，四通八达，因此这些地区的共同神灵较多；浙东沿海地区山地较多，南北往来以海运最为方便，因此形成了南北沿海民间信仰在一定程度上的趋同；浙南山区由于内部往来不便，海岛众多，信仰种类繁杂。自然灾害现象则又使得不同地区的神灵在职能方面具有不同特色。如杭州湾地区由于潮灾严重，形成了特殊的潮神信仰；浙东南沿海地区由于夏季台风影响，海水倒灌造成潮灾，形成了平水大王、龙王、妈祖信仰，这都是用以保障民众海上安全的神灵；舟山海岛区的普陀观音文化影响整个中国，甚至在日本、韩国及东南亚都有重要影响。浙南山区由于地形因素影响，水旱灾害明显，因此这一地区的神灵都具有祈晴求雨的基本职能。另外山神和土地爷都是普遍信仰的神灵，在磐安、庆元等山区还有香榧树神信仰、菇神信仰和药神信仰等，因为在这些山区，香榧、香菇和中草药材等山货土特产是山民最重要的经济来源，为了感谢上苍的赐予，于是供奉祭祀诸神。

（二）经济形态影响民间信仰的类型。江南北部江河平原地区交通便捷、物产丰富、商业繁荣，自古便形成了浓厚的经商风气，因此以五通神为主的财神在这一地区影响很大，且许多神灵都被赋予了司理财富的职能，像金元七总管本是保护航运的神灵，不过在湖州等地也被列为财神加以祭祀。同时，在太湖地区，桑蚕养殖在乡镇经济占有很大比重，因此蚕神也成为这一地区的重要地方神灵，而这些神灵信仰在浙东地区影响力不大。

　　（三）乡土观念促进了民间信仰格局的稳定。一般来说，生活在封闭、对外交通不太方便的地区，该区的乡土观念要相对重一些。生活在盆地的人群，其内部的乡土意识特别浓厚，对本地乡土保护神的信仰最为执着。因此在浙东地区，重要的地方保护神的人物原型几乎都是本地人或附近地方的人，如金衢地区的胡则信仰、金华盆地的黄大仙信仰、丽水的马夫人信仰、温台的平水大王信仰等。而在北部的太湖及江淮地区，历史上对外交通便捷，乡土观念相对较弱，对乡土保护神的崇拜不如浙东地区强烈，多外来神灵。如南京作为六朝古都，尤其是近代作为中华民国首都，文化荟萃，其境内全国、全世界各种宗教信仰都有生存的痕迹。太湖地区盛行的五通神原本是徽州的神灵。伍子胥是太湖地区重要的神灵，是春秋时期楚国人（具体家乡说法不一，不过大致都属现湖北省境内），也不是本地人。

　　（四）移民因素使江南地区的民间宗教信仰格局趋于复杂。移民是传播宗教信仰的重要因素。浙南地区在宋代开始便接受了大量福建移民，由福建移民带来的诸多女神信仰也逐渐在江南传播，如丽水、温州流行陈夫人信仰，浙东沿海的妈祖信仰就是由福建移民带来的。又如起源于衢州的徐偃王信仰在金华地区、杭州的建德、桐庐、淳安都有分布，显然也与衢州移民有关。

　　江南地区民众普遍重节庆，差异体现在节庆的种类，即使是同一类节庆也存在着区别。以元宵灯节为例，浙东山区对灯节的重视要高于浙西地区，灯节的时间也普遍比浙西地区要长，太湖地区元宵张灯一般为一天，而浙东地区则三天至六天不等，最长的要属温州地区，灯节时间一般都长于六天，是江南地区灯节持续时间最长的地方。

　　与信仰一样，江南地区的岁时节庆也受到自然环境、经济形态等多方面影响，甚至民间信仰也形成了富有当地特色的岁时节日，此外，由于中原文化在境内的影响程度不同，也造成了节庆文化的差异。浙西及其以北地区在历史上更早归纳进中原王朝的版图，且南京和杭州都曾多次作为中原王朝的首都，因此境内的节庆文化与中原文化有较多的共性，而浙东地区，由于受中原文化影响较弱，节庆文化的共性相对要小。例如腊八节、寒食节在浙西以北都有较强的民众基础，而在浙东则并不能作为民间节日。各地民风的差异也造成了节庆文化区域间差异的形成。以浙江省为例，浙西民风柔靡，经济发达造成游玩、奢侈之风盛行，节日多且繁；浙东地区民性淳朴，节日种类更少，不过由于聚族现象严重，民间宗族间重攀比，民众对节日热情程度更盛，因此在节日的场面上往往要更加盛大恢宏。

　　江南地区自唐代以来经济、文化十分发达，为丧葬提供了较好的经济、文化基础，民间对逝去的人的葬仪十分重视。丧葬文化的地域差异最有代表性的便是墓式，墓式是一种具有区域生态特征的综合了多种因素的物化形态，通俗来说就是通过墓与坟构成的掩埋死者的外在建筑形态。从墓式的历史发展来看，墓式的结构和材质承载了墓主人的身份地位、家财、宗教信仰、家族文化等多种生前特征。宏观上看墓式也是一个地区的政治、经济、文化、意识和信仰等方面的真实写照。在江南地区，墓式呈现出一定的地域分布，在太湖平原地区主要以馒头坟为主；浙东南地区则以石椁式浮坟和椅子坟为代表；浙中地区流行八字坟；绍兴和宁波则呈现一种过渡性，具体来看是石椁式坟、馒头坟与砖拱式八字坟混合存在。

　　美国人类学家弗朗兹·博厄斯在《原始艺术》一书中说："世界上任何民族，不管其生活多么困难，都不会把全部时间和精力用于食宿上。即使是最贫穷的部落也会产生出自己的工艺品，从中得到美的享受。"因此，像音乐、民间工艺、娱乐方式、节庆活动等如同工艺品一样，是人类生存和生活的需要。就分布地域范围看，有些项目分布于全国，甚至流传海外；有些项目分布地域十分狭小，仅局限于一省区甚至一个县的局部地区。

　　由此我们也发现，这些文化指标之间并不是单独存在的，也是一种相互影响、相互依存的关系，形成了一种复杂有机的文化体系结构。

第三章

江南文化及文化区划分

第一节　江南的文化内涵及其区域界定

江南，在中国历史上一向是一个特殊的地区，是一个被文人墨客美化了的地区。千百年来，从古代到现代，从中国到外国，一直是被赞美和歌颂的对象。许多中外学者也都关注江南地区，潜心研究江南地区的经济文化和社会的发展。在历史上，由于行政区划的反复变迁等原因，"江南"的含义一直在不断变化。在学术界，由于研究的角度和重点有所不同，所以对于江南地区的界定一直都没有一个确切的定论。研究江南文化的区域特征及其空间分异，首先要弄清江南地区的空间范围。

一　"江南"地域范围的历史演化

在历史上，我国的"江南"一直是一个不断变化、具有模糊边界的地域概念。

在现存史书中，最早出现"江南"一词的是《史记·五帝本纪》记载："一代尧践帝位。践帝位三十九年，南巡狩，崩于苍梧之野。葬于江南九疑，是为零陵。"这里所说的"江南"的地域概念是非常宽泛的，其范围与现代我们所说的南方大同小异。

我国自古以来的很长一段历史时期，经济发展区域主要在淮河以北的黄河流域，特别是黄河中下游地区。这里被称为中原地区，是古代华夏——汉族的起源地和活动中心。秦汉时期，江南地区主要指洞庭湖南北地区，也就是今天长江中游以南的湖北南部和湖南全部。当时的江南，范围很大，南界一直到南岭一线，北界也并不以长江为限。同时又囊括了今天的江西、安徽、江苏南部地区。这一时期的江南与我们今人所接受与理解的江南，无论在地域上与经济上都迥然不同。江南地区的气候湿热，经济生产非常落后，让中原人民望而生畏，甚至成为中原人士的流亡、流放之地。自先秦以来，直到秦汉时期，中国的政治经济文化中心都在黄河中下游一带的中原地区，那里是当时的基本经济区或经济枢纽区。尤其是从汉代到隋唐，黄河流域的长安、洛阳等地一直是中国的政治、经济、文化中心。人口的分布也主要集中在黄河流域。而长江流域则是从东汉后期才开始逐步开发，人口亦快速上升。与此同时，黄河流域的部分地区人口开始减少，出现了经济的衰落现象。南方的太湖、钱塘江流域，鄱阳湖及洞庭湖平原以及成都平原等区域，随着东汉末年三国鼎立的政治角逐而迅速成为新的经济发展地区，由此揭开全国经济重心南移的序幕。不过汉代到隋代之间，江南所指的范围仍然是很宽泛的。

在历史上，由于北方一直存在由强悍好战的游牧民族建立的政权，游牧民族对中原地区挑起的战事争端和经济骚扰不计其数，成为威胁中原政权的主要敌人。因此，自古以来严重的政治、军事战乱以及社会经济破坏大事件大多发生在北方地区。相比之下，南方自然条件优越、土壤肥沃、水源充足、气候适宜，由于长江天堑阻拦，社会政治环境较北方稳定。东晋、南朝时期，匈奴人刘渊起兵建国，洛阳、长安相继失守，晋王室南移到今日南京，北方汉人也都纷纷大批移居长江以南地区。在五胡十六国混战更迭时期，北方人民为避战乱又陆续大批南下。这就为南方经济发展增加了劳动力，也带来了先进的生产技术，促进战乱较少的长江以南地区经济、文化得到迅速发展。

较明确的江南的概念应当是自唐朝开始。贞观元年（627）分天下为十道，划湖南西部以东至海滨为江南道，这里江南道所指的范围完全在长江以南，从地理概念上说，它成为自秦汉后真正意义上的江南地区。由于范围过于广泛，自唐中叶，朝廷又将江南道一分为三，划为江南东、西两道和黔中道。江南东道便是现今江南地区概念的雏形，不过在当时包括了今天的浙江、福建以及江苏、安徽的南部地区。

隋唐时期，江南地区经济已经在全国占有重要地位。由此隋炀帝开凿了北起北京、南到杭州的京杭大运河，就是为了把南方丰富的物产通过漕运往北方调运。大运河一经开通，就成为南北交通的大动脉，更加有利于南北方经济、文化、政治的交流。到唐中叶安史之乱，黄河流域在一片烽火连天中成为军事割据战的角逐场所，而同时期的江南地区比较安定，因此不断有北方望族大家为避战乱移居江南，其中以太湖流域及其周围地区为主。江南地区社会经济保持迅速发展，粮食生产超过北方，跃居全国首位。自此，南方人口便超过北方，全国经济重心比较彻底地转移到了江南地区。

到了北宋时期，南方人口已接近北方人口的两倍，赋税已大大超过了北方。这时期北宋朝廷为了财政的管理方便，设置转运使"路"，将全国分为十五路。唐代的江南东道在此时分为两浙路、江南东路、福建路①。这里的两浙路相当于今天的镇江以东的苏南以及浙江全境，包含了以后江南的核心地区。到了南宋时期，都城更是建立在了江南的临安府（今杭州），西北陆路商道让位于东南海道。与此同时，宋、元、明、清时代的北方黄河流域，战乱纷争，破坏巨大，契丹、女真、蒙古等民族纷纷南下入主中原，使得黄河中下游平原成为互相征伐的战乱中心。且基于游牧民族的先天习性，常常辟农田为牧场或围场，或者沿袭奴隶旧制，赋税极重，致使田园荒芜，汉人流徙于江南。

另外，中国古代的气候大约从公元 1000 年即北宋初开始，直到 20 世纪初，经历了跨越元、明、清三个朝代 900 多年的寒冷时期，即地理学上所说的冰期。尤其是公元 1400—1900 年间的"明清小冰期"，是中国历史上近 5000 年来气候最寒冷的时期。气候变冷对纬度较高的北方地区影响较大，而对纬度较低的南方地区则影响较小。尤其是表现在农作物的生长季时间缩短，收成降低。粮食的减产更加导

---

① 周振鹤：《释江南》，《中华文史论丛》第 49 辑。

致北方地区民心不稳和社会的动荡。这一天时因素从一定程度上造成了南北方经济差距进一步拉大。据《元史·食货志》记载，到元朝时期，全国年征税粮 1200 多万石，仅江浙一省即达 449 万石，占全国 1/3 之多①。《宋史》记载，北宋时，"国家根本，仰给东南"，而以苏州为中心的太湖地区更为东南之根本②。到了明代，苏、松、常、嘉、湖五府，农业生产高度发达，这五府交纳的税粮数额，占去当时全国总额的五分之一③。明清时期便将苏、松、常、嘉、湖五府列为"江南"经常性的表述对象，因此，太湖地区的含义，已经不只是地理区域，更是经济区域的概念了。以苏杭为中心的太湖地区，自两宋以来，成为全国的经济中心，被称为"江南腹心"。由此可知，从唐中叶开始，中国经济重心已完全转移到了以太湖地区为核心的江南地区，此后从未出现经济重心回复黄河流域的任何可能性。

当然，总体上看，在历史上，江南这一词并不像太湖流域这样具有明显的地理针对性，前人在"江南"的使用上还是相对宽泛的、随便的，有的甚至只是为了附庸风雅，沾沾"江南"的好名声。只要大致在南方，都可依据需要而被称为江南，可见"江南"这个概念在不同的历史时期、不同的人群、不同的目的都有不同的地域所指，用的有些泛滥，也很杂乱。例如历史上著名的江南三大名楼滕王阁、黄鹤楼和岳阳楼便分别坐落于今江西、湖北和湖南省。

二　江南空间范围的界定

我们把江南地区作为社会经济文化发展的一个整体来考察时，就必须提出区域空间范围的界定标准问题。实际上，"江南"一词所代表的含义，在不同历史时期，是有很大差异性的。在漫长的历史发展过程中，江南不仅仅代表了一个地理区域，更由于它的繁荣富庶对于全国乃至世界的深刻影响，同时代表了一个经济区域；更由于它的文化发达，群星璀璨，同时代表了一个社会文化区域的含义。

---

① 王会昌：《中国文化地理》，华中师范大学出版社 1992 年版，第 157 页。
② 《宋史》卷三百七十二，《范祖禹传》。
③ 陈晓燕、包伟民：《江南市镇》，同济大学出版社 2003 年版，第 15 页。

（一）百家争鸣——关于不同历史时期的"江南地区"

1. 学术范畴的"江南地区"

据《辞海》释，江南在各个时代的含义不同。在春秋、战国、秦汉时期，长江以南都划入江南范畴。唐代时，江南为道名，包括浙江、福建、江西、湖南及江苏、安徽等长江以南地区，并包括了湖北、四川、重庆、贵州一部分地区。在明清时行政区划分，江苏、浙江、安徽、江西和上海一带，统称广义上的大江南，而狭义上的江南，以苏杭为主，也就是包括太湖和长江三角洲地区。

较早对江南的含义提出讨论的学者是华东师范大学的王家范先生，在他早期关于江南市镇结构及其历史价值的研究中，认为至迟在明代，苏松常杭嘉湖地区就已经是一个有着内在经济联系和共同点的区域整体，官方文书和私人著作中也往往将五府乃至七府并称，因此，那时起最早的江南经济区（严格来说相当于今天的长江三角洲经济区）已初步形成。而且当时这个经济区以苏、杭为中心城市，构成了都会、府县城、乡镇、村市等多级层次的市场网络[1]。

黄今言主编的《秦汉江南经济述略》，对秦汉时期的江南作的界定为岭南以北、长江流域及其以南的广大地区。这和近代江南概念是有很大不同的[2]。

东晋时期，中央集权政府为避北方战乱，第一次由黄河流域迁到长江流域，第一次跨过了长江天险，将首都建立在今天的南京市。于是长江流域才得到了迅速的开发，成为农业生产的一个中心。到隋朝开通了贯穿南北的大运河后，长江以南地区日渐发达起来。

到唐代，随着长江流域经济的日益发展，以及全国经济中心逐渐南移，也就开始形成了与今天所知吻合的江南概念。唐贞观元年（627）分天下为十道，其中长江以南地区为江南道的范围，成为秦汉以来名副其实的江南地区。因为十道是以山川形变原则划分的地理区划，所以概念清晰无误。

---

① 冯贤亮：《明清江南地区的环境变动与社会控制》，上海人民出版社 2008 年版，第5页。

② 黄今言：《秦汉江南经济》，江西人民出版社 1999 年版，第1—6页。

　　研究经济史的李伯重先生认为，明清时期，江南的范围应该指苏南和浙北，即苏松常镇宁杭嘉湖八府以及苏州府划出的太仓直隶州这样的八府一州，这一地区也称为长江三角洲或太湖流域，总面积大约4.3万平方公里①。当然，这一概念所指的范围要比《辞海》中对长江三角洲定义的范围要小一些。李伯重先生的"八府一州"说是国内外较认可的关于江南地区的界定。

　　同样，复旦大学张伟然认为，魏晋南北朝时期，中国传统有中游以左代东、右代西的习惯，因长江在今芜湖、江苏南京呈西南向东北流向，不再江分南北，而是分为东西，所以苏南浙北一带被雅称为"江左"，在公私文书及各类著作、文学作品中使用十分频繁。而江南当时主要是指长江中游的今湖南、江西一带。"江南"的现代意义，起源于唐朝，"江南"到了唐朝后期，分化为广义和狭义。广义上说，它是指贞观十道中的江南道。但更常用的是"江南"的狭义，即唐朝中叶的"江南东道"。唐人又很敏感于吴和越的区别，在当时人们心目中，吴地（太湖流域）才是江南的典型。同时，有时人们也把地处江北的扬州视作江南的一部分，但地道的江南从唐朝中叶以来一直稳定在今苏南、浙北为中心的地带。

　　这里需要指出的是，扬州被当作江南有其深刻的历史原因。汉代后扬州作为行政区和监察区的名称，地跨长江南北，主体在长江以南。当时扬州的治所在今南京市，自三国东吴建国后，一直不变。因此江南扬州的概念在历朝历代根深蒂固。直到隋朝建立后，将扬州迁往江北，并改江都（今扬州）作为治所。此后的扬州虽在江北，却盛行的是江南文化。在当时国人的心目中，扬州便代表了江南繁华之地，留下了诸如"腰缠十万贯，骑鹤下扬州"等直接颂扬扬州富庶的诗句。

　　复旦大学历史系教授樊树志在其著作《江南市镇——传统的变革》中所讨论的江南市镇仅限定分布于苏松杭嘉湖五府，他认为这五府的市镇最能代表明清经济发展的最高水平，这是他从研究市镇的角

---

① 李伯重：《简论"江南地区"的界定》，《中国社会经济史研究》1991 年第 1 期。

度定义的"江南"。

同济大学的包伟民在《江南市镇及其近代命运（1840—1949）》中所指的江南地区是近代本地区最重要的工业都市上海在经济文化上对周边辐射所及的范围。从具体行政区划上看，即明清时期八府一州的范围向东南延伸，将浙东沿海的宁绍平原包括了进去[1]。

而国外研究江南的学者主要以日本学者为主。从总体上看，以日本学者为代表的国外学者，对江南地区的界定基本集中于苏、松、常、嘉、湖、太仓这五府一州之地，认为这一地区乃江南的核心，最能代表江南的经济文化特征。

邹逸麟先生对现在硕果累累的江南历史研究中关于江南范围的界定作过总结，他认为，江南地区的历史研究"基本都是从经济学或社会经济史角度进行研究，由于研究角度不同，有研究环境变迁的，有研究农业开发的，有研究手工业、商品经济的，有研究地域社会的，有研究市镇的，有研究才子佳人的，因此'江南'一词所含地域范围，各家不同，这是正常的事，但大体上不出长江三角洲和宁绍平原范围"[2]。

2. 世俗范畴的"江南地区"

世俗范畴在这里我们指的是一种大众的、民间的长期在社会生活中形成的概念，是经过长期积累和传承的，是一个凭借经验而获得的直观的空间感知。世俗认识往往是学术研究的基础和出发点，至少是个非常重要的参考依据。这里所谓的世俗范畴的"江南地区"，主要是指文学作品和与世俗社会接触较为紧密的载体所描述的江南。通过比较我们发现以下特点：第一，文学作品中反映的江南地域概念，随着不同的时代在范围上有所变化；第二，"江南"一词影响力真正扩大的时期是在唐代，在分析唐代留下的大量诗歌等作品中我们可以看出，这个时期的江南常常是指代一种文学上的"江南"概念，而非地理学意义。而这一时期的文学巅峰带来的影响对后世世俗意义的江南地区产生了一个模糊化的趋势，使得后世"江南"的文学意义超越了

① 包伟民：《江南市镇及其近代命运》，知识出版社1998年版，第14页。
② 邹逸麟：《谈"江南"的政治含义》，王家范：《明清江南史研究三十年（1978—2008）》，上海古籍出版社，第177页。

其地理学意义。这里我们遴选一些有代表性的内容。

江南诗文中最有代表性的是曾任杭州、苏州刺史的白居易的作品，在他的《忆江南》三首诗中，以意象的表达将江南的典型表述为"最忆"的杭州、"其次"是"吴宫"（即现在的苏州），以及在江南"寻桂子"、"看潮头"，这些都表达了白居易对江南——江浙一带社会风情和景致的无限喜爱之情。到了北宋神宗时期的王观在其代表作《卜算子　送鲍浩然之浙东》词中，写道"若到江东赶上春，千万和春住"，将浙东的绿水青山直接划入"江南"的范畴。又如乐府古题《江南弄》，后由梁武帝作七曲，一直是后世文人常写题材，王勃、白居易、王昌龄、陆游等都写过以七曲作为题名描写江南景致，这些诗文里所描述的"江南"范围不一。七曲之一的《采莲曲》中描写的江南是针对具有水乡特点的江浙地区；在王勃的《江南弄》中通过"江南弄，巫山连楚梦，行雨行云几相送"可以看出，王勃笔下的江南则指的是长江以南地区这一宽泛的概念，从其生活背景可推知，王勃所在的初唐时期天下分十道，长江以南、岭南以北的广大地区都划为江南道，所以此时的文人笔下的江南指的是一个如此宽广的概念也不奇怪。与王勃《采莲曲》类似的还有唐玄宗时期杜甫的《江南逢李龟年》中"正是江南好风景，落花时节又逢君"句中所指的江南是今湖南一带。有了长久的文学影响，以及唐代以来江南地区经济、文化、社会的迅速发展，一度在明清时期达到顶峰，使得后世有了正如宋朝范成大《吴郡志》所出典故"天上天堂，地下苏杭"而演化的一句脍炙人口的"上有天堂，下有苏杭"的说法，因此，江南的文学表述在唐宋以后，便逐渐代替了其地理学含义，虽然在文学作品中出现过湘、楚、两湖等范围都囊括在内，但随着江浙地区影响力的扩大，"江南"在近千年便逐渐成为长江下游江浙地区的专属名词，在人们心目中根深蒂固。

（二）江南的界定

1. 近代后江南的形态演变

在现代人的眼中看来，与江南相联系的地区必然对应的是"江浙地区"，而更狭义的、最具有江南文化特征的便是太湖流域，即镇江以东的江苏南部及浙北地区。

对江南地区的界定，有狭义和广义之分。把长江以南地区作为江南，是广义上的江南的范围。两宋时期，镇江以东的江苏南部以及浙江全境被划为"两浙路"，这是江南地区的核心，两浙路是狭义的江南地区的范围，但南京被排斥在狭义的江南范围之外。

20 世纪 90 年代，清华大学李伯重先生提出了界定江南的两项科学标准：一是地理上的完整性，二是地区内部经济联系的紧密与经济水平的接近。也有学者加上第三项：这个地区在人们心目中应当是一个特定的概念。以这三项标准来界定的江南地区，李伯重先生认为，明清时期的苏州、松江（今上海）、常州、镇江、江宁（今南京）、杭州、嘉兴、湖州以及后来由苏州划分出来的太仓，这八府一州之地是由太湖水系和江南运河连接在一起的一个整体；内部生态条件上具有统一性、经济联系紧密与经济发展水平接近；有一个具有集聚及辐射效应功能的中心苏州，在此基础上形成了以苏州、南京、杭州、上海（在明朝时称松江）为基础的地缘经济结构，其他地方构成了其经济发展的腹地。

从江南成熟形态上看，尽管在历史上江南地区的地理界线由于行政区划的影响时有变化，但以"八府一州"为中心的太湖流域地区作为江南地区的核心却始终不变，在人们心目中也已经根深蒂固。

然"八府一州"之说过于偏重明清历史背景下的太湖流域经济区，在界定后随着时间的推移情况必然有所变化。进入近代以后，江南区域范围较之明清时期有了新的变化。

首先，至鸦片战争前，长江流域经济最发达的地域是以扬州为中心，由杭州、嘉兴、苏州、无锡、常州、镇江和淮阴组成的运河经济、文化带①。进入现代，长江下游经济地理的中心，已经由传统的太湖东侧的运河沿线，转移到了江南地区沿海平原一带。这主要表现在，江南地区的中心城市，已由原先的运河城市，主要是苏州，转移到了以上海为代表的口岸城市。这是由于，明清时期，随着长江沿岸地区的开发，南京、镇江两

① 陈修颖：《长江经济带空间结构演化及重组》，《地理学报》2007 年，第 1265—1276 页。

府也被包括进原先以五府为核心的中国经济枢纽地区。近代开埠通商以前，这里的中心城市是运河沿线的苏州、南京和杭州。到了近代，随着上海的崛起，苏南、浙北都成了它的腹地。

此外，原本相对落后的浙东宁绍平原地区，由于海道相通，受到上海的直接辐射，加上宁波的开埠通商，经济文化发展十分迅速，日趋与苏南、浙北并驾齐驱。

也就是说，明清时期以太湖流域的苏州为中心，包括苏南及浙北杭嘉湖平原在内的江南地区的范围，在进入近代以后向东南延伸了，将浙东沿海的宁绍平原也包括了进去，并改为以近代工业都市上海为中心。同时还有与太湖流域自然环境、生产方式、生活方式、文化上联系十分密切的扬州和古代徽州地区，以及由于大运河和长江编织扩大的更大水网而后来被纳入长江三角洲城市群的南通等。

2. 本研究对"江南"的界定

本研究讨论的江南的概念，是在参考自然地理学、文化地理学、历史地理学、经济地理学和区域经济学的基础之上，兼顾参考现阶段以长三角经济圈为江南的当代形态而得出的。

为寻找一类合适的界定范围，并为江南地区的经济、文化、政治建设更长远地服务，同时作为一个牵引空间，带动周围经济文化的发展，我们设想引用经济地理学中的"核心—外围区"概念，将李伯重先生提出的"八府一州"为主体的太湖流域地区看做江南地区的核心，其他同样具有显著江南特征的城市及地区视作太湖流域的外延或"外围"部分。这在著名江南文化研究学者刘士林的释江南丛书《江南文化理论》中也有提及。

考虑到江苏扬州以北周围地区自古以来便处于齐鲁文化区与吴越文化区的过渡地带，兼具齐鲁文化特征，尤其是徐州、宿迁直接可划入齐鲁文化区，社会文化特征和经济生活方式与北边的山东非常相似[①]，因此在本研究中我们将江南地区的北界界定到江苏长江以北的

---

① 孟召宜、苗长虹等：《江苏省文化区的形成与划分研究》，《文化研究》2008 年第12 期。

扬州、南通，南界至浙江全境。

古时徽州大多数情况下都被划入江南。关于古时的徽州是否划入本研究的江南范围，我们的态度是将徽州排除在现代江南的范畴之外，理由有以下几个方面：

徽州之所以会在许多研究中作为江南的范畴，除了其地缘邻近外，更主要的是其文化经济方面与东边江南核心区沟通紧密的原因。宋代之前，徽州虽然经济文化要明显落后于苏州等地，但由于其封闭的地理条件及区位，适合于躲避战乱，每逢战事，便有原居于江南核心地带的南迁士族大家沿新安江进入徽州，给徽州带来中原及吴地的文化，这是一种东西向的沟通。同时，徽州由于地理闭塞、物产瘠薄，一般仅仅是用当地的竹木、茶、漆及"新安四宝"的笔、墨、纸、砚来换取日常所需，因此徽州地区自古便有外出经商的传统。徽商的足迹主要分布在江浙地区，尤以扬州、苏州等地为主，甚至有扬州乃徽商的"殖民地"的说法①，因此徽商作为徽州与江南核心地之间沟通的主要媒介，将吴地都市的经济文化信息和生活风俗输入徽州，也将徽州深厚的宗族制度和文化带到江南都市，许多徽州人也在苏州、扬州等城市定居，融入进去。学术界在很大程度上认为皖南的吴语区和苏南、浙江同属吴越文化区，便是对徽州具有江南的文化烙印的认同。

但是，就自然因素导致的区域间沟通和交流来看，徽州和东边的太湖地区互动并不便利，陆路交通十分困难，水路航运成为主要交通方式。不过相比太湖水乡地区密集的水网、平缓且四季盈盈的河流，徽州境内地形以山地为主，河流湍急、季节性强，从而形成难进易出之势，因而，生存的需要使徽州人一直仰赖于东边的繁华城市。在许多文学作品中，徽州人在苏州等城市中，往往扮演着外来人口且急需融入进城市的寄居角色，将徽州地区与江南核心区相联系的是徽商，但是就徽州本地区来看，徽州在经济文化上对外则依附于吴地，内部

---

① 唐力行：《超越地域的疆界：有关徽州和江南研究的若干思考》，唐力行：《江南社会历史评论（第一期）》，商务印书馆 2009 年版，第 8 页。

与江南核心区的文化有明显的差异，表现出典型的山区文化特征，语言上徽州地区说的是徽语；民间宗法伦理观念强，深刻体现在村落的布局和建设、生产生活各方面，建筑上属于徽派建筑；饮食上属于徽州菜系，以烹制山珍为主；民间戏曲以徽戏为主……这些都与东边的吴地以及越地文化有明显区别。发展到近现代，徽州的行政格局发生了很大变化，原徽州的主要分布区即今天的黄山地区，无论是经济发展水平还是社会进步程度，其地位已退出了现代意义的江南范畴。

因此，本研究所指的江南地区，界定为现在的江苏省扬州、泰州、南通、南京、镇江、苏州、常州、无锡，上海以及浙江省全境，其中确定原"八府一州"为江南文化区的核心地区，即其具有主体地位。时至今日，这里仍是中国经济和文化最为发达的地区之一。

三　江南的现代核心：长江三角洲

长江三角洲的概念和江南一样，是个内涵丰富、不断演化的地域概念，但不管从什么角度观察，长江三角洲不仅是中国现代的经济、文化核心，更是"江南"的地域核心。从经济地理学的角度看，长江三角洲既是中国沿海最重要的三大经济文化中心之一，也是长江经济带的龙头，是经济的牵引空间[1]。

法国地理学家戈特曼于 1976 年发表《全球大都市带体系》，认为世界上有 6 个大都市带：①从波士顿经纽约、费城、巴尔的摩到华盛顿的美国东北部大都市带；②从芝加哥向东经底特律、克利夫兰到匹兹堡的环五大湖都市带；③从东京、横滨经名古屋、大阪到神户的日本沿岸大都市带；④从伦敦经伯明翰到曼彻斯特、利物浦的英格兰大都市带；⑤从阿姆斯特丹到鲁尔和法国西北部工业聚集体的西北欧大都市带；⑥以上海为中心的城市密集区。他还特意强调上海及其周围地区这是一个研究较少的大都市区。此后关于长三角经济区、长三角都市经济圈的规划与建设、经济社会、文化研究便愈来愈成为热点。

长江三角洲的地理学概念，《辞海》指的是江苏省镇江以东、通

---

① 陈修颖：《牵引空间战略与中国的产业空间》，《中国软科学》2006 年第 11 期。

扬运河以南、浙江省杭州湾以北的这一地区，大致包括苏南、浙北及上海市，是长江中下游平原的一部分。其面积约 5 万平方公里，海拔多在 10 米以下，是由长江及钱塘江冲积而成的一个扇形区域。间有低丘散布，海拔 200—300 米。从行政区来看，涉及苏浙沪二省一市。当代意义中的长三角是改革开放后的概念。从现实区域经济发展来看，长江三角洲既非地理意义上的自然区，也非政治意义上的行政区，亦非传统意义上的经济区划分区结果，而是特指苏浙沪二省一市经济协作和联动发展所圈定的地域概念，实质是一个经济协作区，即长三角经济开发区，简称"长三角经济区"或"长三角地区"①。1982 年中央首次提出"以上海为中心建立长三角经济圈"，当时的长三角范围是以上海为龙头，周围包括江苏的苏州、无锡、南通、常州、南京，浙江的杭州、嘉兴、湖州、宁波、绍兴等城市，并提出以后根据需要逐步扩大；1986 年长三角经济圈扩大到上海、江苏、浙江、安徽、福建、江西这五省一市，学术界提出将"长三角"这一概念扩大到"泛长三角"。这个概念一直沿用到 20 世纪 80 年代末 90 年代初，最终由于经济区内一体化发展的矛盾、分歧愈演愈烈而归于沉寂。使"泛长三角"这一概念到目前仍只是处于理论研究层面，并未能真正升级到战略实施阶段。1992 年至 1996 年区域规划出台的新长三角经济区正式将经济区概念演化成城市群的概念，将新长三角范围圈定为上海、杭州、湖州、嘉兴、绍兴、宁波、舟山、南京、镇江、扬州、泰州、常州、无锡、苏州、南通，2003 年台州进入长三角。此后，以上述 16 个城市为主体的长三角经济区框架一直保持稳定。当然，这 16 个城市组成的经济区仍然是以太湖流域为核心的。这一城市群所构成的长三角经济圈和京津唐经济圈、珠三角经济圈一起，构成了我国最具经济活力的三大经济圈。

　　不过，2008 年国务院出台的《关于进一步推进长江三角洲地区改革开放与经济社会发展的指导意见》在国家层面上将长三角区域范围界定为苏浙沪全境内的 25 个市，加进了浙西南的金华、衢州、丽水、

---

① 陈剑锋：《长江三角洲区域经济发展史研究》，中国社会科学出版社 2008 年版。

温州和苏北的徐州、淮安、连云港、宿迁、盐城。这一项意见使之前的以 16 个城市为主体的长三角经济区结构面临重组。当然，就目前情况可以看出，新加入的一系列城市在经济和文化上仍是一种被辐射的外延角色，现阶段并没有真正改变 16 个城市在长三角的核心地位。不过，扩容步伐加快已经是不争的事实，正逐步向泛长三角经济圈过渡，长三角经济圈正在步入一个全新的发展阶段"后长三角时代"[①]。

自唐宋以来，长三角地区一直是我国经济最发达的地区之一，尤其是到明清时期的"江南"，从地理、文化、经济上都特指的是长三角地区。由于备受世人关注的长三角经济圈范围和建构一直处于不断的变化之中，使得有关江南地区的研究也被赋予了现代意义。由于人具有流动性，以人为载体的文化必然具有明显的扩散效应。在现代背景下，由于长三角经济圈规划带来的多方面的物质与文化交流，使得古代以太湖流域为核心的江南文化区域必然发生外溢现象。

长江三角洲作为一个社会、经济、文化的地域综合体，首先是建立在一个完整的、具有共同形成特征的自然基底之上的，这是社会、经济和文化共同体形成和演化的基础，这个自然基底就是沉积学意义上的长江三角洲，在沉积学意义上的长江三角洲基础上就是土壤、地形、岩石、地质结构、水文特性等特征较均质的区域，这就是自然地理意义上的长江三角洲，在自然条件均质的长江三角洲之上形成的社会、经济、文化等人文要素大体类同的区域就是人文意义上的长江三角洲（图3－1）。人文意义上的长江三角洲构成了江南文化区的核心。

长江三角洲是我国最适宜于发展工农业生产和建设城市的优质国土的重要部分，其比例占全国优质国土的 6.9%，而长江三角洲集聚的人口只有全国的约 5.9%（表3－2）。除此以外，长江三角洲地区还有大量海洋国土，海水已养殖面积仅为可养殖面积的 42.1%，极易开发的浅海滩涂的利用面积仅为可以从事养殖业滩涂面积的 36.9%[②]，因此，长江三角洲地区非农建设合理占用的耕地完全可以

---

① 洪银兴：《长江三角洲经济一体化和范围经济》，《学术月刊》2007 年第 9 期，第 71 页。

② 资料来源：《2002 年中国统计年鉴》。

图3-1 江南文化区核心：长江三角洲的多重范围

通过开发滩涂的途径得以补偿。可见，从人口集聚的角度看，长江三角洲仍然能够大量集聚人口，今后仍能成为我国重要的人口和产业集聚区。人口密度不是大了，而是仍有很大的余地。这是长三角将继续成为未来全国的集聚中心的重要依据。

表3-1　　　　　中国优质国土的空间构成（2007）

平原或盆地	东北平原	华北平原	珠江三角洲	四川盆地	准噶尔盆地	长江中下游平原（其中：长江三角洲）
面积（万平方公里）	35	31	4.1698	16.5	38	20（9.97）

表3-2　长江三角洲与全国人口、经济产出等情况的比较（2007）

	国土面积（万平方公里）	平原面积（万平方公里）	单位平原面积的GDP产出率（亿元/万平方公里）	耕地面积（万公顷）	人口（万人）
长三角（A）	9.9687*	9.9687	1698.2	439.91	7534.14
全国（B）	960*	144.7	935.9	13004	127627
A/B（%）	1.04*	6.9	181	3.4	5.9

从空间格局看，作为以一个相对完整的社会、经济和文化空间，

长江三角洲由六大都市圈构成，分别是上海都市圈、苏锡常都市圈、宁镇扬都市圈、杭嘉湖都市圈、宁绍舟都市圈和通泰都市圈。这六大都市圈不仅构成了长江三角洲区域内的社会和经济结构，同时也是区域内文化空间结构形成和演化的基础，次区域的经济核心通常演化为经济—文化复合核心。在此基础上，长江三角洲地区社会、经济、文化核心的等级序列完善，目前已形成了5个层次。第一层次为上海，是国际性港口城市和全国性中心城市，本区城市体系的核心和经济文化中心，也是现代文明及新文化的源地和传播扩散中心；第二层次包括特大城市南京和杭州，这两个城市历史上曾先后为全国性政治中心，现在分别为江苏省和浙江省政治、经济、文化中心；第三层次为苏州、无锡、常州、宁波、扬州等大中城市；第四层次为南通、镇江、湖州、嘉兴等中小城市；第五层次为其他小城市和卫星城市。与1998年相比，2003年20万—50万人口的城市减少3个（减少启

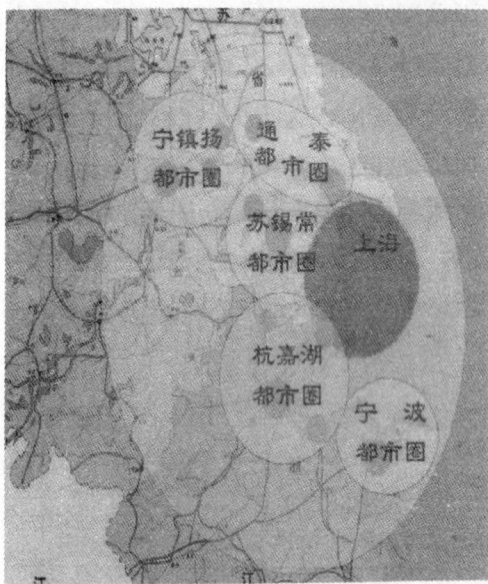

图3-2　长江三角洲大都市圈结构

东、丹阳、萧山、海门、宜兴，增加舟山和靖江），小于20万人口的城市减少2个（舟山和靖江）。总的来看，人口集聚度有所提高，尤其是舟山和靖江有质的飞跃，大部分是通过撤并扩大规模的，如萧山并入杭州等①。

---

① 陈修颖等：《长江三角洲经济空间结构最新发展及空间集聚合理度判断》，《经济地理》2007年，第447—453页。

第二节　江南文化区形成的环境基础及其演变

一　江南文化区形成的地理环境基础

我们所说的地理环境基础主要指的是地貌和气候，总体上看，江南地区内部气候条件差异不大，江南范围内基本属亚热带季风性湿润气候，光、热、水资源较为丰富，春夏季雨热同步，有利于喜温、喜湿农作物的生长，秋冬季光温互补，有利于秋熟作物和越冬作物的生长。优越的气候条件为江南发达的农耕文化提供了良好的基础，唐朝开始江南能逐渐发展为全国经济、文化中心，与其自身优越的气候条件有密切关系。由于江南区域气候的均质性较高，可见影响江南区域文化差异的地理环境主要是地貌形态。

江南内部的地貌形态多样，可分为平原、丘陵、山地、盆地、湖泊、河流等，其中又形成了多个完整的地理单元。北部最开阔的地理单元是太湖平原，它是一个以太湖为中心的蝶形洼地，境内地势平坦，仅在周边有一些丘陵、低山，河流水速平缓，无险滩，水源充足。就边界上看，太湖平原北起长江，东抵中国海，南达钱塘江和杭州湾，西面以天目山及其支脉茅山与皖南山地、宁镇丘陵相隔开。太湖平原江北延伸到扬州、泰州和南通，也都是坦荡的河网平原。太湖平原以西的南京、镇江是由低山、岗地、河谷平原、滨湖平原和沿江河漫滩等地形单元构成的地貌综合体。钱塘江以南沿杭州湾分布有宁绍平原，同样是河网密布。宁绍平原南界至会稽山脉、四明山脉、天目山脉，以南则以广阔的丘陵、山地为主，盆地众多，平原面积不大，主要分布于沿海河口地带，最大的有椒江冲积平原和瓯江冲积平原，这两个平原有括苍山和雁荡山相隔。宁波以南的沿海地区多岩质海岸，海岸线曲折。浙江中部有一条狭长的东北—西南走向的金衢盆地，是典型的河谷盆地。台、温、丽三地与南邻的福建地形相似，地理学中也将其合称为东南滨海丘陵地带①。沿海平原、山间盆地是当地人口最为稠密的地区，也是经济文化的发展基地。

太湖平原以及宁绍平原的自然环境是水乡文化孕育的基础，这一地区直到 20 世纪以前内河航运仍是最主要的交通方式，平坦的地形、四通八达的水网创造了便利的人员、货物流动基础，使得该区域长期以来文化共性较多。太湖平原西边、北边的南京、镇江、扬州等地分列于长江干流两侧，自古江河航运发达，加之京杭运河贯通扬州后更是成为连接南北的枢纽，相比于闭合的太湖地区，这几个地区自古便是全国南北文化的交汇点，长期受到中原文化南下的影响，为多样化文化的生存提供了自然基础。浙江南部山地众多，地形复杂，各区域间人员来往不便，因而南部方言种类复杂，区域内部方言通话性程度不高。

正如我们在文化区中所谈到的，大江、大河相比于山脉的阻隔，反而起到了文化传播的通道作用。虽然长江天险、钱塘江阻隔使两岸交通不便，但通过航运使得上下游两地的货物、人员仍旧可以自由来往。因此沿江城市南京、镇江、扬州、泰州、南通的方言、民俗等方面有许多共性，钱塘江西侧的杭州临安、富阳、桐庐等地与东侧的绍兴在方言、风俗上并无太大区别。东部沿海多为岩质海岸，岛屿众多，因而优良海港多，南北之间可通过海运联系，使得宁波、舟山、台州和温州都有着相似的海洋文化，如海神信仰、饮食等方面都颇为相似。钱塘江口和东南沿海一带，潮汐作用频繁，由潮水带来的利弊逐渐形成了特殊的潮水文化，体现在该地区人民的日常生产生活方方面面。中部地区山脉高大，除金衢盆地之外并无明显的大江大河、平原，自古交通极为不便，即使是小范围的区域，内部方言、民俗差异也同样明显。

由于吴越多河湖，又濒临海洋，生产生活与水环境密不可分，农业以水稻种植为主，渔业以海洋渔业为主，因此江南文化具有明显的水文化特征。这种水文化的产生归因于渔猎生产环境，而渔猎生产因

---

① 谭其骧：《长水集》，人民出版社 1987 年版，第 398 页。

其自然风险大，台风多、江河水灾多，生产生活对自然环境的依赖性大，因此滋生了崇拜鬼神的诸多信仰文化。《隋书·地理志》中将渔猎生产与鬼神联系到一起："江南之俗，食鱼与稻，信鬼神，好淫祀。"《史记·封禅书》记载："越人俗信鬼，而其祠皆见鬼，数有效，昔东欧王敬鬼，寿至百六十岁。"汉武帝时曾令武巫立越祝祠，"祀天神上帝百鬼，而以鸡卜。上信之，越祀鸡卜始用"。从这些记述可以看出，江南文化是我国各大文化源流中鬼神信仰文化最突出的区域文化，这种鬼神信仰文化是和独特的地理环境特征密不可分的。

以越文化为核心文化形态的浙江省，文化的形成、文化特质及文化基因都与自然地理环境条件密不可分。浙江地区属于中国华夏地台的一部分，沿浙江北部的曹娥江向西南经义乌，向西经金华、衢州至江山画线，将浙江分为自然地理环境迥异的南北两区，浙北既有山林之饶，又有重盐之利，平原广阔，温暖湿润，水土资源丰富；相比之下，浙南区地形破碎，多中低山及丘陵，平原狭小①。浙北区先民早在七千年前就已经创造了以水稻种植业为主的农耕文化等具有鲜明地区特征的物质文化，而浙南先民在三四千年前，主要生活在自然植被茂密的山林中。浙南区与浙北区相比，长期处于闭塞状态，对后来浙江南北二区文化特点的形成产生了很大影响，如浙北区方言相对均一，而浙南区方言则十分多样，民俗、民风方面差异也很大。

二　江南运河的开凿与文化的南迁

江南运河的开凿是彻底改变江南地区社会结构、经济发展以及由此而推动的文化变迁的重要大事件。运河开凿直接推动了江南生产条件的改善，产生了因水运而生的商业文化以及大量沿河市镇，进而彻底改变了江南的区域经济空间格局、人口及城镇分布的空间格局。经济发展条件的极大改善不仅孕育了富庶的江南，也改造了江南的区域文化，更重要的是吸引了北方文化及北方文人的大举南迁。从江南运河的开凿和文化的兴盛可以窥见整个江南区域文化的兴盛历程。

---

① 佘德余：《浙江文化简史》，人民出版社2006年版。

　　运河是与长城齐名的中国古代著名工程，其开凿如同道路的修通一样，促进了南北经济文化的交流，它沟通了海、河、淮、江、钱塘五大水系，并与长江、淮河及江南的许多河湖构成了纵横交错的水运网，成为南北交通的大动脉。有人通过对运河城市发展史的研究①发现，就促进文化信息交流和高效的运输而言，运河发挥了重要的作用。2014 年 6 月 22 日中国大运河申遗成功，大运河被正式列入世界遗产名录。世界遗产委员会认为，中国的大运河是世界上最长的、最古老的人工水道，也是工业革命前规模最大、范围最广的土木工程项目，它促进了中国南北物资的交流和领土的统一管辖，反映出中国人民高超的智慧、决心和勇气，以及东方文明在水利技术和管理能力方面的杰出成就。

京杭大运河

　　隋唐五代十国包括隋（581—618）、唐（618—907）和五代十国时期（907—978），共 397 年。这近 400 年间中国经济重心持续南移，广大南方地区尤其是江南的社会发展水平开始赶上中原，其城镇发展也呈现出与中原平分秋色之势。此时期是中国封建社会继汉代以后的又一个兴盛期，也是中国古代城市发展和文化兴盛的第二个全国范围的高潮期。江南运河的开凿和古典坊市制的破坏对江南社会经济发展和文化的进步起着关键作用，在被钱氏统治的 70 多年间，江南的发展尤其是钱塘江流域的发展更是突飞猛进。可以说，到五代十国时

---

　　①　傅崇兰：《中国运河城市发展史》，四川人民出版社 1985 年版。

期，江南地区的经济、文化发展水平达到全新高度，开始进入全国先进行列，从而为随后两宋时期的全面繁荣奠定了基础。

当隋朝社稷始建之时，隋文帝已着手开凿运河，以通漕运。当时所开凿的为广通渠，由大兴城引渭水，东至潼关入于黄河。大兴就是唐时的万年县，与长安同治于一城之中。这条渠后来避隋炀帝讳，改称永通渠，唐时则称潜渠。炀帝接着大举开凿，所凿的有通济渠、邗沟、江南河和永济渠。与钱塘江流域密切相关的是江南河，江南河自京口（今江苏镇江市）绕太湖之东，直至余杭（郡治在今杭州市），与钱塘江相合。这几条河道和其间的黄河、淮水河段相接合，从长安就可一直达到东南近海之地。

会稽郡为越州（治所今绍兴市），位于杭州（治所今杭州市）之东，中间只隔着浙江（今钱塘江段）。杭州为江南河的终点，越州治所山阴县北有新河，西北又有运道塘，皆为人工开凿的小规模运河，而运道塘的名称更显出实际上的作用，越州的船舶自然会航行到扬州的。按当时的疆域区划，杭州还算是浙西，越州就是浙东了。由扬州到闽中，应是由杭州南行，过婺州（治所今金华市）和衢州（治所今衢州市），就可到建州（治所今福建建瓯县）和福州（治所在今福建福州市）。江南运河的开通，贯穿了中国东部沿海地区的水上交通，对江南的发展起到巨大的推动作用。杭州也因此而快速崛起，直到超越了扬州和越州。

杜牧引用当时浙江观察使崔郾的话，说得更具体："三吴者国用半在焉。"所谓三吴，是指吴郡、吴兴、丹阳而言。吴郡就是苏州，吴兴为湖州（治所在今浙江湖州市），丹阳就是上面所说的润州。三郡都在太湖周围，太湖周围适于农耕，为唐代中叶以后全国最为富庶的地区。唐初人论京口的习俗后，还曾经说过："宣城、毗陵、吴郡、会稽、余杭、东阳，其俗亦同。然数郡山川沃野，有海陆之饶，珍异所聚，故商贾并辏。"就是说这些州郡的富庶都是值得称道的。宣城、毗陵、吴郡、会稽、余杭、东阳诸郡于唐分别为宣、常、苏、越、杭、婺（治所在今金华市）诸州。这几州大都在太湖的周围。就是不濒太湖，相距亦并非过远，实际上都是江南最富庶的地区，为其他各处所不及。

这几州中，杭州和润、常、苏三州一样，是江南河经过的地方，而且是江南河的终点。具体来说，还应是上面所说的最富庶地区的中心。江南河虽止于杭州，杭州却也是浙江入海之处。由杭州循浙江上溯，不仅可以达到婺州，而且还可至其南各处。这是说，杭州这个江南河的终点所在，可以汇集其南各州的租赋和货物，再向北转输到扬州。杭州于唐宪宗元和年间有五万余户，其北的湖州尚不足五万户，较之苏州，相差很多①。

隋唐五代十国时期，随着江南政治地位和经济地位的上升，逐渐成为中国经济的重心，经济地位之上升，在北方几经动乱中，其文化地位也迅速上升。这可从以下两个方面来说明。

其一，大量文人的南迁。梁肃《吴县令厅壁记》云："自京口南，被于涮河，望县十数，而吴为大。国家当上元之际，中原多难，衣冠南避，寓于兹土。参编户之一。"安史之乱期间，吴郡外来人士占三分之一，未免有所夸大，但士人南来当是事实。顾况《送宣歙李衢推八郎使东都序》云："天宝末，安禄山反，天子去蜀，多士奔吴为人海"，《旧唐书·权德舆传》："两京蹂于胡骑，士君子多以家渡江东"都说明这一事实。有些士人"登会稽者如鳞介之集渊薮"，他们的足迹又南下浙江了。

士人南迁，必然增加江南知识分子的密度，李华《送张十五往吴中序》："今贤士君子多在江淮间"，权德舆《与睦州杜给事书》："今江南多士所凑，埒于上国"都道出这种事实。士人密度增加，无可避免地使钱塘江流域进士人数剧增，陈正祥在其《中国文化地理》一书中曾列一图表，说明唐后期今苏州至绍兴一带是进士密度最大的地区之一，和唐前期相比势同天渊。

其二，在唐代前期，在钱塘江流域做地方官者，往往是一介武夫，或者是贬谪之徒，除此之外多是无名之辈。我们从钱塘江流域的

---

① 史念海：《隋唐时期运河和长江的水上交通及其沿岸的都会》，《中国历史地理论丛》1994 年第 4 期，第 1、2、4、15、16 页。

刺史状况可略窥其端倪。我们把唐朝分作两个阶段,前段自建国至安史之乱共 137 年;后段自安史之乱至黄巢入长安之 880 年,共 125 年。现根据郁贤皓《唐刺史考》所列人名,以其在两《唐书》立传人数来作一比较。

表 3 - 3　　　　　　　唐代前后两段钱塘江流域各州立传人数

州名	唐前段立传人数	唐后段立传人数
杭州	5	21
越州	6	24
婺州	6	11
衢州	3	8 .
睦州	5	9
歙州	5	9

　　以上统计数字未必精确,也不能完全窥见江南全貌,但可以看出其中大势来。唐后期立传者较前期为多。其中杭、越、衢州前后期十分悬殊。所以,后期立传人数剧增,一方面说明钱塘江流域地位之提高,同时另一方面也预示着文化南移之趋势。后来的吴越、南唐济济多士,文化艺术长居全国前列,便不难理解了①。

　　五代十国时,作为一个具有鲜明区域特色的吴越文化,自钱镠创立吴越国以后,经不懈努力,获得了前所未有的发展。钱镠青少年时期读书不多,只在暇时温习《春秋》,兼读《武经》,深知文化对保境安民的重要,因而当政后十分重视网罗文人学士,他广开言路,"礼贤下士",兼听纳谏,唐末名家皮光业、林鼎、沈崧、罗隐,武将杜陵、阮结、顾全武等都受到过他的礼遇,罗隐则成为他的重要功臣。佛学兴盛更是吴越文化发展的一个突出标志,据《咸淳临安志》统计,吴越都会杭州有寺院 150 多所,素有"江南佛国"之称,临安的功臣塔,杭州的灵隐寺,余杭大涤山的天柱观,杭州的六和塔、雷峰塔、保俶塔等都是吴越时修建的。灵隐寺的弥陀石佛、摩崖石刻和

---

　　①　孟昭庚、张学锋:《论江南在唐帝国时期的地位演变》,《江南社会经济研究·六朝隋唐卷》,中国农业出版社。

石塔，凤凰山的梵天寺经幢等吴越时期文物一直保持至今。

钱镠本人不仅能征善战，还留下许多诗文，其诗文中体现了作者的英雄气概，让人兴叹不已。不仅如此，他的书法也颇有造诣，擅长草隶，蜚声中原。

文化的发展、佛学的兴盛，又促进了印刷业的进步，而印刷业的进步又加快了文化的传播与发展。实际上杭州已成为当时中国第一大印刷中心，所以活字印刷由钱塘人毕昇发明也绝不是偶然的。

从五代前后吴越地区文化名人数量的变化情况也可窥见文化发展之一斑。当代著名教授徐中玉先生主编的《古文鉴赏大辞典》中收录五代前文化名人86人，其中吴越地区为7人，占8%；五代及其后的文化名人114人，吴越地区为33人，占30%。现行高中语文课本中收录的五代前名家30人中吴越地区仅有1人，占3%；五代以后的名家33人，吴越地区达11人，占30%，两个30%当然不是偶然的巧合，它反映了钱氏对文化发展的重视，吴越地区一跃而成为"文化之邦"，钱氏是功不可没的①。

大运河的开凿对南北方文化的融合和江南文化的繁荣起到了巨大作用，这种作用可以通过考察扬州的戏曲即可得到印证。扬州戏曲的发展，与其作为南北货物的集散地一样，不仅有本地"土班"的发展，并且各地戏曲伴随着商人的集聚和流动汇聚于扬州。如"句容有梆子腔来者，安庆有以二簧调来者，弋阳有以高腔来者，湖广有以罗罗腔来者。始行之城外四乡，继或于暑月入城，谓之赶火班"②。

大运河的开凿不仅加速了北方文化的南下，极大地繁荣了江南地区的文化，在运河沿岸也形成了独特的运河文化甚至形成了文化产业。运河水不仅承载着南来北往的船只，而且孕育、滋润着沿岸的运河儿女、运河城市。运河边的建筑，如会馆、河埠、码头、桥梁、船闸及漕运衙门等都是为在实际生产中使用而建。运河边也有很多民风民俗透露着务实之魂。如江苏淮安的运河渔民的"交船头"、"汛前

---

① 陶福贤：《钱镠与吴越国》，《今日浙江》2000年，第42—43页。

② 《扬州画舫录》（卷五）。

宴"、"满载会"等习俗。这些习俗都是祈愿生产的收获，直接、真切地体现出劳动人民希望实实在在收获丰收的愿望。运河生产过程中也创造了许多与生产相关的艺术，如大运河号子。有河工号子，是挑河、抬土、筑堤、下桩、打夯中所唱的。这些号子或粗犷简朴，或苍凉雄劲，一方面可以鼓舞精神，另一方面可以组织指挥集体劳动，如山东的《抬土歌》。运河上的纤夫有闯船号子、拉纤号子、粮米号子等。船工有船工号子，其中分类很多，有启程的出船号、推船号、起锚号、拉蓬号、撑篙号等，行驶的摇橹号、拉纤号、扳稍号、扯帆号等，停船的下锚号、拉绳号等。这些既是在实际的运河生产中形成，又实在地有助于生产①。

　　概括地说，大运河对江南地区的文化发育、演变和文化特质的形成的影响主要体现在三方面：第一，京杭大运河促进了黄河文明与长江文明的交流和融合，推动了江南文化的发展。在历史上，大运河造就了南方经济的繁荣，促进了区域交流和民族融合，改变了中国城市的空间格局、改变了中国文化的地域空间分异结构、改变了中国经济的区域空间结构。大运河促进了北方黄河文明与南方长江文明的交流和融合，对江南文化的形成与发展起到了关键作用。第二，大运河造就了沿岸众多的历史文化景观。两千年来京杭大运河相生相伴了大量的历史遗迹与文物，在运河沿线，两岸的船坞、码头、庙宇、民居、仓库、会所、市场等活着的文物，展现了江南悠久历史的丰富画面。这些历史文化景观的存在是江南运河文化的物化形式，默默地向世人展示其文化的历史演化脉络，也是大运河原真性、完整性的体现。第三，运河的开凿使江南增添了漕运文化，丰富了江南文化的内涵。漕运是我国历史上一项重要的经济制度。就是利用水道调运粮食（主要是公粮）的一种专业运输，是中国历代封建王朝将征自田赋的部分粮食运往京师或其他指定地点的运输方式。运送粮食的目的是供宫廷消费、百官俸禄、军饷支付和民食调剂。这种粮食称漕粮，漕粮的运输称漕运。历代漕运保证了京师和北方军民所需的粮食，有利于国家统

---

① 新华网：《大运河文化的灵魂》2013 年 2 月 21 日。

一，并因运粮兼带商货，有利于沟通南北经济、商品流通和文化传播。漕运文化本身内涵丰富，它是一种制度文化，形成的"漕帮"形成了江南独特的一个群体，对江南社会结构有较大影响。

江南的漕运文化以及沿运河两岸的运河文物、运河景观随着运河运输的衰落也日益衰落凋零，由于高速公路和铁路的修建，运河的作用已不受重视，两岸因运河而生的城镇、民居和生产性建筑也不断遭到破坏，运河水质由于沿岸工业的兴起也被严重污染。两千多年的运河文物保护迫在眉睫。经过七年的努力申报，终于在 2014 年 6 月 22日被列为世界文化遗产，为运河的保护与开发提供了法律保障。

三　江南文化的历史演变

我们知道，江南地区这一概念具有强烈的历史演变色彩，但是为了研究叙述的简洁，我们将本研究中的"江南地区"在时空上分析时仍以这一名称来表达。与江南地区这一空间概念一样，"江南文化"作为一个地域文化概念，也经历了曲折复杂的历史演化过程。

江南地区的主流文化是吴越文化。与全国各个区域性文化相比，发展到现代，吴越文化具有显著特色和影响力。吴越文化区包括现在的江苏省、浙江省和上海市，即囊括了江南地区的范围，因此也有学者认为江南文化即为吴越文化的演化和传承，或者说是一种新的文化整合的结果，吴越文化构成了江南地区的主体文化。

虽然长江下游江南地区在历史发展中无论是政治、经济还是文化都是后来居上于北方地区，但是江南地区是我国最早有人类居住的地区之一。早在距今一万年前的旧石器时代，本地区就有人类生存，居民过着渔捞为主、狩猎为辅的原始生活。进入新石器时代之后，该地区的史前文明大体以钱塘江为界，形成南北两个发展方向。北边形成马家浜文化—崧泽文化—良渚文化—马桥文化连续发展的考古学文化体系，南边形成以河姆渡文化为主体的文化体系。商、周时期，现代江南地区最早出现的国家是吴国和越国。随着吴、越两国的出现，吴、越文化也相伴产生。总体来看，吴越文化的渊源来自江南土著文化和中原文化。目前，从考古发现的多处古文化遗址来看，形成了太湖流域考古学文化序列（图3-3）。

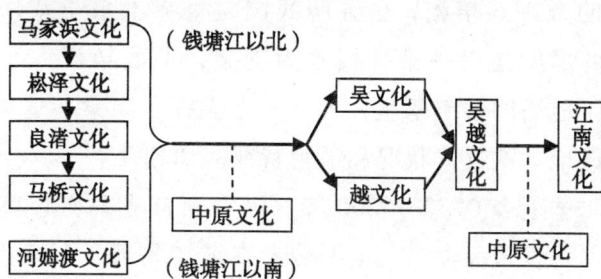

图3-3　江南文化内涵的历史演变

　　江南文化内涵的历史演变大约经历了孕育、整合和成熟三个发育演化阶段。

（一）孕育阶段

　　江南文化的孕育阶段大致处于7000年前至公元前11世纪，即史前时期至商末周初，这一时期的文化主要是江南本土远古文化。

　　江南地区的远古文化主要包括钱塘江以北形成的马家浜文化—崧泽文化—良渚文化—马桥文化，以南形成的河姆渡文化。

河姆渡遗址

古稻田遗迹

　　河姆渡文化距今约7000年，因首次发现于浙江余姚河姆渡而得名，主要分布在杭州湾以南的宁绍平原和舟山群岛，属于母系氏族公社阶段，有学者认为河姆渡文化是越国文明的前身①。河姆渡文化以

_____

　　① 乐承耀：《河姆渡文化与越国经济发展》，《中共宁波市委党校学报》2000年第1期。

水稻种植为主，兼营渔猎和采集，其水稻品种经鉴定是目前发现的世界上最古老的人工栽培稻，也证明我国是世界上最早栽培水稻的国家。河姆渡的房屋是以一排排桩木为支架，上面架设大小梁承托地板，构成高于地面的架空基座，再于其上立柱、架梁、盖顶的干栏式建筑，这与该地区的气候状况和地貌特征密切相关。

马家浜文化距今 6750—5200 年，因在浙江省嘉兴市南湖乡天带桥马家浜自然村发现而命名。主要分布在浙江北部、上海和江苏南部一带，处于母系氏族公社阶段。马家浜文化时期，江南地区处于较稳定的温暖气候条件下，此时经济生产以农业为主，农业生产以水稻种植为主。灌溉、家畜养殖、原始手工业有了一定发展。

崧泽文化距今 5800—4900 年，属新石器时期母系社会向父系社会的过渡阶段，因首次在上海青浦区"沪青平"（上海—青浦—平望）公路旁的崧泽村发现得名。崧泽文化上承马家浜文化，下接良渚文化，是江南地区史前文明发展的重要阶段。在该时期，江南地区的经济水平已经有了较大进步，狩猎已退居次要地位。

良渚文化处于铜石并用时期，因最初发现于浙江余姚良渚镇而得名，距今 5000—4000 年。良渚文化以太湖流域为中心，南达浙江宁绍平原和钱塘江下游一带，北临苏北淮河沿岸，东至上海，西到宁镇山脉东侧，已进入父系氏族社会。这大致就是后来商朝时泰伯所建的勾吴国的疆域。良渚文化堪为江南地区土生土长的文化，这一时期是该地区史前农业生产的鼎盛期，手工业也有了相应发展，尤其是玉器是这一时期文化中最重要的内涵，就目前良渚文化遗址出土情况来看，几乎达到了无墓不出玉的程度。

马桥文化距今 4000 年前后，对良渚文化的继承因素较多。因首次在上海闵行区马桥遗址发现而得名，已进入青铜时代。马桥文化继续向前发展，则演变成了吴越文化，现代空间上的江南地区也就在此开始进入现代文明社会时期。

除上述考古学文化序列外，现代江南地区所发现的文化遗迹还有金华浦江的上山文化，杭州萧山的跨湖桥文化（距今 8000 年），南京的北阴阳营文化、湖熟文化，吴兴的钱山漾文化等。

从这里我们可以发现，现代江南地区的史前文化，几乎都位于长江以南的苏南以及浙北的太湖流域周边地区，这一地区也就是今天的长江三角洲地区。作为江南地区的本土远古文化，它们构成了其后吴文化、越文化、吴越文化的基础和先导。

（二）整合阶段

公元前11世纪至公元前3世纪，即春秋战国至秦初（公元前221年），是江南地区内吴越文化的萌发和整合阶段。

在马桥文化之后，江南本土文化在太湖流域的苏南一支，借助两个历史人物——泰伯、仲雍，与中原周文化进行了最初的接触、碰撞和交融，通过建立勾吴国这一国家政权，渐渐开始整合形成后世称为吴文化的早期形态——勾吴文化。这个时间大致在公元前11世纪的商朝末年。而江南本土文化在浙北及宁绍地区的另一支，借助于历史人物大禹，通过建立越国这一国家政治实体，渐渐整合发展为被后世称之为的越文化。早期的勾吴文化、越文化是江南地区史前文化向吴越文化转型的过渡期。随着商、周时期勾吴国、越国的出现，吴、越文化便成为现代江南地区的主体文化。随着战国时期大一统趋势已定，吴、越之地文化的融合成为必然，这其中有客观的因素，更有吴、越文化自身的主观因素。

1. 吴文化的诞生和发展

吴国的诞生最早可追溯到泰伯奔吴这一历史事件。传说周太王古公亶父极其宠爱三儿子季历所生的孙子姬昌，有意要将周家的天下传给他。但按当时氏族的传统，王位只能由嫡长子继承。姬昌的父亲季历排行最小，无资格承嗣王位，这样姬昌也就没有继承周家天下的机会。古公亶父既不愿违背氏族的规范，又为自己不能依心意传位而十分苦恼，终日双眉紧锁，郁郁寡欢。古公的长子泰伯和二子仲雍为了顺从父亲要立少于季历以便传位圣孙之意，结伴出逃，逃到与周族邻近的游牧狩猎民族荆蛮句吴那里。泰伯、仲雍的出逃使得季历才被改立为太子。泰伯的高风亮节感动了荆蛮，"荆蛮义之，从而归之者千余家"。于是，太伯在中国东南长江三角洲地区（即三吴中的东吴之地）重建国家，国号依旧叫"句吴"，并在今江苏梅里（现名梅村乡）营建早期城市，作为都城。泰伯奔吴，给落后的现代江南地区带来了北方文明的种子。

泰伯所立之勾吴国后开始了有文献记载的江南地区的早期开发，它为江南本土区域文化建立了一个有行政意义的地理平台，给本土文化注入了中原文化因素，也形成了太湖地区的文化在后世传承中被称为吴文化的历史渊源。

因此学术界便有了"吴为周后"的说法，即认为吴为"周之贵胄"。对这一观点可靠性争论的焦点在于"泰伯奔吴"史实的可信度。不管其是否可信，泰伯立勾吴国并为一世吴王，后传位于其弟仲雍，开始了勾吴国漫长的权力传递，也使得吴文化由此诞生，这是确信无疑的。

吴国文化地域范围主要以现在的长江三角洲为中心地带，即以太湖为腹心，以上海和南京为中心，苏、锡、常、镇、杭、嘉、湖为重镇，还扩散至扬州、南通的部分地区。吴文化诞生于商末，成型于周，是本土文化与外来区域文化（中原周族文化）整合的产物。在这段整合时期，相对先进的周文化与处于低位文明状态下的江南本土文化经泰伯"端委"以治，再经历代吴王不断吸收外来文化的精华，最终融会而逐渐形成一种较高位文明的新的文化模式——吴文化。地处长江流域、本质上属于长江文明的吴文化，在融入中原文化的同时已表现出其本身就是一种杂交型的文化，具有明显的包容性、开放性特点。这些特点使得吴国形成了大量吸收外来人才的传统，且形成了使用外来人才的正规机制。凭借大量人才智力，使得春秋时期吴王阖闾夺得了中原霸主地位。其包容性特点，牵延至后世的历朝历代。吴文化包容"外来人"以及其外来区域文化的传统，在三千多年的发展中，一直保留，这既为吴文化不断地增添养分，也极大地促进了该地区经济、文化、政治等领域的持续发展。

2. 越文化的诞生和发展

学术界关于越国的诞生比较倾向于"越为禹后"这一说法。据《史记·夏本纪》记载说："十年，帝禹东巡狩，至于会稽（今绍兴地区）而崩。"董楚平在《吴越文化新探》中说："《夏本纪》只说禹到过江南的会稽，并葬在这里。至于越国如何建立的，没有说起。"①
到后面夏朝时期，禹的第五代传人即夏的第六代国君少康因担心"禹
迹宗庙祭祀之绝"，于是乃"封其庶子于越"。于是少康的庶子无余成
为了越国的始封君。从这里我们可以看出，无余始封越国的初衷，是
为了负责大禹陵的春秋祭祀不断绝。而就是因为如此，越国的王位继
承和王室发展由此开始。自夏朝少康至东周的春秋后期著名的越王勾
践，越国王室已历经二十多世。当然关于"越为禹后"这一说法，史
学界仍然争论不休。最早记载禹葬于会稽的并非司马迁，但司马迁是
最早将禹葬于会稽与禹的后人分封于会稽之地相联系的人，并在《史
记》中最早写下"越为禹后"②。随着越国的建立，越文化也随之
产生。

3. 吴、越文化的整合

自商、周时期起，随着吴国、越国的出现，吴、越文化也相伴产
生，成为江南地区的主体文化。从宏观上看，吴、越文化的整合既有
政治的影响，也有其本身具备的文化兼容性作为基础。

在历史上，吴越两国在进入春秋时期后，在前期都为当时的强国
楚国的附属国，可以说是一种政治上的同盟关系。在公元前 7 世纪
后，吴国渐渐脱离了同盟，双方矛盾日益激化，都欲争霸中原而必先
征服对方，以至于两国多次相互攻伐，成为积怨殊深的仇敌。到春秋
后期及战国时，吴国为越国所灭，而后又一同被并入楚国的范围。吴
国与越国之间的战争持续了一百多年，使得后世以"吴越"喻为仇
敌。例如在宋代著名话本《白娘子永镇雷峰塔》一文中所描述的：
"我与你恩爱深重，教你穿在身上，恩将仇报，反成吴、越"，以及元
关汉卿《箫》曲："休谎说，不索寻吴越。噎，负心的教天灭"等，
都是这类指代的含义。

但是，吴、越文化之间仍具有明显的同一性。

第一，共同的渊源——远古时期两种区域文化具有很大的相似之

---

① 董楚平：《吴越文化新探》，浙江人民出版社 1988 年版。

② 吴恩培：《吴文化概论》，东南大学出版社 2006 年版，第 43 页。

处。从地理上看，两国山水相接，同处于东南之地，接土邻境，"习俗通，语言通"。例如在《史记·吴太伯世家》中记载泰伯、仲雍二人"奔荆蛮"之后"文身断发"，同时《史记·越王勾践世家》中记载越国也出现了"文身断发"的习俗。当然这样的习俗显然是与江南地区气候湿热，为了便于在水中活动而形成的。不过由此也可看出吴越之地原本地理环境相近，有类似的远古文化基础。同时，在历史上两国都实现过民风由"好剑轻死"向"尚文重教"的转变。随着中原文化的逐渐渗透，两国都相继地把本国的文化性格调整到"尚文"、"轻柔"这些方面，共同发生着文化的嬗变。

第二，被边缘化的地位。在春秋时期中原正统文化认为的"夏"、"夷"之分中，远离黄河流域的吴、越文化同属于被中原文化鄙视的"蛮夷文化"的长江文化。而越国处于吴国南边，北上中原必先过吴境，因此文化比吴更为落后，在这种文化偏见的影响下，都曾不自觉地接受这种鄙视而自称为"蛮夷"。如《吴越春秋》记载说，吴王梦寿即位后，在与鲁成公的见面中自称"孤在夷蛮"。孔子的学生子贡来到越国，越王勾践清理道路在城外迎接并亲自陪同子贡到宾馆下榻，勾践说"此僻狭之国，蛮夷之民，大夫和索？"都表明了在早期吴、越两国发展时期，吴越地区和中原文明的差距是很大的，处于一种边缘化的地位。

第三，天下趋于一统的大势。在春秋后期及战国时，吴国被越国所灭，后又一同划入楚国范围。战国中后期，政治上统一的趋势越来越明显，书同文、车同轨的大局已定。公元前221年，秦灭六国，统一全国，将原吴越之地设为会稽郡，治所在今苏州市。其后的历朝历代，吴、越的行政概念，时分时合。吴、越合治的时期，如秦汉时期吴越地区合为会稽郡，东汉末三国时期为东吴，五代十国时期为吴越国等；吴、越分治时期有如东汉顺帝永建四年（129），分原会稽郡浙江以西地区设为吴郡，浙东设为会稽郡，治所在今绍兴市，分治后的两地大致为现在的江、浙。

由上可见，吴、越文化本身具有的同一性以及受同一背景环境的影响，为吴、越文化的交流和整合提供了有利条件。在历史上吴、越地区分分合合，所涵盖的区域常常被称为吴越地区，因此在很多官文、文学作品中，常出现吴越这一说法。如三国时期曹植的《门有万里客》诗中的"本是朔方士，今为吴越民"；唐代李白《梦游天姥吟留别》中的"我欲因之梦吴越"等，都说明了吴越地区在很早的时候就已经作为一个区域名称而深入人心。在语言上，吴、越两地至今同处中国七大方言区的吴语区，"言语通"现象一直延续至今。

（三）成熟阶段

江南文化作为一个地域范畴及美学词汇融入日常生活中，应当是在明清时期。值得一提的是，在明代以前，南京曾作为南朝的京城，杭州曾作为南宋的京城，但都是中国南北分裂时期的首都。到了明代，南京第一次成为南北统一的中国的首都，从明太祖至明成祖迁都到北京，历时 53 年，即使后来都城放在北京之后，南京也一直以"留都"的地位与北京并列。实际上，由于国土地域广阔、管理需要，明代政府实行的是北、南两京制度，有两套大致相同的中央政府机构。因而，从明代开始，江南真正成为中国的政治、文化、经济中心。到了清朝，江南的政治中心地位虽然有所减弱，但是作为经济和文化中心的地位依旧。清初康熙和乾隆都曾六次南巡江南，也足见江南地位的不一般。

明清时期是江南文化的成熟阶段。这一时期，江南的城市、市镇都十分繁荣，已经形成了较成熟的市民阶层。市民阶层衍生出了深厚的市民文化，这是江南文化的主要组成部分。饮食、建筑、服饰、交通、文学、戏曲、宗教等都在这一时期有重大成就，也形成了江南文化文雅、精致、琐碎的主旋律。

就吴语在历史上的扩散和影响力来看，语言学家指出，春秋战国时期，整个淮河和长江流域，使用的都是大体相近的语言：吴语和楚语。直到隋唐时期，地处江北的扬州，说的还是吴语。南京及镇江等地，后世因北方人南迁，从而受到北方官话的影响，这才逐渐从吴语转为江淮方言。因此，吴方言不仅对宁、镇地区曾有着非常大的影响，同时对苏中、苏北地区也产生过重大影响。当代的语言学家的研究成果表明，通（南通）泰（泰州）地区的方言与吴方言有着极其密切的关系①。这也同时印证了前文将南通、泰州划入江南地区的范围，不仅是从现代长三角经济区的合作互动性和完整性出发，还是从历史学语言学的角度出发都是合理的。

第三节　江南文化的内核及文化基因

一　江南文化的内核

（一）吴越文化

吴越文化起源于长江下游地区。吴越文化区包括浙江省和江苏省，初秋战国时期这里是吴国和越国的领地，长江三角洲是吴越文化区的核心。吴越文化区面积占全国 2.3%，人口占全国 10.7%，国内生产总值占全国 1/5②。早在 35 万年前，原始人类已在宁镇山脉地区活动，旧石器时代晚期，率先进入杭嘉湖平原和长江三角洲平原边缘地带的古人类。如江苏下草湾人、溧阳神仙洞人、丹徒高资人等，开始了初期的制作陶器甚至可能已有原始农业活动，在溧水神仙洞和太湖三山岛都发现过已经细化的旧石器遗存或人类骨骼以及大约一万年前的陶制品。此后在本地区发展起了以马家浜文化、河姆渡文化、崧泽文化、北阴阳营文化和良渚文化为代表的诸史前文化，它们发达的制陶业、水稻种植业等表现了强烈的区域文化特色。先秦时代称霸一时的吴越文化，正是扎根于这种源远流长的史前文化基础之上③。

直到明代早期郑和七下西洋，无不是以吴越地区为起点，以海上行舟为手段而通达各国，所谓"胡人利于马，越人利于舟"正是对吴越地区交通文化特征的高度概括。由于特定的生态资源条件，吴越文

① 吴恩培：《吴文化概论》，东南大学出版社 2006 年版，第 27 页。

② 胡兆量、阿尔斯朗、琼达：《中国文化地理概述》，北京大学出版社 2009 年版，第 234 页。

③ 丁家钟、贺云翱：《长江文化体系中的吴越文化》，《南京大学学报·哲学·人文·社会科学》1998 年第 4 期。

化中的漆器制造、竹器编织也相当发达。

悠久的历史积淀和发扬光大，使得今天的吴越文化灿烂辉煌，被誉为"华夏文化第一邦"，吴越之地历来是中国人心目中的理想家园，"上有天堂，下有苏杭"即为写照。最能凸显吴越文化特色的文化符号有地方戏曲、状元才子、苏州园林、绍兴师爷、绍兴黄酒、江南古镇、浙商文化以及现代市场经济环境下催生出来的温州模式和苏南模式。

在农耕文明时代，吴越之地"仓廪实而知礼节，衣食足而知荣辱"，殷实的农耕经济是吴越文化发展的物质基础，在此背景下江南文化区状元才子辈出。仅明清两朝，全国文科状元209位，吴越就占108位。现代文化、科技人才在全国占比也很突出（表3-4），浙江东阳市有"教授之乡"、"博士之乡"的美誉。1989年《人民日报》头版就报道了东阳"百名博士汇一市，千位教授同故乡"。据不完全统计，到2010年底，在国内外具有高级职称的东阳籍人士达9000多人，博士和博士后1100余人，东阳籍院士10人，堪称"千名博士汇一市，万名教授同故乡"。类似浙江东阳的人才集聚地在江南大量存在，如江苏宜兴"教授之乡"就走出了25位院士近百名校长。在诗词歌赋、绘画书法、书院藏书、戏曲曲艺等方面吴越在全国都有显赫位置。我国明代戏曲有昆山、海盐、余姚和弋阳四大声腔，前三者均出自吴越之地。苏州园林是最富有文化底蕴的建筑形式，可以说是吴文化的活体表现。

表3-4　　　　　　　　浙苏沪各类人才统计表（1987年）

人才类别	全国	浙苏沪	全国占比（%）
明清状元	209	108	51.7
教授	16729	5157	30.8
学部委员	497	224	45.0
北京大学博导	219	76	34.7
2003年富豪	100	27	27.0

说明：学部委员为1996年数据，北京大学博士导师是1990年数据。资料来源于胡兆量等《中国文化地理概述》。

（二）海派文化

如果说江苏的主体文化是吴文化、浙江的主体文化是越文化的话，上海的主体文化就是海派文化。海派文化的特点是精明和多元。

文化的精明和多元两大特征，来源于上海 1840 年开埠以来二百余年市场经济环境的历练和新型移民城市人口的交融。五口通商以后，上海成为自由港，任何人不需要签证就可以入港，国际移民蜂拥而至。1900 年上海人口突破 100 万，1915 年超过 200 万，1930 年达到 300 万，在世界上成为仅次于伦敦、纽约、东京和柏林的全球第五大都市。当年上海进出船舶 3700 万吨，是远东贸易大港和金融中心①。上海的国内移民主要来源于江苏、浙江、广东、山东等地，其中以长江三角洲的浙江和江苏占绝大多数。1935 年上海公共租界人口中上海本地人占 21%，浙江人占 34.7%，江苏人占 31.7%，三者合计占 87.4%。可见，上海的文化实际上是由上海本帮文化、浙江的越文化和江苏的吴文化三者为主融合而成，也夹杂了少量外来优秀文化以及西欧文化，上海可以说是一个文化"大染缸"。以语言为例，上海话的"你、我"的说法就能说明文化的这个特点，上海话说"我"为阿拉，源于浙江话，说"你"为侬，源于江苏苏州话，上海原住居民说"我"为唔昵。

海派文化的精明是闻名的，这种精明并无贬义，是说通常以最小的代价获得最佳解决问题的途径或者最大的经济收益，和日本人在经济领域的精明增长及城市建设领域的精明城市同一意蕴，是一种高效低耗高收益的文化理念，上海人也崇尚精明、褒扬精明，符合当今"两型社会"建设的理念，是最值得提倡的。精明文化源于百多年的市场经济磨炼，这种精明的文化根基是浙东学派和苏南地区的商业文化，又融会了西方文化中的商业思想，可以说这种精明文化既是长江三角洲地区优秀的商业文化的结晶，又是中西方商业文化的融合。我们很少看到长江三角洲地区的人神聊胡侃、对别人评头论足，极少看

---

① 胡兆量、阿尔斯朗、琼达：《中国文化地理概述》，北京大学出版社 2009 年版，第 234 页。

到江浙上海人关心"八卦",关心别人的私生活,他们务实、进取、讲效率、少闲话、多实干,这些正是工业社会和商品经济社会需要的文化心态。如今,这种精明文化在以上海为中心的长江三角洲区域以及整个江南地区得以广泛传播并得到广泛认同,成为江南地区经济发展、社会和谐的重要精神动力。

二　江南文化的基因

文化元素是一个复杂的系统,这些文化元素相互交融构成一个有机的地域文化圈。文化元素十分复杂,但只有少数的元素对区域文化起关键作用,这些文化元素就是区域文化基因。文化基因是指相对于生物基因而言的非生物基因,主要指先天遗传和后天习得的,主动或被动,自觉与不自觉而置入人体内的最小信息单元和最小信息链路,主要表现为信念、习惯、价值观等。通常认为,文化基因主要有六个:地方文化艺术、建筑风格、服饰文化、饮食文化、语言文字、宗教信仰。这些因素越是成熟,就越稳固,力量也就越大。比如语言文字,一个民族的文字越是悠久、完美,它所记录的民族记忆就越丰富,就越是不容易被其他文字所冲垮。当然,区域文化基因具有地域差异,因应不同区域的自然条件、文化演化史、人口迁移史、生产生活等方面的不同而不同。根据江南区域的地域特点,我们认为最能反映江南区域的文化基因主要包括文化艺术、宗教信仰、建筑文化、饮食文化、服饰文化和商业文化六个方面,这六个因子是辨识江南文化与中国其他地区文化的最核心的文化元素。

(一)江南的文化艺术

江南诗性文化在气质上完全是艺术的与审美的,以审美自由为基本理念的"江南诗性文化"是江南艺术文化的突出特点。

江南诗性得益于其文化创造者的好学深研意识和不断追求超越自我的"精英"意识。大约从东汉以后,在吴越地区就出现了一种对高层次思想文化和艺术风格不断追求的全民意识,藏书和读书风气的盛行,书法、绘画人才的辈出,工艺技巧的不断改进,优秀文学作品的相继产生,这一切造成了杰出人才的大批涌现。据缪进鸿统计,江、浙、沪地区历史上杰出的文艺人才，占了全国的 68.2%①，其中历代杰出的文艺人才，江苏省最多，有 484 名，浙江省次之，为 443 人。近代中国文化名人有 51.3% 分布在苏、浙、闽、粤四省，占全国大半，而浙江、江苏又处前列，这些文化名人掀起的经世思潮、维新思潮、洋务思潮、科技思潮、教育思潮、革命思潮对中国近代社会变革产生了巨大影响。与江南文化中"重视学术、崇尚读书"的风气相辅助的还有勇于突破生活已有规范，以顺应时代变迁的特性。江南独有的诗性气质融入到人文中来，又反过来为诗性气质提供了载体。

江南文化艺术最杰出的代表是戏曲。江南戏曲十分庞杂，浙江有越剧、绍剧、婺剧三大戏曲。除此之外，还有大量地方戏曲，如瓯剧、宁海平调、杭剧、甬剧等。上海主要流行沪剧、越剧。江苏有百戏之祖的昆曲和锡剧、评弹、扬剧、淮剧、通剧、苏剧（流行于苏南浙北城乡）、淮红剧、海门山歌、丹剧、泗洲戏、淮海戏等。

江南戏曲最值得一提的是昆曲，是我国众多戏曲的鼻祖，比如京剧就源于昆曲。昆曲（原应为"昆"），是我国古老的戏曲声腔、剧种，原名"昆山腔"或简称"昆腔"，清朝以来被称为"昆曲"，现又被称为"昆剧"。昆曲的表演最大的特点是抒情性强、动作细腻，歌唱与舞蹈的身段结合得巧妙而和谐。该剧种于 2001 年 5 月 18 日被联合国教科文组织命名为"人类口述遗产和非物质遗产代表作"称号。国家非常重视非物质文化遗产的保护，2006 年 5 月 20 日，昆曲经国务院批准被列入第一批国家级非物质文化遗产名录。

（二）江南的宗教信仰

江南以其开放性和包容性特点，各种宗教得以共存共荣。全球性的各大宗教在江南地区都有流行，尤其是佛教、基督教。江南是一个"信鬼神、好淫祀"的地区。以庙宇为例，据调查，新中国成立前仅中等规模的县级地区，大大小小的民间庙宇便有四千余所②。江南民间信仰内容庞杂、形式多样、信徒规模不一，流行范围有的几个县，

---

① 缪进鸿：《教育研究》1991 年第 1 期。

② 应长裕：《奉化民间庙神——祖域和楼茂郏的信仰调查》，《中国民间文化》1995年第 2 期，第 56 页。

有的只有几个村，但地域特征十分明显。大中城市一般流行大的宗教，乡村、海岛流行民间信仰。山区流行山神、菇神、药神、树神、雷神、河神等与山岳河川相关的神灵，而平原地区则信仰蚕神、河神、谷神等与水乡有关的神灵，滨海和海岛区则信奉海神、妈祖、潮神、观音等与海相关的神灵。

江南地区流行的宗教主要有佛教、基督教、天主教等。东汉、东吴时佛教开始传入江南，并在隋唐进入鼎盛时期，并分化出了众多宗派，其中影响较大的有天台、净土和禅宗。其中天台山为天台宗的祖庭，并影响了大多数浙江地区的寺院。净土在中唐以后广泛传播，现存的浙江佛教寺院大多与净土宗有联系。禅宗在我国势力最大，江南禅宗寺院的典型为杭州径山寺和宁波天童寺。江南的观音信仰虽不属于宗教范畴，但与一般流行的民间信仰有很多不同，因为它有完整的思想体系、流传范围广、对生产生活影响深远，与一般的民间信仰已有本质差别。舟山普陀观音信仰在整个江南乃至全国和东南亚都有很大影响力，不过江南沿海地区的观音是作为海上保护神被崇拜。

江南的地方性民间信仰数不胜数。流行区域较广的几个县，小的甚至只有一两个村或者一两个家族。这个特点充分证明了江南人"信鬼神、好淫祀"的文化特征。流行范围较广的主要有：流行于太湖地区的蚕神信仰；流行于沿海及海岛区域的观音信仰、潮神信仰、妈祖信仰、海龙王信仰；流行于山区的菇神信仰、药神信仰、山神信仰。另有一些是由于在某个特定地域发生的大事件而逐渐神话并流行起来的信仰，这些信仰没有特定的分布规律，地域上是随机的。如马夫人信仰（浙西南山区）、周宣灵王信仰（太湖流域上游）、胡公大帝信仰（金衢盆地）、陈夫人信仰（温州台州沿海）等。

（三）江南的建筑文化

江南建筑与凝重的北京四合院相对比，呈现出活泼、灵秀、随性，精于雕琢。"小桥流水、粉墙黛瓦、户户临水、家家枕河"，作为一种与自然和谐相处的人类集居形态，江南街巷、院落、桥梁、民居等元素记载了历史，也传承了江南文化的内涵与精髓。最能代表江南建筑的是江浙民居和苏州园林，而民居以苏州、杭州最具代表性。

　　江南地区是著名的鱼米之乡、"江南水乡"。这里的人们自古以来临水而居，形成以水道为轴线的分布格局。黑、白、灰三色，是江南水乡传统建筑的主色调，在青山绿水的自然环境中，显得淡雅质朴，融合成一种令人心旷神怡的田园风光。水、桥和粉墙黛瓦的黑白世界是江南建筑的突出的地域特色。

　　江南传统建筑造型轻巧简洁，虚实有致，色彩淡雅。江南水乡环境造就了水巷、小桥、驳岸、踏渡、码头、石板路、水墙门、过街楼等富有江南特色的建筑小品。园林里，白墙、黑瓦，厅堂、亭榭、假山、曲廊，优雅别致。江南建筑可以总结为四个特征：一是"水、桥、房"的空间格局。水、桥、房融合成独特的空间，且变化多样，亲切宜人，"小桥流水人家"的空间特征展示的是江南水乡人间天堂般的生活情景。二是"黑、白、灰"的民居色彩。它勾勒的是一幅清淡的中国山水画，把水乡特色渲染到了极致，这也是它最负盛名和最具特色的所在。三是"轻、秀、雅"的建筑风格，这体现在建筑整体把握上，从人性方面来说也吻合了江南人的一些特点。四是"情、趣、神"的园林意境。江南园林自成一系，小巧灵活，精彩绝伦，在环境的构造上，为人们提供了一个思考的意境和精神家园。①

　　在致用性的基础上，江南人独具的诗性特质也呈现在建筑风情中。江南的匠人心灵手巧，利用多变的地形，使流水在房屋之间畅漾。水路、街巷呈不规则的网状，与之相映成趣，形成了江南民居别于北方民居的独特风味。高高的垣墙夹着曲折的街巷，造成了曲径通幽的意境。除了建筑规模的大小，江南民居还体现出一个与北方民居的明显区别就是雕刻装饰极为繁多，却极少彩画，墙用白瓦青灰，木料则为棕黑，或棕红色等，与北方的绚丽色彩相比显得十分淡雅。江南水乡的物产富足，"上有天堂，下有苏杭"，苏杭堪与天堂媲美，这也造就了江南独有的园林气派。

　　（四）江南的服饰文化

　　服饰不仅是一种物质文化的体现，更是历史、政治、经济、军

_____

① 陈抒：《江南传统建筑特色与文化审美》，《江南论坛》2008年第12期。

事、文化诸因素融合的产物，通过服饰可以透视出各朝代不同的文化背景和社会状况，正如郭沫若先生所言："对古代服饰的研究可以考见民族文化发展的轨迹。"

江南服饰文化表现出开放性特点。江南服饰文化具有开放性的优良传统，称为"百越"的吴越地区，在与其他民族的文化交流中，服饰文化既有"吸取"，也有"输出"。风行于 20 世纪 20 年代的旗袍，脱胎于清代满族妇女服装，是由汉族妇女在穿着中吸收西洋服装式样不断改进而成①。

江南水乡服饰中最具代表性的是妇女穿的"清莲衫藕子裳"。一套完整的江南水乡服饰包括包头巾、大襟衫、大裆裤、束腰、百褶裙、肚兜、卷绑和百衲绣鞋。

无论何种服饰，既是适应环境的产物，又是为了方便生产的产物，因此从服饰可以窥见环境、劳动和装饰的有机统一，江南妇女服饰也一样。江南水乡以种水稻和养桑蚕为主，在农田里劳作时，为免风吹日晒，头上有包头巾。为免受蚊虫叮咬，衣服的袖口和裤管口都很小。长年累月劳作，衣服的肩部、肘部和袖口部位极易磨损，于是百褶裙、束腰、拼接衫应运而生。江南水乡妇女服饰具有明显的两大地域特色，一是拼接，二是包头巾②。

（五）江南的饮食文化

江南饮食文化主要以浙苏菜系为主。浙菜是以杭州、宁波、绍兴、温州等地的菜肴为代表发展而成的，其特点是清、香、脆、嫩、爽、鲜。久负盛名的菜肴有"西湖醋鱼"、"生爆鳝片"、"东坡肉"、"龙井虾仁"、"干炸响铃"、"叫花童鸡"、"清汤鱼圆"、"干菜焖肉"、"大汤黄鱼"、"爆墨鱼卷"、"锦绣鱼丝"等。苏菜起始于南北朝时期，唐宋以后，成为"南食"两大主要菜系之一。江苏菜是由苏州、扬州、南京、镇江四大菜为代表而构成的。其特点是浓中带淡，

---

① 崔荣荣、高卫东：《江南水乡民间服饰符号化元素研究》，《纺织学报》2007 年第 2 期，第 104 页。

② 梁惠娥等：《江南水乡民俗服饰的文化内涵对现代服装设计的启示》，《武汉科技学院学报》2009 年第 11 期。

鲜香酥烂，原汁原汤浓而不腻，口味平和，咸中带甜。其烹调技艺以擅长于炖、焖、烧、煨、炒而著称。烹调时用料严谨，注重配色，讲究造型，四季有别。苏州菜口味偏甜，配色和谐；扬州菜清淡适口，主料突出，刀工精细，醇厚入味；南京、镇江菜口味和醇，玲珑细巧，尤以鸭制的菜肴负有盛名。著名的菜肴品种有"清汤火方"、"鸭包鱼翅"、"松鼠鳜鱼"、"西瓜鸡"、"盐水鸭"等。江南丰富多彩的饮食文化与江南的富庶分不开，江南饮食文化中杰出的代表是苏菜，其中苏菜为我国八大菜系之一。苏菜又称为淮扬菜，形成的环境背景是长江中下游丰富的物产、水乡泽国和南北交汇的区位。

（六）江南的商业文化

江南商业文化的突出特征是存在大量地域性的商业思潮和商业业态，其中浙商闻名于世。历史上较为著名的地域性商业群体，一般称为"商帮"。[①] 中国地位显赫的商帮有徽商、晋商、淮阳商帮、潮汕商帮等。明清时期，江南与江南以外地区之间的经济联系有明显的加强。无论晋商、徽商，其本质都是官商，而浙商是"民商"。晋商与封建政府有紧密相连的关系；徽商的"商而优则仕"的思想注定了它的历史局限性与内在动力的局限性。而浙江经济从本质特征上说，是一种"民本经济"。所以，浙商与晋商徽商的区别，前两者如果可以称为"官商"的话，那么"浙商"应该可以称为"民商"。在江苏南部是以苏、锡、常为基地的苏南商帮；东海边是宁波、台州、温州、杭州的浙江商帮。

历史上浙江的商业文化最突出的特点是存在大大小小的商帮，如宁波帮、龙游帮、义乌帮、兰溪帮、温州帮、绍兴帮、东阳帮等。例如，仅建德一带，就有四个主要的帮派，即宁波帮、徽州帮、兰溪帮和绍兴帮。一般经营南货和酒坊的都是宁波帮，宁波商帮形成的时间较晚，但其发展势头非常之快。鸦片战争后，新一代商业资本家在宁波商帮中脱颖而出，把商业与金融业紧密结合起来，使宁波商帮以新

---

①　陆立军、白小虎、王祖强：《市场义乌：从鸡毛换糖到国际商贸》，浙江人民出版社 2003 年版，第 8 页。

兴的近代商人群体的姿态跻身于全国著名商帮之列。"海纳百川"的浙江中部经营理念；"学而优则贾，贾而好儒"，善于审时度势，讲究贾德全民；经商"敢为天下先，亦盗亦商"，勇于超越；以诚信著称的浙商——崇信"管鲍遗风"以诚待人，以信接物，以义为利擅捕商机，敢作敢为善于更新观念，不避艰险仗义、吃苦耐劳、稳重实干、胆大务实、精明灵活，擅长贸易诚实信用，善用关系勇于冒险，以信为本、诚实守信。

近30年来江南地区持续高速发展，经济水平正在迅速接近西方发达国家，创造世界历史上最伟大的经济奇迹。这与上述江南商业文化的精神特质密不可分。

第四节　江南文化区划原则、依据及方案

一　江南文化区划分原则

文化区划分原则因案而异，不同文化区、不同研究目的都会不同，必须因地制宜、因案而异。本着为地方文化和经济建设服务的目的，我们认为江南文化区划要遵循自然基底原则、差异性原则、民族和语言原则、行政区原则四大原则。

（一）自然基底原则

自然基地原则就是要充分认识到文化区的形成和演化是在自然环境基础性上实现的，环境是影响文化的第一要素。人文地理学的重要理论体系地理环境决定论，该理论主张地理环境在社会生活和社会发展中起决定作用，相比于整个人类社会发展来说，地理环境的变化是相当缓慢的，因此，地理环境对人类的作用是相对稳定的。虽然地理环境决定论存在争议，但地理环境影响区域文化的特征和文化演化的格局是不可否认的。自然环境对区域文化的重要影响在中国古代的许多著作中便有大量论述，王士性的《广志绎》中对浙江地理环境和社会文化的关系便有精彩描述："杭、嘉、湖平原水乡，是为泽国之民；

金、衢、严、处，丘陵险阻，是为山谷之民；宁、绍、台、温连山大海，是为海滨之民。三民各自为俗，泽国之民，舟楫为居，百货所聚，闾阎易于富贵，俗尚奢侈，缙绅气势大而众庶小；山谷之民，石气所钟，猛烈鸷愎，轻犯刑法，喜习俭素，然豪民颇负气，聚党与而傲缙绅；海滨之民，餐风宿水，百死一生，以有海利为生不甚穷，以不通商贩不甚富，闾阎与缙绅相安，官民得贵贱之中，俗尚居奢俭之半。"① 地理环境对文化特征和文化区划的影响是复杂的，尤其是随着人类生产力的发展，人地关系极其复杂多变。正如《广志绎》中描述的古时汹涌的钱塘江下游成为隔断浙东和浙西经济文化交流的天然屏障，然而现在钱塘江下游已成为一条重要的航道，是沟通两岸乃至各地的天然通道。

（二）差异性原则

差异性原则又称区内相似性和区外差异性原则。差异性原则是任何一项区划都遵循的原则，也是文化区划的第一原则②。它强调区域文化的差异性是通过区域间的对比求得的。如果分析不透，对区域文化特征的概括和描述"往往会出现惊人的相似之处"。只有在把握地区文化整体特征的前提下，进行不同区域文化特征的分析，才能划分出合理的文化区划范围及各区域符合实际的文化特征。

（三）民族和语言原则

民族是具有共同地域、共同语言、共同经济活动，以共同文化为基础的共同心理素质的人群。在我国，少数民族分布集中，地域性明显，因此，民族分布是我国文化区划的重要原则。

语言是人类最重要的交际工具，是文化的符号。人们借助语言保存和传递人类文明的成果，因此语言是民族的重要特征之一，具有强烈的历史文化传承性，也具有明显的地域性，是体现文化地区差异的显性指示器。

（四）行政区原则

我们认为行政区划及其变更是江南文化区划必须考虑的原则。行

---

① （明）王士性著，周振鹤点校：《广志绎》，中华书局 2006 年版，第 264 页。

② 胡兆量等：《中国文化地理概述》，北京大学出版社 2009 年版，第 206—207 页。

政区划首先是建立在一定的自然地理基础之上，跨度较大的自然边界对地域的影响具有明显作用。江南地区的长江、钱塘江、瓯江、曹娥江等江河以及大量绵延的山脉都是形成区域文化单元的重要地理界线，显然这也是区划江南文化区的重要依据。其次，由国家制定的行政区划一旦形成，它的边界对人们的社会经济生活有重大影响。行政区是物质文明和精神文明建设的重要单元，中央的政策通过各级行政区向下逐步落实和实施，同时各行政区也根据本区的情况制定不同的政策方针。这些都会导致不同行政区之间文化差异性扩大。尤其是在当下以一定层次的行政区单位的文化产业的发展已提上议程，完全忽略行政区划基础的文化区划是没有现实意义的。因此行政区也是文化区划的重要原则。

行政区建制在我国历史悠久，从整体上看，我国的行政区划分首先是建立在地理自然边界的基础之上。如我国著名的太行山呈东北—西南走向，山势险峻，多悬崖峭壁，极大地阻碍了东西两侧人们的文化、经济交流，长久以来东边的河北平原与西边的山西黄土高原由于缺乏文化交流而形成了不同的文化体系，东边属于燕赵文化区，西边则属于三晋文化区。其次，由国家制定的行政区划一旦形成，文化发展的方向也随之形成新的脉络。这些都会造成不同行政区之间文化差异性的扩大。

除了上述四大分区原则外，还有复旦大学卢云总结的区域相似性原则、综合性原则和区域共轭原则、主导因素原则和发生学原则等，这些都是现阶段文化区划研究中常用的方法。在对江南区域的文化进行空间划分时，相似性原则、主导因素原则和发生学原则也是必须要考虑的。

二 江南文化区划分的学术基础及区划依据

学术界现已有一些零散的涉及与江南地区内部区块相关的文化区空间划分的研究，以省级文化区划为主，主要有江苏文化区划和浙江文化区划研究，其中以江苏文化区划的研究成果最多。学术界对江苏省文化区划主要有二分法、三分法、四分法和五分法等不同的分法。

五分法影响较大的一种是将江苏区域文化划分为吴文化、金陵文化、淮扬文化、苏东海洋文化和徐淮文化。此类方案将苏锡常划在吴文化区，南京、镇江划为金陵文化区，扬州、泰州划为淮扬文化区，南通划在苏东海洋文化区①。四分法是在五分法的基础上去掉了苏东海洋文化区，这也是学术界对四分法最大的争议所在。四分法将扬州、泰州和南通都划在淮扬文化区，这种意见源自苏东沿海的自然环境因素，苏东沿海的海岸除了连云港之外基本都是以滩涂为主，南通和盐城离海岸较远并不能算是海港城市，海运和海景旅游都不发达，因此不具备海洋文化的典型特点。另外，苏东沿海的历史文化底蕴和经济水平都远不如沿江和沿运河地区。四分法还有一种意见是将金陵文化和淮扬文化合为一区。三分法和二分法主要是以自然屏障——长江和淮河作为界线来划分文化单元，这两条河流在历史上常常作为南北政权对峙的阵地前线，因此文化分界明显。三分法将江苏区域文化分为苏南、苏中和苏北，内部的分歧则在于将金陵文化划为苏南还是苏中，而"苏中"也是一个有争议性的概念。二分法就是以长江为界划分为江南和江北（或苏南、苏北），分歧在于江北代表的是淮扬文化还是楚汉文化。在研究中我们发现，江苏文化区划的许多方案都带有明显的政治倾向，因而带有较大的地方性人为主观色彩。如四分法代表之一的《江苏省（2001—2010）年文化大省建设规划纲要》中提出重点建设苏锡常太湖文化旅游区、宁镇扬名城文化旅游区、徐宿淮历史文化旅游区、东部沿海海洋文化旅游区，这种思路实际上便是将苏锡常、宁镇扬、泰州和南通划为不同的文化区，带有明显的政策实施目的。又如江苏省政府在制定"十五"计划时将南京、苏州、无锡、常州、镇江划为苏南，将扬州、泰州和南通划为苏中，其余划为苏北②。而实际上，江南地区的江苏部分内部的文化差异明显，南京、镇江、扬州、泰州和南通都通行江淮方言，而苏锡常通行吴语，两地居民用方言不能交流，而前五市都位于长江两岸，历史上由航运带来

---

① 王长俊：《江苏文化史论》，南京师范大学出版社 1999 年版。

② 周欣：《江苏地域文化源流探析》，东南大学出版社 2010 年版，第 37—42 页。

的文化交流频繁，拥有许多文化上的共性。南京为六朝古都（也有称十朝古都的），历史上形成了浓厚的帝都文化，扬州位于长江和京杭大运河的交汇点，是京杭运河在江南地区的最大交通枢纽，历史上的数度繁华形成了其深厚的运河文化、盐商文化，其文化特征与太湖地区的苏锡常、西边的南京都有共同之处，因此在文化区划中扬泰地区颇受争议。在饮食方面，淮扬菜和苏锡菜都在国内乃至海外有很大影响力，尤其是淮扬菜一直在国宴占主导地位，称为"国菜"，两地饮食风味截然不同，苏锡菜偏甜，重糕点，淮扬菜咸甜适中，重面点。从自然地理环境看，苏南的苏锡常和浙北的杭嘉湖以及东部的上海同属太湖流域这一地理单元，自然环境和人文背景都非常相近，历来学者多认为，苏锡常沪杭嘉湖的文化宜归于一个类型，事实也是如此。相比南京、扬州等地，苏锡常与杭嘉湖等地的文化相似性要明显大于前者。因此在本研究中，我们首先将南京、镇江、扬州、泰州和南通归入江淮文化区，将苏锡常、杭嘉湖以及上海归入太湖文化区来探讨，这与孟召宜、苗长虹等对江苏的文化区划①有相似之处，不过其划分的最小单位为县市，因此，孟召宜等将南京、镇江、泰州、南通与苏锡常接合的部分县市划入了吴文化区。我们考虑到行政区原则在现今各领域的重要参考价值，我们在不否认文化过渡性的前提下，考虑仍按照地级市的范围来划分。

对于浙江文化区划，历史上也有一些方案。明代王士性也许是作浙江文化区划的第一人，他认为，浙江以钱塘江为界，可分为浙东和浙西两个部分：

> 两浙东西以江为界而风俗因之。浙西俗繁华，人性纤巧，雅文物，喜饰馨悦，多巨室大豪，若家僮千百者，鲜衣怒马，非市井小民之利。浙东俗敦朴，人性俭啬椎鲁，尚古淳风，重节概，鲜富商大贾。②

① 孟召宜、苗长虹等：《江苏省文化区的形成与划分研究》，《文化研究》2008年第12期。
② （明）王士性著，周振鹤点校：《广志绎》中华书局2006年版，第263页。

王士性说的是历史上明代中期以后浙东和浙西民风的差异：浙西人奢靡，浙东人淳朴，以此作为区分依据将浙江分为浙东和浙西两个文化区。

《广志绎》中王士性又将浙东分为三大区系：

> 宁、绍盛科名逢掖，其戚里善借为外营，又佣书舞文，竞贾贩锥刀之利，人大半食于外；金、衢武健负气善讼，六郡材官所自出；台、温、处山海之民，猎山渔海，耕农自食，贾不出门，以视浙西迥乎上国矣。①

在王士性看来，宁绍两地的特点是盛行科举、经商之风，从事胥吏的人较多，出门营生风气很浓；金衢两地民风善武好斗，当兵人多；台、温、处三地则是靠山吃山，靠海吃海，出外经营的人少。

王士性的说法实际上代表了明中期时浙江人的一种心理认同感，这种思想甚至也对现代人有相当的影响。明代开始设浙江省，浙江人便把地势更高的浙东称为上八府，即宁、绍、金、衢、台、温、处、严（其中严州位于现今的杭州西南部，现已为杭州市辖区）；称地势低平的杭嘉湖为下三府，这种思想在明清时期的民间影响很深。上八府居民出门经营风气要盛于下三府，上八府的人习惯上称去下三府为"落去"（下去），称回到上八府为"上来"。王士性观察到明时期下三府由于社会经济发达，人们在当地便可有较好的营生，因而社会风气更为奢靡，上八府的宁绍台温属"海滨之民"，风气"奢俭之半"；而金衢严处为"山谷之民"，民风简朴。从大众心理上看，由于文化性格差异甚大，上八府的人不愿把本地和下三府的混为一体②。由此看来，浙东、浙西可以看成是一种乡土文化区（或感性文化区）。

这里有两个地区需要商榷：处州和严州。处州即现在的丽水，严州即现在的建德市、淳安县和桐庐县。

---

① （明）王士性著，周振鹤点校：《广志绎》，中华书局2006年版，第263页。
② 朱海滨：《近世浙江文化地理研究》，复旦大学出版社2011年版，第279—280页。

严州也称睦州，位于浙江省西部，南接金华和衢州。区域内地形以山地为主，唯有沿千岛湖周围有小面积平原。严州在历史上行政变迁频繁，其作为府级政区最早是在东汉，当时还不包括桐庐、分水二县。西晋及南北朝时期与徽州地区同属新安郡，隋初废新安郡，划入婺州，后又复置睦州，大业初改为遂安郡。北宋时单独设为严州府，严州之名自此始，其后又数度增减辖县，所辖县曾在不同时期分别划入杭州、金华和衢州，现严州属杭州市辖区，即如今的建德市、淳安县和桐庐县。由于行政区划变更频繁，这一地区在文化上与杭州、金衢、徽州地区以及江西婺源在文化上都有许多相同之处，境内方言类型多样，文化优势与文化地位并不显著。虽然严州位于浙西，且其在南宋时属浙西路，但王士性在描述民俗时把严州与金衢归在一起，都是"山谷之民"，这是符合事实的，严州和金衢、徽州地区地理环境相似，地形以山地丘陵为主。从民间信仰上看，严州地区与金衢都位于钱塘江上游两岸，古时联系较频繁，境内都信仰胡公大帝、周宣灵王等神灵。对于这一三省临界较为复杂的区域，要明确划入杭嘉湖所在的太湖区还是金衢区都是比较困难的。我们依照行政区原则，现这三个县市已归属于杭州辖区，现在以及未来必然在经济、文化上都要受其影响和宏观调控，因此本研究仍将原严州地区作为杭州市来考虑，即把严州也划入太湖文化区。

处州治所丽水设县于隋初，当时名为括苍，是浙江省内府治所在县中设置最晚的。但是由于人为的作用，括苍设县后便成为永嘉郡的治所，当时的永嘉郡包括南朝时的永嘉、临海二郡，因此设县时的括苍成为了整个浙东南（温州、台州、丽水）的政治中心。唐779年改为处州。元朝至元十三年（1276）改为处州路，1359年改为安南府，随后改为处州府。明朝景泰三年（1452）起，处州府辖丽水、松阳、景宁、缙云、青田、遂昌、庆元、宣平、云和、龙泉10县。处州深处山区，明清时期其经济和文化水平要明显落后于省内其他地区。王士性认为台、温、处都为山海之民，文化性格相近，外出经营者较少，当然这是针对明中期所说。复旦大学朱海滨认为台温处与金衢之间有崇山峻岭隔开，古时联系不便，但台温处三府内的联系相对较为方便。他认为，温台之间有海道相联系，温州与处州之间有瓯江干流相连，且从历史源头来看，金衢地区在秦时便设有乌伤、大末两县，接受中原统治较早，而台温处在西汉以前还一直为东瓯国地盘，是省内最晚纳入中原王朝正式统治的地区，因此台温处应划在一个单独的文化区。对于处州的文化分属怎样的文化区，我们认为，首先，丽水本身的文化在历史发展中便呈现出非常典型的过渡性特征，正如王士性说"台、温、处山海之民"，但同时他又说"金、衢、严、处丘陵险阻，是为山谷之民"。从方言上看，丽水大部分地区与衢州同属处衢片，其中的龙泉、庆元、遂昌、松阳与衢州各县同属于龙衢小片，境内的缙云县方言与金华同属婺州片。

绍兴在文化面貌上与钱塘江北的杭州以及东边的宁波在文化面貌上都各有相似之处，体现出文化的过渡性特点。在方言上，杭州的富阳、临安与绍兴各县同属于临绍小片。风俗上，绍兴与杭州也非常相似，《太平寰宇记》中便称杭州风俗"同越州"①。但同时，绍兴位于上八府，宁绍平原本身变为一个完整的地理单元，绍兴与宁波以及金华的部分县市有许多文化共性。从历史源头来看，绍兴曾在浙江省内发挥出极大的政治中心作用。早在春秋时期，绍兴便是越国的首都。越灭吴后，它便成为全浙乃至整个东南地区的政治中心。楚灭越后，绍兴便丧失其政治中心的地位。东汉设立的会稽郡以绍兴作为治所，此时绍兴便是整个浙东及福建的政治中心。直到唐安史之乱后，浙江分为浙江东道和浙江西道，绍兴便成为浙江东道的治所。一直延续到元朝，入元后，绍兴便退居为一个府级政区治所。从文化溯源来看，虽然绍兴无疑是越文化发源地及中心，但实际上吴文化、越文化本身便非常相近，在近世意义上用吴文化、越文化来划分文化区并无太大意义。而从整个历史发展来看，绍兴的政治地位及重要性实际上是在不断趋弱。东边的宁波虽出现得较晚，但自海洋贸易兴起之后，明清时期其地位便有赶超绍兴之势，现在的宁波在许多方面都已超越绍兴，成为重要的海滨大城市。现代的宁波代表的是典型的海洋贸易文

---

① （北宋）乐史：《太平寰宇记》卷九十三《杭州·风俗》。

化，而绍兴的"古味"保留得较多，海洋性特点不浓，从总体上与太湖水乡文化更为接近，因此我们认为应将绍兴也划入太湖文化区探讨。

宁波、温州和台州东临大海，舟山由群岛组成，宁温台三地地形以山地丘陵为主，宁波西部与绍兴组成宁绍平原，同样是水网密布，是江南文化孕育的摇篮，宁波的平原地区和太湖文化有着许多共性，从方言上看，宁波、绍兴、杭嘉湖地区都属于吴语区太湖片，内部方言互通程度很高。在信仰上，宁波与嘉兴、杭州的钱塘江沿岸地区有着相同的潮神信仰，在清代海禁时期，宁波海洋贸易活动停止，与浙西的文化区趋同更加明显。不过到了近代宁波海上贸易大发展后，海洋文化愈来愈成为其文化主旋律，通过与台州、温州等大小海港组成了港口体系，使得这一条状地区联系越来越紧密。而温台地区虽以丘陵山地为主，但区内人口主要密集于沿海河口平原，海洋文化特征显著，因此我们将宁波、舟山、台州、温州划为浙东南海洋文化区来探讨。

舟山群岛是一个很特别的文化单元。舟山古称海中洲，春秋时称甬东，唐开元年间设翁山县，宋熙宁年间置昌国县，后几经兴废，清康熙年间置定海县。从人类史看，早在 5000 多年前的新石器时代，舟山就有人类活动。虽然人类活动足迹可以追溯到新石器时代，但有大规模的定居人口历史却很短。舟山群岛拥有 4696 个岛礁，陆地总面积 1440.2 平方千米，有岛屿 1390 个，住人岛 103 个。但至今全市常住人口仅为 112.13 万人（六普），外来务工人员很少，除定海外，其他地方的冷清感印象深刻。人口基数太少、空间结构碎片化、产业基础薄弱、人才缺乏、劳动力文化素质不高、海洋渔业资源枯竭、物价和商务成本过高、淡水资源匮乏、被边缘化的区位条件是舟山目前区域经济、社会、文化发展面临的九大难题，这些问题导致舟山的区域经济发展水平长期处于浙江落后地区的行列。考察文化史最重要的是需要历史的连续性，由于海禁的原因，舟山开发是断断续续的，文化的系统性和连续性大受影响，因此，从独立文化史看，舟山远远不像人类活动史那么悠久。直到清康熙二十三年（1684），朝廷颁"展海令"，开海禁，舟山开始展复，自此才有完整连续的舟山经济、社会和文化发展过程。舟山的地域文化无疑是典型的海洋文化，但由于独立的文化发育历史不长，地域文化带有明显的移民文化色彩，多元性、杂乱感、缺乏具有明确地域感的主流文化精神是最突出的文化印象。群岛的开发仅仅是海洋渔业的捕捞、晒盐等，缺乏长远计划，缺乏空间规划。由于移民来源地主要是历史上经济和文化落后的浙东的台州、温州和宁波的沿海渔民，文化素质不高，经济基础薄弱。开发历史最久的是定海，然后是岱山岛和嵊泗岛，人口迁移的空间顺序大致是宁波—台州—温州—定海—岱山—嵊泗—离岛。由于舟山的海洋文化与宁波、温州和台州的海洋文化不同，将舟山群岛确定为海洋捕捞文化亚区是合适的。

三　江南文化空间分异的七点说明

在本研究中，除需要遵循上述原则和依据外，仍有一些不能忽略且不可避免的因素存在，这在分区文化论述中会有具体分析。

（一）行政界线问题。我们今天进行文化区的研究，一般都是以现行的行政区划为界线。但在实际研究中，行政界线与自然地理、文化现状往往是不一致的，这主要的原因是现行的省区范围在一些区段与历史上的行政区有较大变动，但该区的历史文化仍然延续下来。如江西省婺源县从唐朝中叶以来归属徽州，新中国成立后划入江西，1000 多年的历史传承，使婺源成为徽州文化不可分割的一部分。

（二）地方情感因素。在学术研究中，我们都以真相、事实为基础探求事物的发展规律，但在实际操作中常常要受到主观因素的影响。由于研究者对家乡的乡土情结，在研究中往往容易产生把区域文化的地位抬高，以扩大家乡文化的影响力，这也是一种政治和旅游开发宣传的手段。例如当下全国各地声势浩大的曹操墓、昭君墓等历史名人墓葬遗址争夺战。现实研究中极端的地方性文化争夺往往会造成民众认识的偏差，导致一些地域歧视、地域敌视的不和谐现象的产生。这种现象会给研究资料的判读和甄别带来了困惑，也会直接影响研究结论的科学性。

（三）跨地区效应。在研究中，地方文化还有一些跨地区效应存在，导致在解释文化现象时必须进行进一步理性分析。例如，人物研究是地方文化研究的重点，很多有关区域哲学、文学、艺术的研究，归根结底往往落实到人物的研究上。但有很多人物，他们的成就和思想往往是超越地方的。比如鲁迅的文学成就和思想深度是超越绍兴、超越江南的，但是他为人的气质、行文的风格，仍处处表现出绍兴特征。

（四）区域中心问题。在前文我们分析，文化区一般都存在着文化中心。文化中心往往是该区文化最先发展的地方，或者是后期成为该区文化最发达、影响力最大的地方。但放在本研究的具体研究中，我们发现，并不是所有的文化区都具有明显的区域中心。这主要是指浙东地区，包括宁波、台州、温州、金华、衢州、丽水、舟山的广大范围。这一地区内部被高大山脉分割为宁绍平原、灵江流域、瓯江流域、婺江流域等数个流域，区域内部交通不便，因此内部方言、民俗差别甚大，无法形成区域内的大中心，一定规模的中心其腹地也是有限的。相比之下，浙西以北地区，上海、苏州、南京等城市在区域内的文化影响力则是非常明显的。针对这一问题，我们认为浙东南海洋文化区、浙西南山地文化区的区域中心并不明显，不适宜过分去挖掘其区域中心。因此本研究将这两个地区作为多中心文化区对待。

（五）江南地区城乡一体化的不断推进，加快了文化区的均质化进程。改革开放以来，我国城乡关系发生了重大的变化。当前，我国已进入"以工哺农、以城带乡"的城乡关系发展新阶段。我国经济社会发展阶段作出了"三个进入"判断，即"我国总体上已进入以工促农、以城带乡的发展阶段，进入加快改造传统农业、走中国特色农业现代化道路的关键时刻，进入着力破除城乡二元结构、形成城乡经济社会发展一体化新格局的重要时期。到 2020 年，我国将初步形成城乡经济社会一体化新格局"①。区域文化单元在这一时代背景下，区域文化核心—边缘结构变得越来越淡化，城乡不仅在经济和社会特征上

---

① 陈修颖、汤放华：《城乡一体化的空间分异及地域推进策略——广东省案例》，《经济地理》2013 年第 12 期。

变得日益同质，核心文化特质扩散加快，区域内城乡文化的差异也将日益缩小。随着区域一体化、城乡一体化进程的加速，文化的区域差异将逐渐减少。"吾国学术文艺，虽以山川形势、民情风俗，自古有南北之分，然文明日启、交通日繁，则其区别渐泯。"①

（六）江南地区城市化的快速推进影响地域传统文化的生存与传承。传统地域文化景观是整体人文生态系统的景观特征和文化生态的结晶与精华。在快速城市化、工业化、商业化和现代化发展中，传统地域文化景观面临巨大的冲击。城市的快速发展不仅使城市地区传统文化景观遭到破坏，同时快速城市化对乡村文化景观形成巨大的冲击。最能体现和表达地域传统文化的空间单元是村落，但是在工业化、城市化的冲击下，村落空间以及村落文化正在逐渐凋敝、萎缩甚至消失②。现代化、城市化、工业化、商业化以及时尚化成为导致地方文化景观缺失和文化景观趋同的根本因素，同时传统文化景观也面临巨大冲击。江南地区是我国工业化、城市化进程最快的区域，2013年的城市化水平达到72.8%，远高于53.7%的全国平均水平，传统文化受到的冲击必须引起高度重视。江南地区传统文化的传承和地域文化景观的发展必须具有地域上的整体性、连续性和有机性，但传统地域文化景观呈现出的"孤岛化"、"破碎化"、"标本化"和"边缘化"现象，文化景观遭到破坏，特色文化景观区域和传统历史文化村落的保护面临巨大挑战。

（七）研究江南文化不能就江南论江南。从区域文化研究的角度来看，江南文化应该是长江文化的一部分，而长江文化则又是中华文化的一部分。因此，我们不能孤立地来看江南文化，而应该把它放在长江文化这种大区域文化的框架中去研究③。从文化区域的划分来看，长江上游的巴蜀文化、滇文化、黔文化，中游的荆楚文化，下游的吴

---

① 程千帆：《文论十笺》，黑龙江出版社1983年版，第125页。

② 陈修颖等：《浙江省市场型村落社会经济变迁研究》，中国社会科学出版社2007年版，第10页。

③ 张承宗：《对江南文化研究的回顾与思考：〈江南文化与经济生活研究〉序》，《苏州大学学报》1999年第3期。

越文化以及处于中下游之间而素有"吴头楚尾"之称的赣文化，都应该是长江文化的亚文化区。上述这些亚文化区的地域范围中，又几乎都有地处江南的部分。所以，江南文化的研究不应当局限于狭义的江南。因此在本研究中，根据学术关联的需要，会涉及江南文化区以外的地域文化。

四　江南文化空间分异方案

根据上述思路和区划原则，从两个层次开展江南文化区划。具体而言，在第一层次，我们将江南地区划分为太湖水乡文化区、江淮文化区、浙东南海洋文化区、浙西南山地文化区这四个文化大区；进而把太湖水乡文化区划分为苏南浙北文化亚区、绍兴文化亚区和上海文化亚区，把江淮文化区划分为金陵文化亚区、淮扬文化亚区和海盐文化亚区，把浙东南海洋文化区划分为舟山海洋捕捞文化亚区和宁温台海洋贸易文化亚区，把浙西南山地文化区划分为金衢文化亚区和丽水文化亚区，形成第二个层次。

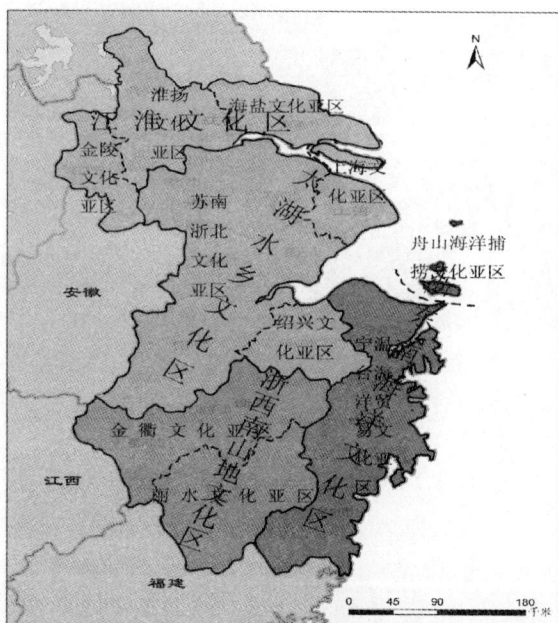

图 3-4　江南文化区分布示意图

表 3 – 5   **江南文化区划方案**

文化区	太湖水乡文化区			江淮文化区			浙东南海洋文化区		浙西南山地文化区	
文化亚区	苏南浙北文化亚区	绍兴文化亚区	上海文化亚区	金陵文化亚区	淮扬文化亚区	海盐文化亚区	舟山群岛海洋捕捞文化亚区	宁温台海洋贸易文化亚区	金衢文化亚区	丽水文化亚区
空间范围	杭州、嘉兴、湖州、苏州、无锡、常州	绍兴	上海	南京	扬州、镇江、泰州	南通	定海	宁波、温州、台州	金华、衢州	丽水

第四章

太湖水乡文化区

太湖水乡文化区包含的范围与传统意义上的太湖流域地区及太湖地区不一样。太湖流域地区又可称太湖平原或太湖水系。太湖平原是一个完整的文化地域单元，是一个以太湖为中心的蝶形洼地，在空间上包括江苏省长江以南、浙江省钱塘江以北、东海以西、天目山以东的区域。大致的边界范围为北起长江、东抵东中国海、南达钱塘江和杭州湾、西面以天目山及其支脉茅山与皖南山地、宁镇丘陵相隔开，包括浙江省杭州市主要地区、嘉兴市和湖州市全部、江苏省苏州市、无锡市、常州市和上海市全部。太湖水乡文化区面积 36900 平方公里，其中江苏省占 53%，浙江省占 33.5%，上海市占 13.5%。江南的核心是太湖平原地区，明清以来在人们的世俗观念中，这一地区几乎就等同于江南的概念。

考虑到行政区的一致，将杭州市全部划入。宁绍平原虽应为一整体，且其南倚会稽、四明山地，北濒杭州湾，是一个南北缓倾的斜面，原始河道均自南向北流，为从山区冲积扇北流的入海水道，由历代整治又形成了许多东西走向的水道，且气候湿润、降水丰富，因此该区河道密集，水网特征十分明显，呈现典型的水乡景观，孕育的文化也具有典型的水乡文化特点。但是绍兴和宁波之间文化的侧重点不同，宁波海上交通发达，早在唐朝便是全国三大贸易港口之一，区内海洋文化特征占主导地位，绍兴与杭州隔钱塘江相望，水乡文化特征占主导，更有浙东与浙西文化的过渡特征，因此将绍兴划为太湖水乡文化区，与宁波分属于两个不同的文化区。

太湖水乡文化区属亚热带季风性气候，全年气候温和，降雨丰沛，太湖平原为第四纪时的沉积岩，其形成是在太湖凹陷的基础上，主要由长江、钱塘江、太湖和东海等带来的大量泥沙不断冲淤堆积发育而成。距今 6000 年前，长江南岸沙嘴开始露出水面，距今 5000 年前，长江南岸沙嘴与钱塘江河嘴不断延伸，最后两者相接合拢，便形成以太湖为中心的洼地。此后陆地不断向东扩展，至今也尚未间断。经过泥沙的长期日积月累，区内遍布洼地和沟壑，组成典型的湖荡水网平原。太湖流域地区河湖面积达 16%，自然环境十分优越。在许多文献中，江南的基本特质都与水有关。太湖水乡文化区的一个最重要的特点便是体现在"水"上面，经统计，太湖地区河湖水网占国土面积的 10% 以上，这在全国同面积的区域文化单元中是最高的。从太湖流域的湖泊情况，就可以看出太湖文化区水的重要性和水文化的环境基础。

表 4 – 1　　　　　　　　　太湖流域主要湖泊

湖泊名称	水面积（km²）	平均水深（m）	最大水深（m）	蓄水容积（亿方）	量算水位（m）
太湖	2338.1	1.89	2.60	44.28	2.99
滆湖	146.9	1.07	1.45	1.57	3.14
阳澄湖	118.9	1.43	4.70	1.73	2.90
洮湖	89.0	1.00	1.95	0.86	3.39
淀山湖	63.7	1.73	2.30	1.11	2.70
澄湖	40.6	1.48	3.15	0.60	2.70
昆承湖	17.9	1.71	4.05	0.31	2.87
元荡	13.0	1.38	1.90	0.18	2.70
独墅湖	10.2	1.31	2.40	0.13	2.83
合计	2838.3			50.77	

第一节　太湖水乡文化区文化特征

　　与古代中国其他地方相比，太湖文化区农业、工商业最显著的特点是商品化经营，其中最具代表性的是蚕桑生产。

　　太湖流域地区气候温暖湿润，江湖众多，水利发达，长久以来由长江上游地区带来的大量泥沙在钱塘江北岸沉积，形成了该地区水网交错且土壤肥沃的特点，太湖平原表面长期形成了一层深厚的土层，经过长期耕种，大多已变为水稻土，占耕地面积的90%左右，再加上自然环境条件优越，为当地农业的发展以及农耕文化的沉淀创造了优良的条件。到了新石器时代，太湖流域形成了灿烂的稻作文化。此后该地区的农业经济结构中，稻作生产一直是最重要的生产门类，这也产生了南牛北马、南稻北麦、南米北面的农业经济格局和饮食格局。并带动了其他一系列经济活动的产生以及稻作文化的演化。

从太湖流域农业生产发展历史来看，一直到六朝时期，该区的农业经济仍在北方之下。生产方式还较原始粗放。直到唐宋时期，由于北方移民使得太湖地区人口大量增长，迫使农业生产方式向精细耕作方向发展，加之北方带来先进的生产方式和生产工具，更加快了太湖地区稻作经济的深度化发展。与此同时，蚕桑生产也在中唐时期进入繁盛期，成为该区农业的重要组成部分。除了稻作和蚕桑，小麦、玉米、甘薯、高粱、马铃薯、蚕豆等粮食作物也大量种植。茶叶、果品、竹木生产在唐宋时期也开始有了很大发展。因此，从唐宋时期开始多种经营方式的出现大大丰富了太湖地区农业生产的结构，促进了该区商品性农业生产方式的出现。原来适合自给自足的自然农业经济的较为单一的粮食作物生产，演变成农业经济作物大量种植、为满足市场需求的商品性经济模式在农业生产中的比例大大提高。元明清时期是太湖地区农业经济进一步商品化的重要阶段，经济作物的大量种植以及种桑植棉的收入要大大高于种稻的收入，使得农家将大量的耕地与劳动力用于栽桑、植棉，将这些经济作物作为商品出售后，换取更多的粮食。与此同时，太湖地区的丝织业和棉纺织业地区间分工也越来越明细，农家的经营以市场导向为动力。这一地区是我国市场经济和商品经济发展最早、持续时间最长的文化区。

一　太湖水乡的文化性格和价值观念

（一）文化底蕴深厚，崇文重教

太湖水乡文化区文化底蕴深厚，具体表现在文化教育的兴盛、学者文人辈出、地方志编撰之风兴盛以及多藏书楼和藏书家。

　　太湖水乡地区崇文重教之风浓厚，该区自古便盛产文化名人，明清以来更是在全国科举中独占鳌头，素有"三多"之称：状元多，藏书多，书香门第多。明清两代全国状元203名，仅江浙便有105名，其中苏州更是清代全国状元的"状元之乡"，共出了26名，占全国的22.8%①。同时，水乡地区镇志编撰之风兴盛，许多江南古镇皆流传有其一套完整的镇志，这与市镇当地的文人名士的致力编写是有很大关系的。同时，文化事业的昌盛还体现在太湖地区的刻书业十分发达，万历时期学者胡应麟在《少室山房笔丛·经籍会通》中说："吴会、金陵，擅名文献，刻本至多……余所见当今刻本，苏、常为上，金陵次之"，又云："其精吴为最。"清时期，"天下书版之善，仍推苏、杭金陵"②。在藏书方面，主要分为官府藏书和私家藏书，自明以来，整个江南便成为全国私家藏书的中心，尤以太湖地区为主。

　　（二）宗室豪族聚集

　　从六朝开始，太湖流域便是江南土著士族与强宗豪族的聚集地，如苏州的顾陆朱张四大姓，宜兴的周氏，湖州的沈氏，杭州的洪氏、丁氏，海宁的查氏、陈氏，这些家族世代绵延，直到明清时期仍然属于江南的著姓望族，直到现在仍是历史学研究的热门对象，整个江南家族的历史就是一个内容复杂的"博物馆"。总体上看，关于苏松常地区文化世族的研究相比杭嘉湖地区更为繁盛，不过关于杭嘉湖地区多望族，在王士性的《广志绎》中便有记载："杭、嘉、湖平原水乡，是为泽国之民……泽国之民，舟楫为居，百货所聚，间阎易于富贵，俗尚奢侈，缙绅气势大而众庶小。"这些望族一般都具有相对悠久的历史、有相当的人口数量、有集中的居住区域、有相当数量的有影响力的人才、有优良的家族传统品质、在传承中有相对的稳定性等。江南望族在江南乃至全国的经济、政治、文化领域中都占据着重要地位，成为江南文化的重要载体，也是江南文学艺术创新的主要开拓

---

①　李海平：《江南市镇旅游文化研究》，浙江大学出版社2008年版，第35页。

②　洪煜：《近代上海报刊与江南城市近代化——以苏州为例》，唐力行：《江南社会历史评论（第一期）》，商务印书馆2009年版，第185页。

者。著名的社会学家潘光旦先生在 20 世纪 30 年代研究苏州人才时认为，太湖的四围、长江以南，钱塘江以北，即以前的苏松常太杭嘉湖六府一直隶州之地，是一个人才诞生的自然区域。对比于近邻太湖流域的南京，作为江南的政治中心，到了明清时期，早年从北方迁徙进来的大族却未能传承下来。清代的袁枚关于此则认为："金陵山川之气散而不聚，以故土著者绝少传人。"① 后世看来此话的风水意味太浓，但也是地理环境和人文二者结合的思考的反映。相比于其他地区，由于太湖流域多望族，因此世家中的女性文化水平一般比较高，也就是在太湖水乡地区出产才女群体，这些女性一般都承继了"家学"的文化资本。

密集的人口、发达的经济使得太湖水乡地区多富商巨贾。以著名的湖州南浔镇为例。在南浔有近代被称为"四象八牛七十二条墩狗"的近百余家丝商巨富，因此多深宅大院，《江南园林志》记载：南浔"以一镇之地，而拥有五园，且皆为巨构，是江南所仅见"②。

由于多豪族以及经济的发达，太湖地区城镇社会风俗从明中叶以来由俭朴走向奢侈，嘉靖时徐献忠说："今天下风俗惟江之南靡而尚华侈，人情乖薄，视本实者竞嗤鄙之。"③ 在明清时期，存在着一种豪奢型高消费模式。王家范先生曾在文章中写道：

> 明清江南绪绅中拥有大田产至千、万亩以上者，史载不绝。华亭徐阶据说拥有田产廿四万亩，富于严嵩；湖洲董尚书，"田连装湖诸邑，殆千百顷"；华亭董其昌，拥有"膏腴万顷"；常熟钱谦益总田产不详，仅据其死后亲戚威逼勒索去"膏腴六百亩"，生前田产应以千计；即使如昆山顾炎武，一次即典去千墩田产八百亩，恐亦为千亩以上之大家，其后北上豪游与山东、山西广置田产诸费都有昆山大田产作后盾，方能遂其壮志。千亩租入即为

① 徐茂明：《明清江南家族史研究之回顾与展望》，王家范：《明清江南史研究三十年（1978—2008）》，上海古籍出版社 2010 年版，第 369 页。

② 童寯：《江南园林志》之《沿革》。

③ 徐献忠：《吴兴掌故集》卷 12《风土》。

千两白银，岁有数千成万两白银之入，当然完全可以支撑他们豪奢的消费方式。以上都为"执牛耳者"，更多的是拥田数百亩的大地主。①

　　不过，这也限于太湖地区的城镇，广大的农村仍然与奢华无关。不过由于明清时期太湖流域的农业经济水平居全国首位，且兼有多种经营和发达的副业，因此这一地区人民的普遍消费水平要比全国其他地区同时期高出很多，不过由于繁重的官粮和杂税导致一般居民的家庭消费仍处于一种节俭型的状态。这与城镇豪族大家的奢华消费形成鲜明对比。

　　（三）好游玩之风

　　以杭州西湖的游船演化为例，从中便可对于太湖地区的游玩盛况窥见一二。西湖的名称始于唐代，当时的西湖还处于初辟时期，湖面宽广，这时的西湖船只还保留着海船的风格，其船头画有龙头，首尾相对中间偏高，此时的西湖船主要具备的是生产功能。到了北宋由当时任杭州太守的苏轼治理西湖，这时西湖船虽然在形态上仍基本保持着海船的特点，但在使用上开始具有了游船的功能。南宋时期朝廷偏安南方，社会权贵满足于江南的安定，这时候西湖泛舟盛极一时。船的使用已从运载船向纯粹的游船发展，外观也从实用趋向于华丽。在南宋时便已有了六类西湖游船。

　　①大型游船。这类船一般供上层人士游玩之用，装饰华丽，船舱宽敞。

　　②楼船。是一种两层的游船，上下均可坐人。据载有大小三号，头号置歌宴，储歌童；次号载书画；再次储美人。

　　③槛船。这是一种使用布帆的游船。

　　④车船。这是我国最早的机械动力船，船上无人撑架，由游人脚踏车轮前进。

　　① 王家范：《明清江南消费性质与消费效果解析——明清江南消费经济探微之二》，《上海社会科学院学术季刊》1988 年第 2 期，第 161 页。

⑤采莲船。这类船小巧精致，仅容一到二人乘坐，装饰精致，是一种小游船。

⑥瓜皮船。也是一种小型游船，形如瓜皮，在宋元时期的文人之间曾风行一时，在诗词中多有描述，如："小小渡船如缺瓜"、"瓜皮船子送琵琶"，"瓜皮船小歌竹枝"、"瓜皮船小水中央"等。

到了明代，西湖多数湖船趋向简朴小巧，看重门窗敞豁，便于倚眺湖景。到了清代，西湖上的游船仍未减少，此时"湖中之舟，鳞鳞如鲫"。除那些达官贵人、文人雅士坐的各种画舫外，还出现了两种新颖的船型：一种叫"竹舟"，以巨竹为筏，浮在水中。筏上结篷屋，外有朱栏，以青幔为障。屋内木板地面，舱中可设席宴饮、喝茶、下棋。船行时，撤去青幔，可观眺四方景色。其船名"浮海槛"。另一种为"方舟"，这种游船，是由几节活动的方形船体组成，用时由人肩背到江中，以小节坐客，再加前后两节为首尾。客多则加节，用索绳连接成一舟。用布帆，并有人划桨。在方舟旁边还系有两小舟，一置茶具，酒果；一载笺、笔砚，在方舟前后左右均可移动。客去后又将方舟拆除，背回家中释放。①

到了清末，西湖游船又向简朴转化。大型画舫已寥寥无几。当时，一种叫"划子"的小游船增多，一般只能乘坐七八人，方便游人随时租借；大一些叫"篷船"，有船尾（或翠幔）旁有门窗，可避风雨，装饰比较讲究。船旁带小舟，可以烹调食物，租价昂贵，大多为有钱人家使用。另外，又发展了一种交通船，船身高大，俗称"渡船"。不作游船之用，专在湖畔迎送游人来往。辛亥革命后，在西湖上出现了一种小船，侧设竹栏或铜栏，中张白篷，成为轻便的小游艇，曾经风行一时。新中国成立后，西湖管理部门设计了各式游船，包括各类仿宋、仿清画舫、龙舟、凤舟，西湖美景及游乐之风闻名中外②。

西湖游船的发展演变过程除了是杭州水上交通的反映，从中也可以看出从古至今杭州地区的游玩之风盛行。

---

① http：//www. dyysrs. com/sybbs/dispbbs. asp？ boardid = 5&id = 2466.

② http：//www. zjol. com. cn/05gotrip/system/2006/08/09/007798786. shtml.

二　生产文化

（一）稻作文化

稻作生产是太湖文化区最为重要的生产方式，长期以来当地民众形成了一套成熟的水稻生产的技术体系和生产流程，也形成了大量的具有鲜明地方特色的稻作文化习俗，至今仍广泛存在于太湖流域农村中。

太湖区水稻种植具体过程主要包括浸种、播种、栽秧、耘田、施肥、除草、收割、贮藏等。我国南方以稻作农业经济生产为主已延续了几千年，因此对于农家来说立春是非常重要的日子，古语便有"新春大如年"、"一年之计在于春"的说法。立春在农村中常常要举行"迎春"礼仪，旧时这种活动都是由县官主持，民间称之为"春牛会"。这一天家家户户都会把自家的耕牛洗刷干净，在牛身上披上彩绸缎带，把牛打扮得漂漂亮亮，牵到城里来，由县官主持，举行隆重的祭祀活动。祭祀活动结束后，是巡街活动，以现代当地人的观点看来，这样的活动可以起到检阅耕牛情况，同时鼓励农耕的积极作用。快速城镇化的太湖水乡农村，已经不可能出现旧时的县官主持的大型祭祀活动，但民间依旧把这一天当做节日来过。在乡间将这一天称为"开耕日"，这一天不会大面积耕田，不过农家按习俗会一清早就牵着耕牛到野外去遛遛腿，称之为"耕春"，还有的农家则会在田里象征性地耕上几行，表示"开耕"之意。立春日这一天忌吵嘴打架，忌说不吉利的话。在一些农村还会点燃樟树叶，用来熏家中的各个角落，为的是除害虫祛阴气。

浸种、播种是太湖地区农村稻作生产首先进行的生产工序。按照当地农村中的习惯，开春不久，农民便要选择吉日浸种。浸种的过程严肃而又一丝不苟。一般选择桶或缸作为容器，将谷种倒入其中，然后加清水后用棒搅拌数圈，使混杂其中的杂质和瘪谷浮起。将杂质捞起后，盖上缸盖，盖上放上一些避邪之物，如柳条、镰刀、蓑衣、箬帽等。待谷种发芽长到半公分左右时，便将其挑到已犁过的田中落谷。落谷的日子一般也要事先选定，并也要进行一些辟邪活动。如撒谷时先撮 7 颗谷子放在田埂上，用脚将其踩入土中，一边口中还要喊一声"劈煞"，以期当年的谷子顺利发芽，防止稻谷受到邪祟的侵害。

拔秧和挑秧是插秧前的重要工序，其好坏直接影响到插秧工作的进程。在拔秧时，农民用两手的拇指和食指分别拔起一把秧苗，在水中洗净泥巴，然后合于一处用秧绳扎紧，中间留有空隙，称为"秧门"，插秧时打开秧把播种，便从"秧门"中取秧，十分方便。挑秧工作虽简单却有许多讲究。装秧时簸箕底部的两个秧苗必须根朝里，叶朝外摆放，而其余秧苗则要根朝外，叶朝里摆放。这称为"露青"，最后一支秧要分开秧门竖跨在扁担上。秧担必须装得满满的寓意为稻谷丰收。

栽秧是太湖流域农村中最为重要的环节。因此农民对其极为重视，由栽秧产生的习俗也颇多。太湖地区将栽秧的第一天称为"开秧门"。这天早晨人们要备好酒菜和米饭请所有劳动力饱食一顿，特别是一些田地较多要请许多帮工的人家，此日更是要备上酒肉招待众人。

栽秧过程也有许多独特的地方习俗。例如在插第一行秧苗时，规定要由东家下田栽秧，此举称为"领头棷"。如果东家不善于栽秧或者因有事不能到场，则必须委托他人到场代替，据说这样的做法可以保证栽秧工作顺利、秧苗长势良好。出于对水稻的崇敬和重视，当地农民在栽秧时形成了一些具有地方性迷信色彩的行为模式。例如栽秧时传递秧苗不能用手，栽秧时不能将秧苗扔在别人身上，进入秧田时必须左脚先迈入，插秧前必须用秧田水洗手。插秧后插剩的秧苗不能随便丢弃，而要将其成把地竖放于田中。栽秧后的捆秧绳也不能随便丢弃，而要将其塞入泥中。插秧结束的那天，称为"关秧门"，次日收工必须比往日早，最迟也得在太阳下山前。当天晚上东家要以丰盛的酒菜招待众人，有些地方还要做米团、麻糍等点心。在农忙季节，农家主妇会在早晨将早饭和午饭一起做好，午饭由下田的男人们带至地里。晚上农活结束后，再全家一起吃晚饭，夏季天热的时候，很多人家便将桌子搬至屋前的空地上，因此，在太湖水乡，夏季傍晚家家户户沿街摆成一排临着门口的小河吃晚饭，也称得上是水乡的一大生活特色，别具风味。

在水稻生长过程中，极易发生病虫灾害，因此驱虫祛灾也成为稻作生产的重要程序。古时科学技术落后，大多只能采用一些消极而迷信的方式来应对，效果可想而知。例如水稻抽穗时，各种虫灾随之而来，危害极大。农村地区大都是在田中插一把扫帚或触头，上面撒上粪水等污秽之物用以赶虫。更多的是到刘猛将庙中请出神像，绕村子巡游几圈，希望依靠神灵的力量战胜虫害。在当地也能见到大大小小的刘猛将庙。

在遇到干旱时，最常见的就是请龙神祈求降雨。请龙神时一般都要举行隆重的仪式，具体做法甚多，有的是到龙王庙烧香，同时供以丰富的供品；有的是将龙王像抬出来四处巡游；有的还会请来戏班表演以娱神；也有的会请僧道举行大型法事等，关于求雨的风俗种类繁多。杭州地区农村的求雨活动风俗则是向观音求雨，在当地人心目中，观音总是以"洒水"的形象呈现在大众面前。还有一种常见的祈雨活动是大批人马在族长的带领下敲锣打鼓浩浩荡荡来到龙潭祭祀。

太湖水乡的稻作生产以精细闻名于世，因此所用的农具也精益求精。当然，到了近现代，许多传统农具已被机器所取代而退出历史舞台。如灌溉的水车，耕作的犁、耙、锄、耖，收割的镰刀，脱粒工具稻桶、风车、脱粒机、稻床，稻米加工工具碾、磨、碓等，这些传统农具都已经或正在退出历史舞台，逐渐被人们遗忘。

（二）蚕桑文化

位于太湖东南岸洼地中心区内的苏嘉湖区域地势相对偏高，坡度平缓，土壤肥沃，十分适合桑地宜高平、不宜低湿、土质肥沃且疏松的要求。加上水系发达，降水丰富但地表水可汇入河流，不会积于土壤中导致桑树烂根，因此自然条件非常适于桑蚕养殖。

太湖地区养蚕至少已有几千年历史。安史之乱后中国蚕桑业重心南移，自唐朝中叶后，太湖流域地区便赶超黄河流域成为全国蚕桑业最发达的地区。蚕桑生产一度在明清时期代替了稻作生产成为太湖流域最重要的生产方式，在农家的收入中占有举足轻重的地位。俗话说的"田蚕"，便是指这一带的农家收入一半靠田，一半靠蚕，养蚕是农家的一件大事。因此，在悠久的历史中养蚕植桑也形成了许多特殊的江南民间习俗。

古人将蚕称为忧虫，《吴兴蚕书》中有记载："蚕自小至老，须刻刻防其疾病。俗称蚕为忧虫，受一分病则歉收一分。"太湖蚕家历来把蚕叫做"宝宝"，即"蚕宝宝"，与自家孩子称谓一致，可见蚕这种动物在江南水乡人家与人的亲密程度之高。由于养蚕活动的重要及桑蚕生产的艰辛，需要有经验丰富、有高度的责任心的妇女担当，当地人将其称为蚕娘，蚕娘在养蚕活动中起到了关键作用。养蚕缫丝业中，妇女是主要劳动力，在生产中需要细致与坚韧的忍耐力，再加上养蚕收入在家庭收入中占有重要比例，所以太湖蚕桑地区妇女的家庭地位自然要比其他纯种植业为主的地区要高。

桑蚕对于太湖地区的人来说事关命运，生死攸关。因此会不会养蚕，成了判断一个人有无能力的标志，一户人家养蚕的水平和数量是衡量这户人家家境是否殷实的标志。因此，姑娘嫁人时有送蚕花、看蚕花和撒蚕花的习俗。为表现家境殷实，也有戴蚕花、盘蚕花的习俗。

养蚕包括许多重要工序，首先，在农历十二月十二日时，蚕家都要举行"洒布种"仪式。先是备上酒菜鲜果祭灶神，然后将浓茶喷洒在粘有蚕种的布片上，或在布片上撒些盐粒，然后将蚕种收好。农历的十二月廿四，再将蚕种取出，弹掉盐屑，拿到河里漂洗，然后晾干收好。据说这样做可以消除蚕病，以期来年蚕茧丰收。其实这也是一种旧时简单的杀菌消毒的方法，在一定程度上可以防止蚕病保护蚕种。

接下来的工序便是"窝种"。此时蚕种隐隐出现绿色或灰色，蚕娘便将蚕种布片贴在胸前，像抱着婴儿一样静静地坐着一动不动，为让蚕种在较温暖的环境中较快的发育孵化。窝种时要准备好各种养蚕工具，如要将木制的三棱形的"蚕台"拿出修整，将养蚕用的蚕笆、团匾洗刷干净。蚕笆上还要用糊笆纸糊好，并贴上"聚宝盆"、"蚕花太子"等吉祥图案。

等蚕孵化出来后便进入养蚕的关键时刻。太湖地区的蚕农将蚕的五个生长过程称为"头眠"、"二眠"、"出火"、"大眠"、"上山"。"眠"指的是蚕蜕皮的阶段，此时蚕不吃不动。整个蚕的生长期有五次蜕皮，三眠俗称"出火"，四眠称为"大眠"，五眠称为"上山"。

在养蚕的过程中，桑叶是蚕的口粮，对蚕的生产有绝对关键作用。桑叶的长势直接关系到养蚕的收成。在桑叶的生长中，清明前后的桑叶长势最重要。有谚语"清明一粒谷，看蚕娘娘朝俚哭；清明雀口，看蚕娘娘拍手"。意思是清明时节若桑叶还只有谷粒那么大，蚕农急得要哭了；若此时桑叶已有雀口那么大，蚕农便自然高兴得拍手了。养蚕三周后蚕吃叶又多又快，若此时蚕家桑叶供应不足，则会使养蚕工作前功尽弃。蚕上山结茧时，各家的亲朋都要来"望山头"或"望蚕讯"，互相探望，互送礼品，预祝蚕花好收成。送礼主要是娘家送给女儿家，礼品一般包括黄鱼、韭菜、水晶糕、水果、细粉、梅子、枇杷等。海宁硖石一带习惯送糖包子，另加一条鲚鲞。斜桥一带习惯送粽子，钱塘江一带也送粽子，称"蚕讯粽"，如对方是新婚未生子女，大粽旁串一小粽子，称"包子粽"。桐乡屠甸一带便流传有望蚕讯时人们所准备的礼物：

> 秧凳、箬笠、拔秧伞，
> 批把、梨子、灰鸭蛋。
> 黄鱼、鲜肉、鲚鲞篮，
> 软糕、包子，挑一担。[①]

由于蚕事对太湖地区经济的重要，民间养蚕形成了许多禁忌。著名民俗专家胡朴安先生对湖州育蚕习俗有详细描述：

> 于清明节后，凡育蚕者，均须接青龙，退白虎。用鱼肉、香烛之类，大门口贴纸门神一对，未贴之前，亦必先行斋供，俗谓不如此则收成必薄也。如担蚕之后，除自养蚕者外，闲生人等，

---

① http://zhidao.baidu.com/question/59095547.html.

概不宜直入蚕室，及大声呼唤，或穿孝服者而进，则恐冲犯外邪，有不吉利也。蚕室内见有蛇者，不敢惊呼，以为是青龙降临，随即斋供，听其自去也。①

　　在太湖蚕桑地区，蚕上山结茧时，蚕家会在家门口挂上一种叫"棚荐"的草帘子。既能保暖，又能起到外人不得入内的告示作用。这段时期称为"关蚕门"。一般来说，外人见到便不会随便进入蚕室。如果此时不巧有人闯入，主人家便会很不高兴，待人走后，便会取出一束稻草扔出门外，或吐几口唾沫，或烧一点东西，更有甚者还会端出一盆冷水朝外人身后泼去，为将晦气带走。若有人实在有急事要入蚕室，必须在门外轻轻喊，待里面人轻声答应才能进去，讲话也必须轻悄悄的，同时还要摘一片桃叶或洁净的桑叶或桃枝带进去。用现代观点看来这样做有一定的科学根据，是为了防止外人将病菌带入蚕室而采取的一种措施。蚕入眠时，不能在地里浇粪，炒菜时不能起油锅。当然，现在人们已经知道引起蚕病的原因有多种，如细菌、真菌、病毒、寄生虫等，由不同原因引发的症状也各不相同，因而也要采取相应的防治措施和解决方法加以解决。

　　每当采茧子后，即为"开蚕门"，蚕农的亲戚间便要相互拜访，互相送礼，礼物一般是粽子、软糕、梅子、枇杷等，开蚕门的时节便是孩童们翘首企盼的日子。时至今日，这样的风俗还保留着。

　　养蚕时更是有许多语言禁忌，如在蚕室发现有蛇不能声张，要说"青龙来了"；发现僵蚕死蚕也不能声张，而称之为"白货"或"冷蚕"，清理干净即可。在海盐，发现蚕得僵病，还要将赤练蛇活捉，放入一个盛有石灰块的瓮中，然后将瓮中的石灰粉撒在病蚕身上。蚕家忌"亮"，因为亮蚕是一种蚕病，因此一些水乡农村将"天亮了"说成"天开眼了"。忌"四"，四同死之音，因此"四眠"要称为"大眠"。忌"完"，因此"饭吃完了"要说"饭吃好了"。小孩睡觉要叫"安置"；酱油叫"黑塌塌"；忌"爬"、"逃"、"游"，因为蚕

_____

① 胡朴安：《中华全国风俗志》，上海科学技术文献出版社 2008 年版，第 514 页。

到处乱爬不肯吃食称为"游蚕"，即为白肚病，因此又叫"下水走"或"滑漉漉"；虾叫"弯转"；吃豆腐则叫"吃白肉"。其实这种语言上的禁忌广泛存在于世界各地。它实质上是人类原始信仰的流传结果。原始的人类认为人类的言语在很大程度上具有某种魔力，如在宗教活动中反复诵念的经文、口诀，人们潜意识里都认为这是有效的。因此在日常生活中也不会说出不利于自己的语言伤害自己，久而久之，则逐渐演化为各种语言和行为方式上的禁忌，以保护自己和家人。如此演化下来的语言禁忌在历史发展中最终也失去了其原始含义和色彩，逐渐仅仅作为一种语言习惯而被当地人应用于日常活动。

除了一些蚕事习俗和禁忌外，与蚕事有关的民间信仰在太湖文化区也异常发达，其中以蚕花娘娘崇拜为主。新中国成立前，江浙一带的许多庙里都供着一匹泥塑的马，马背上骑着一位姑娘，也有骑三位姑娘的，即为蚕神。蚕神在太湖不同的地区有不同称谓，有称蚕花娘娘的，有的称马头娘、马鸣王菩萨，有的称蚕花菩萨，也有的称蚕姑，等等。祭蚕神习俗多种多样，主要分为两类，一类是在家中祭祀，在旧时凡是孵蚁蚕、蚕眠、出火、上山、回山、缫丝等，几乎每道生产工序都要祭祀一番。在蚕宝宝三眠以后吐丝之前，丰收在望，蚕农们都要做茧圆来供奉蚕神，茧圆是一种米粉做的小汤圆，传说是蚕花娘娘生前喜吃之物。到了近现代，祭祀便逐渐简化为一年两次。一般在清明前后，或是孵蚁蚕这天，或是腊月十二蚕花生日，蚕农在家中设立蚕花娘娘的神位，到了近现代也有的用一朵纸扎蚕花象征性供奉，将蚕蚁或者是蚕种供在神像前，点香，供上三牲供品，叩头下拜，以求蚕神保佑蚕花丰收。

另一类则是社区型的大型活动，一般是以某蚕神庙为中心，由一些农村的权威组织共同发起，几个乡村的农家共同参与。这就是一般所称的蚕花庙会，这在太湖平原的桑蚕养殖区是有着重要意义的节庆。直至现代，太湖乡间每到清明时节或在其他相近的日子，蚕神庙会便会组织起来，附近的蚕家云集到庙里烧香，而且往往是苏锡常的蚕农会到杭州烧香，而浙江湖州等地的蚕农却到苏州来烧香，他们结伙成队，坐香船远行，也借机乘春蚕忙碌前游玩一番。湖州含山等地有个传说，蚕花娘娘在清明节时化作村姑，踏遍含山，留下蚕花喜气，谁踏上含山将蚕花喜气带回去，便可以得到蚕花"廿四分"①。有些地方还会举行大型的赛神会，使得庙会更加盛大。人们会在庙会上出售绢制蚕花，每个村里也会精心准备一台节目，有舞龙、舞狮、打莲湘、马灯，等等。在乡间蚕神庙会更成为年轻人的节日，这个时候的未婚男女习惯到庙会上人堆里挤一挤，挤得越热烈越高兴，当地人认为这可以"越轧越发"，保佑蚕花丰收。甚者未婚的蚕家姑娘希望在轧人堆的时候能有认识的或不认识的小伙子去摸一摸她的乳房，俗称"摸蚕花奶奶"，当地人认为这样做的话就有当蚕娘的资格了。这样看来，蚕神庙会更是桑蚕农村的"狂欢会"，是一个欢乐的日子。据当地人介绍，这种蚕神庙会往往是农家的"相亲"庙会，很多蚕家夫妻便是通过蚕神庙会而相识最后结为夫妻。所以蚕神庙会在水乡蚕桑农村深受人们喜爱，"轧蚕花"的风俗在这一带也代代相传。

这里还值得一提的是，由于蚕室驱鼠在养蚕过程中是至关重要的事情，所以蚕农都习惯养猫以灭鼠。以旧法养蚕的人们还会在集市上或蚕花庙会上挑选一两只泥塑的猫带回家中，放在蚕室角落，用以怯鼠。在旧时放置蚕猫这一习俗在乡间非常盛行，也有的用印上蚕猫像的画纸代替贴在蚕房里，也有的是糊在匾下兼防治幼蚕从缝隙掉落。久而久之，蚕猫像、蚕猫图成为后来太湖地区的一项艺术内容，甚至发展成为具有一定规模的手工业生产。清人范祖述《杭俗遗风》记载："半山出产泥猫，大小

半山泥猫

塑像如生，凡至半山者，无不购泥猫而归，亦一时之胜会也。"这里

---

① 余丽芬等：《浙江社会与文化》，浙江大学出版社2006年版，第87页。

所说的半山位于现杭州市拱墅区，旧时是杭州市郊区，明清时期半山专产泥猫，在当地很有名气。现在的老杭州人也喜欢去半山买只泥猫回家置于家中，认为可以消灾驱邪。从现在的半山泥猫制作工艺上看，半山泥猫是双面的，造型古朴，羊毛做的两撇胡须虎虎生威，活灵活现的猫眼炯炯有神。制作要经过取泥、和泥、入模、出模、焙干、上白粉、线描、上彩、上清漆等工序。这种制作方法一度失传，后经半山一户倪姓人家深入挖掘，才使泥猫又重出江湖①。半山泥猫已被评为第二批浙江省非物质文化遗产，现保留下来的民间创作的蚕猫样式有彩绘、剪纸、泥塑等。剪纸蚕猫大都由蚕妇自己用红纸剪出各式各样蚕猫图像，贴在花窗、墙壁或蚕匾上。苏州著名的桃花坞年画便有一个专门的品种即《蚕猫怯鼠》，有的也称《黄猫衔鼠》。②

　　由于蚕桑养殖的发达，自古以来丝织业在太湖地区手工业中占有重要地位，到明朝时太湖地区出现了许多独立的丝织业机户，"机户出资，机工出力"，使得这一地区率先具有古代中国资本主义萌芽特征。太湖区丝织业以苏州最为有名，其他主要的丝织品产地包括润州（今江苏镇江）、常州等地。明代开始设官营织染局，在各省设官营织染局 22 处，专为朝廷织造缎匹。织染局集中了众多的丝织名匠，生产集中效率高，所产的丝织品质量也较高。当时的明政府的官营织染局以苏州最大，有织间 87 间，织机 173 张③。随着规模的扩大，到了万历年间，苏州织染局年产量已由明初的 1500 匹上涨到 15 万匹。到了清朝顺治后，设苏州织造局，实行"买丝召匠"的制度，由官府招募民间机户、机匠，以充织造局。清朝的苏州织造局的技术水平较明朝又有很大提高，花色也不断翻新，此时的生产工艺也更趋复杂，丝织的生产过程进一步专业化，织工内部的分工更加细密。清朝时期丝织业逐渐和小农业脱离，形成独立的手工业行业，并在城市手工业中占有重要地位。由于官办织造局规模巨大，因此极大地带动了太湖地

---

① 《半山泥猫》，《都市快报》2007 年 6 月 7 日（http：//news. sina. com. cn/c/2007 –
06 – 07/052011973280s. shtml）。

② 图片来源（http：//www. 19lou. com/forum – 138 – thread – 24119885 – 01 – 15. html）。

③ 孙佩：《苏州织造局志》卷四。

区民间丝织业的发展。民间出现了众多专业丝织品的生产者。丝织业在太湖地区国民经济中占有重要地位，丝和丝织品是太湖地区海外贸易的主要品种。同时旧时太湖的经济中心苏州的琢玉业、灯彩业、刺绣、雕刻也非常繁荣，都以精巧细致闻名至今。不过在 20 世纪 80 年代后这些传统的行业受到经济大潮的影响已经淡出人们的生活舞台，直到近 21 世纪开始，由于国家保护文化遗产的政策的制定和呼吁，苏州以及太湖水乡古镇的传统手工业才又开始发展起来。

（三）淡水渔业生产文化

在水网密布的太湖流域，渔业发展与人民生活密切相关，淡水产品是当地居民重要的食物。因此该地区养鱼、捕鱼的生产活动也有很长的历史，以此为生的人群称为淡水渔民。早年的淡水渔民大多是以船为家，并没有上岸建房定居的经济基础，社会地位低下。使用的渔船俗称丝网船、网船，其外形在南方其他地区也较为相似。分为船头、船舱、船尾三个部分，船舱上有篷，用来遮风挡雨，也是船家夜间休息的场所。船尾有支橹，稍大的船会搭两个篷，即在船尾再加设一个。在水网密布的河道网，渔民习惯将水面分为内荡和外荡。外荡可以认为是公共水面，即运河和与运河相连的航道水域，由于是交通要道，历来都是野鱼生存的范围，这样的鱼人人都可以捕捞。而内荡一般都是面积相对较小的止水区域，便于人工养殖，一般渔民都会用鱼簖将自家养殖的水域围起来。而对于内荡和外荡的鱼，渔民们则是严格遵守野鱼是人人可以捕捞，但是别人养的家鱼则是不能捕的，捕上来了也一定要放回，否则就是偷窃行为，这是水乡渔民自觉遵守的公德。对于淡水渔业发达的水乡，捕鱼工具自然种类繁多，很多工具的使用也保留至今。外荡捕鱼工具较多，就生产用具来看捕鱼工具主要有三角网、打网、拖网、

鸬鹚（同里镇）

牵网、油丝网等，这里还有一种极具地方特色的生物捕鱼方式——鸬鹚捕鱼。鸬鹚，当地人称为墨鸭，也叫鱼鹰，以鱼类为食。当年的渔民捕鱼时有的会在船头养几只鸬鹚用来抓鱼，捕鱼时在鸬鹚喉咙处用橡皮绳卡住，待鸬鹚捕上鱼来将鱼从其口中挤出来。在后来由于其他作业方式的改进，鸬鹚捕鱼则渐渐淡出。不过近些年鸬鹚捕鱼受到游客的青睐，又开始出现在水乡，只不过其更充当的是观赏角色，而已不再是早年的生产工具性质了。外荡除了生产性捕鱼外，也有一些人喜欢用鱼竿和鱼叉捕鱼，当然这样的捕鱼方式生产性不强，一般都是个人喜好。内荡人工养鱼则具有固定的生产周期，一年一熟，渔民在春天放下鱼苗，冬天收货。一般收获后，渔家主人照例要请帮忙的亲友吃上一顿丰盛的饭菜，足见乡间的风土人情。

时至今日，这些古老的水上生产生活方式习俗大多已经成为过去，尤其是 20 世纪 80 年代以来太湖地区的渔家天然捕鱼的越来越少，以人工饲养为主，在六七十年代后，这一带水乡建起了渔民新村，或称为渔场、水产村。早年的渔民也上岸定居，不在漂泊在船上，久而久之除了一些水上作业方式仍旧流传下来，与此相关的水上风俗也逐渐淡出，更随着人工养殖水产技术的日益发达，如今已很难看到旧时渔民的风姿了。而相对早年，水乡的渔民群体早已不再特殊，经营着的是稳定的农业生产。曾经历史悠久的太湖淡水渔业文化现在作为文化和生态、农业乐旅游的内容而有部分得以保留下来，如一年一度的太湖开捕节就是展现太湖渔民风俗的一个舞台。

除了发达的种植业、桑蚕生产，太湖地区气候条件优越，温和湿润，花果生产也相当繁荣，形成了太湖地区特有的果文化。较常见的水果便有梅、桃、枇杷、杨梅、藕、茭白、桂花、樱桃、茶、杏、枣，等等。

（四）商贸文化

唐朝后期，全国经济重心开始南移，江南的城市迅速发展，明清时期的江南，无论是城市还是市镇、农村，人口众多、商贸繁荣。宋朝吴自牧所著《梦粱录》中记载杭州城的夜市："杭城大街，买卖昼夜不绝，夜交三四鼓游人始稀，五更钟鸣，卖早市者又开店矣。大街关扑，如糖蜜糕、灌藕、时新果子、像生花果、鱼鲜猪羊蹄肉，及细画绢扇、细色纸扇、漏尘扇柄……春冬扑卖玉栅小球灯、奇巧玉栅屏风……夏秋多扑青纱、黄草帐子、挑金纱……冬月虽大雨雪，亦有夜市盘卖。至三更后，方有提瓶卖茶。冬闲，担架子卖茶，馓子慈茶始过。盖都人公私营干，深夜方归故也。"①

　　由于手工业和商业发展，历史上江南地区出现了许多家财万贯甚至富可敌国的大商大贾。到明清时期，江南地区缙绅豪强的势力极大，使得土地高度集中，农民失去土地，人多地少的情况日益明显，沉重的土地剥削使得农民被迫转向家庭手工业生产，一旦遇到天灾人祸，维持生计不得，有些人便会离开土地，进入城镇，成为出卖劳动力的佣工，组成城市丝织业、棉纺织业的技术工人群体，数量庞大。

三　饮食文化

　　太湖水乡地区的饮食苏南区以苏锡风味为主，苏锡菜中鱼馔最为出名，饮食特点是甜出头、咸收口，浓油赤酱，菜样清新精致。苏州菜以船菜为主，同时糕团品种丰富。太湖流域至今还保留有许多流传多年的饮食习俗。太湖地区的饮食文化可以通过苏州城的饮食文化得以了解，这一内容将在本章的第二节作详细介绍。

　　浙北区即杭嘉湖地区包括杭州市、嘉兴市、湖州市以及绍兴市，饮食以杭州和绍兴风味为主。杭州菜也称为"杭帮菜"，其主要特点是做工精细、清鲜爽脆，节令性强。到清代时，正宗杭菜产生了两大流派，一是以竹斋街王润兴为代表的"饭店派"，也叫"城里帮"；二是以楼外楼为代表的"湖上派"，也叫"湖上帮"。两派之间的竞争极大地推动了杭菜的发展。

　　杭嘉湖地区河道纵横，平原广阔，气候温和，物产丰富，素有"鱼米之乡"之誉。农产品有许多是一年三熟，境内盛产稻谷、蚕桑、豆类以及各种水生动植物。饮食以大米为主食，以米类、豆类食品为多，用料广泛，制作精细，讲究甜、糯、松、滑的风味。如杭州的桂花藕粉、桂花鲜栗羹、八宝饭、叫花鸡、西湖莼菜汤，嘉兴的鲜肉粽

---

　　①　吴自牧：《梦粱录》卷十三《夜市》。

子、糖年糕、蟹粉包子，湖州的千张包子、子孙糕、猪油豆沙粽，还有海宁的藕粉饺、桂花糕、虾仁鲜肉蒸馄饨，平湖的鸡肉线粉等。另外还有海盐的东坡肉，将烧好的四四方方的大块猪肉（至少2公斤），用稻草整块扎好，焖煮成酥肉，红酥而香腻，更为水乡菜品之典型。

太湖地区的饮食十分看重时令，遵循按照时令选择食物，法效自然。按农历顺序的食材选择通常为：正月吃塘鲤鱼、二月吃鳜鱼、三月吃甲鱼、四月吃鳊鱼、七月吃鳗鱼、八月吃鲃鱼、九月吃鲫鱼、十月吃草鱼、十一月吃鲢鱼、十二月吃青鱼。食鱼和节令饮食习俗以及人生礼仪食俗密切相关，风俗习惯相当讲究。如年夜饭或婚礼宴会上，最后一道菜常常是鱼，但并不吃完或不动筷箸，留给亲家吃，称为"吉庆有余"。太湖地区的人一般不吃鲤鱼，只有在祭祀时才做供品，因为鲤鱼是要跳龙门的，鲤鱼子多，象征生育，多被放生①。

苏南区和浙北区虽属不同的省级行政区划范围，但是其都位于太湖流域，自然环境、物产结构相似，历史上长期形成的饮食习惯也颇多共同之处。都讲究菜品的清新精致、做工美观，糕团点心品种丰富，口味甜糯。

四　服饰文化

太湖地区自古以来是我国盛产丝绸的地区。"四方重吴服，而吴益工于服。"这说明吴地人民不但植桑养蚕，生产丝绸，而且讲究穿着，善于制作美服。明清以来，丝绸已由官绅的专用品成为民间的服饰。直到现在苏杭还是丝绸销售中心。上海、苏州一带往往开服饰风气之先，在制作上也成为全国领先的服装市场。总体来说，这里的城乡服饰民俗，讲究经济实用，剪裁得体，穿戴利索，给人以清新雅致的印象。

嘉兴　蓝印花布衣

太湖水乡地区最有特色的服饰当属蓝印花

①　http://blog.sina.com.cn/s/blog_4912e99c010006d0.html.

布衣。旧时的水乡女子的蓝印花布尤以嘉兴一带的民间染坊最多。我国古老的织物印花技术通常分为两类：第一种是雕刻好模版后，敷色于版面再印在面料上，这样印出的花纹呈反像，这称为"印"；第二种是先在未染色的面料中固定防染材料组成的花纹，再将面料染色后除去防染材料的花纹，这样的花纹便是正像，这称为"染印"。蓝印花布是一种用靛蓝染料染印成的织物。所使用的染料是一种蓼科草本植物所提取的色料，这是一种山间野草。浆料用的是普通石灰，因而成本低廉，且耐洗耐用。

蓝印花布衣的制作过程较为简单，是先将硬质纸雕镂成花纹覆于布坯上，然后将配制好的黄豆粉刮上漏印，再把面料染成蓝色，除去黄豆粉便留下了蓝白相间的花布。现代制作蓝印花布也主要是人工操作，这和布料上独特的浆纹有关，这是机械所难以模仿的。由于是通过雕镂纸刮浆印制，花纹只能是由大小斑点组成，不论什么图案，都只用比较粗犷的点和短线组成，绝不用长线条。所有的蓝印花布，不管图案有多复杂，都只有蓝、白两色，分为蓝底白花和白底蓝花两类，经不同搭配，具有独特的美感。面料广泛采用吉祥图案，使群众喜闻乐见。

苏州的刺绣，它与粤绣、湘绣、蜀绣合称为中国四大名绣。到了清代，苏绣已成为分布很广的家庭手工业。民间刺绣纹样朴实生动，善用谐语双关的吉祥图案，俏丽多姿，常为男女定情物。在吴县太湖之滨光福一带，至今几乎家家有绣绷，户户有绣娘。苏绣的特点体现了太湖流域人民"秀慧、细腻、柔和、智巧、素雅"的特征。

太湖水乡服饰的典型代表是甪直农村妇女的传统服饰。这些漂亮的服饰可以追溯到距今五六千年的稻作农业经济初期。为了方便田间劳作，聪明的水乡妇女把袖口和裤脚缩短，把肩部、肘部和袖口等容易破损的地方换成新布，包头、襡裙、束腰、拼接衫这些原本为方便劳作的东西，却变成了美丽水乡服饰的绝美装饰。甪直的农村妇女，她们历来以梳髻髻头，扎包头巾，穿拼接衫、拼裆裤、束裙裙，着绣花鞋为主要特征的传统服饰，至今甪直地区仍保留着太湖水乡妇女传统特色的民族服装。如今，水乡服饰已经超越了最初的意义，演变成一种民俗文化，被列为中国第一批国家级非物质文化遗产代表作，已成为诠释太湖水乡特色和水乡文化的重要符号，这两年知名度非常高，曾三度进京表演。

五　建筑文化

太湖水乡的居民多沿河筑居，村镇选址很讲究。在农村水网地区，村镇多在河湾内侧，或河流交汇处。昆山古镇周庄，水道和街道呈井字形，居民环水而居，生活用水及交通都非常方便。城市以苏州城最典型，从宋代石刻《平江图》碑来看，河道、街道整齐如棋盘状，至今没有多大改变。前门沿街，后门沿河，石基粉墙，蠡窗黛瓦，映入水面，景色宜人。太湖水乡文化区的民居主要以水乡民居为主，分布在水网密布的平原地区。太湖水乡文化区的乡村从聚落形态上看，一般规模较小、数量较多，由于人多地少、水道交杂，乡村市镇密度大、分布零散。布局上或夹流而建，或枕河而居，从地基上看大多是临水而筑，一排排房屋毗邻次第，这类水乡民居广泛分布于苏南、浙北和浙东北宁绍平原地区。尤其是在苏州和湖州之间，分布有许多著名的市镇，如同里、周庄、南浔、盛泽、震泽、平望、乌镇、菱湖等，形态上，这些小镇密度较大，几乎一个市镇挨着一个市镇。这与北方广阔平原地区散落着村庄，却不太容易见到小镇的情况不同。

从平面布局上看，与北方的四合院大致相似，但院落占地面积不大，因而显得紧凑小巧，当地称"四合舍"，平面结构为"三间五架"，中间正间称堂屋，东西为厢房，东西两侧向前延伸作厨房或库房，称"基头"。院中用砖铺成天井，前为院门，院门两旁有猪舍及堆放柴草杂物的库房，东西砌矮墙。农村建房至今还传承着不少古老的民俗事象，如定位定向一定要朝南坐北略偏西 2°—10°，谓之"太平向"①。太湖地区之所以流行这种小巧紧凑的"四合舍"，主要是由于当地人口密度高，应尽量充分利用土地。同时由于太湖及其周围地

---

① 佚名：《江苏吴县胜浦前戴村建房民俗调查》，《民俗论丛》2006年。

区夏季潮湿炎热，在建筑上为了降温及通风，一般房屋坡度大、出檐较深、院子较小，且庭院中一般建有天井，天井具有采光和排水的功能，这在南方的房屋中较常采用。因雨水从屋顶内侧坡四面流入天井，故这种住宅布局也称为"四面归堂"式建筑。太湖水乡地区一年中气候条件较好，并无严寒酷暑，唯夏季有一个月左右的湿热的梅雨季节，因此房屋多朝南或东南方向。

太湖水乡地区的传统民居院落大门一般设在中轴线上，为三进到五进不等。单体建筑以传统的"开间"为基本单位，开间一般为奇数，一般是三间到五间，每间面阔3—4米。各单体建筑之间以廊相连，与院墙一起围成一个封闭式院落[①]。一般采用木架承重，以不封闭式结构为主，平面与立面的处理非常自由灵活。一般屋脊高、墙体薄、进深大，散热通风效果好。在平面的处理上多采用置小天井及前后开窗的做法，且门窗基本采用低的槛窗及长格扇窗。厅堂内部随着使用目的的不同，用传统的罩、屏门等自由分隔。房屋内外梁架一般不施彩绘，采用栗、灰、褐、黑或墨绿色，间或有少量精致的雕刻，与房屋外的白墙、黑瓦相映，显得素雅明净。由于房屋密度大，有的房屋之间留有避弄，以供出入，兼有防火作用，又称火弄。水乡的民居多装饰玲珑，木雕和砖雕都非常精细，加上屋面轻巧，形成了明秀轻松的外观。内部的装修、雕刻和家具也精致优美。总体上看，太湖地区的民居无论是造型还是平面处理，变化繁多，且质量普遍较高。

太湖水乡民居中最富特色的建筑形式是骑楼与廊棚。江南水乡的骑楼，是指楼房与楼房、楼房与马路跨人行道而建，在马路边相互联接形成，有自由步行道的房屋，其功能正好适应我国南方地区亚热带多雨潮湿，夏季阳光强烈的气候特征。水乡骑楼最有代表性的是湖州南浔镇的150多间沿河而建的骑楼民居，长400多米，俗称百间楼。相传为明代礼部尚书董份为其女眷和家仆所建的居所。廊棚指的是带屋顶的街，廊棚顶一面与房屋直接相连的这类称为"一落水"，左右两个顶部相连的称为"二落水"。关于廊棚，丁贤勇在对塘栖镇的资

---

① 李海平：《江南市镇旅游文化研究》，浙江大学出版社2008年版，第98—99页。

料整理中有详细描述：

> 除水北街之外，沿河都建有过街楼，楼下是街市，沿河的廊檐有"美人靠"，又称"米床"，既可以休息，又能进行买卖，既是河边的陆上通道，又起到河边护栏的作用。更奇特的是廊檐相连形成的街市，相互联接，即使在桥上也有棚顶，就是在下雨天，上街也不用穿雨鞋、带雨伞，方便乡民来镇……但是廊棚里的行人根本看不到外面的青天，晴天犹可，遇到阴雨天气，只看到黑乎乎的一片。另外，廊棚的通道也显得窄了些，两人相向而行，须擦肩而过。①

关于廊棚的起源，有说法称是为了使商家和行人免受日晒雨淋，这和江南水乡潮湿多雨的气候也有直接的关系。一般来说，主人家搬迁也绝不会拆除廊棚，廊棚破漏，主人家也会自觉地修好。廊棚建筑最典型的是嘉善的西塘镇，镇内的廊棚连接在一起总长度达1300多米，有的临河，有的居中，廊棚连接店铺和市河，非常实用。

影响太湖水乡地区特色民居的原因有多方面：一是气候因素。亚热带气候带来的炎热和潮湿特点要求建筑物墙壁高、开间大，前后门贯通以便通风，同时一般会有第二层乃至第三层便于防潮以供居住。二是地形因素。相比于北方平原，南方地形较为复杂，山川、平原、水体交杂，因此房屋组合较为灵活。水体带来的交通便利也使得房屋呈现临水而居的集聚状态。三是视觉因素。江南植被丰富，一年四季周围颜色丰富多彩，因此房屋大多白墙褐瓦，较为朴素，给人以视觉平衡感，且白墙利于反射光线也适应于江南多阴雨的气候。

六　水网交通文化

太湖地区的交通主要可概括为两点，一是主要交通工具——船只，

---

① 丁贤勇：《行路读书，点滴江南》，王家范：《明清江南史研究三十年（1978—2008）》，上海古籍出版社2010年版，第152页。

二是重要交通设施——桥梁。这些都是最能代表水乡特色的物象，也是最与人们生活息息相关的内容。

1. 舟楫文化

太湖流域自古以来"以船为车，以楫为马"、"不可一日废舟楫"，自古便有"胡人便于马，越人便于舟"的古语。太湖地区水网密布，江河纵横，加之以南的越地森林广布，巨木繁多，优越的自然条件使得太湖地区造船业极为发达。春秋战国时期，太湖地区的造船业已达到相当高的水平，吴国的水师是吴国争霸的重要力量。隋朝开通大运河加快了南北经济文化的交流，使得船只南北往来更加便利。明朝时期耗时耗力巨大的一系列抗倭战争的士兵大多来自太湖及钱塘江以南地区，而后随着世界海上贸易盛行，争端不断，使得这一地区的造船业成为明清以来军事重要组成部分。

太湖地区自古以来即为水网地带，这在京杭大运河开凿之前就已大致成型。有俗语"出门就遇河，抬脚得用船"，水上交通之发达，历来是本区的一大特色。古人也早已发现南北在行载风俗上的明显差异，因此，太湖地区水域的舟船样式及其驾驶习俗都有其个性特点。

太湖地区长久以来依赖河道交通，借助舟船之便四通八达。水运的费用是低廉的，费孝通在其早年所著的《江村经济》一书中谈道：

　　　划船所耗的并不与船的载重量成正比，而是与水流、风向等情况密切相关。所以载重增加时，单位载重运输的费用就降低。如果船夫能够运用风向，距离只是一个时间问题，而不是花力气的问题，这样，费用归咎可以进一步减少。正是由于水运交通的便利，才使一个地区的住房集中在靠河边的位置。①

水网地区民间船只名称、形制经历代衍变的种类繁多，至近现代，如果以船主人所从事的职业来分，可以大致分为这样几种：一是

---

① 费孝通：《江村经济——中国农民的生活》，商务印书馆 2002 年版，第 114—115 页。

船民，专门从事交通运输，从事货运以及客运；二是渔民，以养殖和捕捞为生，他们的船称为渔船；三是农民，以农耕生产为主，平日用船来运货、出行、积肥等，这种船称为农船。如果以用途来划分，则可分为航船、货船、渡船、农船、渔船、宴船、战船、礼仪与宗教用船，等等。

太湖地区的人们以舟代步的行为在水乡农村表现得尤为明显，一些乡间农民甚至平日劳作也要乘船往返。太湖平原水网密集，河道串联，使得航运充分发挥了其便捷之处。杭州有句著名的俗语"一板牵扯到长安"，便是最好证明。不过这里所说的长安不是指古都陕西省长安，而指的是海宁的长安镇，明清时期为著名的米市，太平天国运动前一直是江南最繁华的市镇之一。

说到江南水乡的船，最著名的当属绍兴水上三绝之一，乌篷船。乌篷船是江南水乡极具地方特色的交通工具，因篾篷漆成黑色而得名。陆游曾对乌篷船有描述"轻舟八尺，低篷三扇"。周作人先生在其著名的书信体小品文《乌篷船》中对乌篷船有详细的描述。乌篷船船身细长狭小，船底铺以木板，即使有渗漏，船舱也不会沾湿。船板上铺以草席，或坐或卧，可以随便，但不能直立，因船篷低，如直立，便有失去平衡而翻船之险。当乌篷船行进时，船家坐在船尾，左臂腋下夹着一支划桨，劈水当舵，背倚一块直竖的木板，两脚一弯一伸地踏着"抢桨"，时速可达 10 多公里。船的航向是用手桨来控制的，船行进时，船家脚手并用。在绍兴，时常能见到有船家在水上行进，头顶乌毡帽，把作舵用的那手桨夹在腋下，把双手空出，狭窄的船沿上置一把小酒壶和一碟茴香豆，船家在划船的同时饮一口绍兴"加饭酒"，就一粒茴香豆，悠然自得，这也许是绍兴最具风情的一景了。

在水上交通活动中，船民和渔民是最主要的水上人家。太湖地区的船民是那些长年累月在运河水系来往，以运载为职业的水手，这其中又分为漕运和民运。漕运早已成为历史，但在过去却是运河最繁华的场景。漕运专指我国封建时期历代统治者将各地的赋税，主要运输的是粮食经由水路运往京城。起源于秦汉，盛于唐朝。漕运是事关朝廷的主要运输活动，因此其中的漕运水手，人多势众，多为北方赤贫穷汉组成，他们往往还会形成帮派，即当地俗称的"船帮"，是社会一个颇为特殊的群体，甚至有些帮派发展壮大，成为当地一种破坏势力甚至毒瘤。

由于船在日常生活中有重要地位，因此与船只有关的日常禁忌和行为习惯也颇多。例如湖州有许多禁忌行为是让人匪夷所思的：

①不许将筷架于碗上。

②不许当船头小便。

③不许在哑子桥下开口（湖州桥梁最多，内中有数条，船过桥下不能开口，言者必遇碰伤或倾覆之虞，故曰哑子桥）。

④不许两船用铁链并同带往。

⑤不许载死人。

⑥不许男女搭客在船上交媾。①

总体上看，水乡的水运一直占据着重要的交通地位，在水乡农村，公路运输发展到20世纪70—80年代才真正开始成为主要的交通工具。但是水乡以船代步的交通方式，一直延续到20世纪90年代初。不过在这之后，水乡的水运由于铁路、公路的迅速崛起，几乎被新的运输方式所取代。一些运河边的古镇也随之日益衰落，而一些邻路的城镇则迅速发展，呈现此消彼长的态势。现阶段太湖地区很多水乡的水运大量开发为旅游项目，而失去了其原本面貌，生产功能退化。不过，水路依然有着铁路、公路无法比拟的优势，其潜力仍有待开发。现在由于旅游开发的需要，逐渐消失的旧式的木船、航船又开始进入人们的视野，成为展现水乡旅游文化的重要工具。但是现代的水乡舟船交通已经完全失去了旧时作为最主要的交通工具的人文意味，正如叶圣陶在其文章中所说，航船虽无火车速度快，但坐惯航船的人，才懂得其中慢的真意味，有人说"反正是个到，何必急急？坐了火车，一霎就赶到了，到了可干什么呢？"或者有人说："一包花生米，三个铜子白酒，得这么一点醉意。横下来呼呼一觉，待船家喊醒

---

① 胡朴安：《中华全国风俗志》，上海科学技术文献出版社2008年版，第515页。

时，就跨上埠头。这岂不爽快而有味？"① 太湖地区甚至整个江南地区数千年的水运文化及其景观急需保护，随着京杭大运河于 2014 年 6 月被联合国确定为世界文化遗产保护地，太湖水运文化和景观的保护也将会得到保障。

2. 桥梁文化

桥梁是水乡地区最典型的景观之一，是连通河流与街道的交通枢纽，是水乡人流、物流的集散地。太湖地区传统桥梁有石桥、砖桥、木桥、竹桥之分，相比之下，石桥的保留时间更长。由于桥梁连贯了河流两岸，与人民生活息息相关，因此，太湖地区的人们爱桥、敬桥的传统代代相传、细致入微，太湖水乡地区的桥梁有以下几个特点：

第一，桥的数量众多。仅以江南市镇为例，湖州的南浔镇在清道光、同治及民国三个时期的镇志中记载的便分别有桥 74 座、107 座和 195 座之多；光绪年间《周庄镇志》记载有桥三十余座；嘉庆年间的《同里志》记载有五十多座著名的桥梁；乌镇在历史上桥梁数量最高达一百二十余座……这样看来，水网交织的水乡地区，桥梁众多成为最典型的景观特色之一。

第二，命名富有文化内涵。有以吉祥词命名的，如福寿桥、祥符桥、丰乐桥；有以花卉草木、飞禽走兽命名的，如狮虎桥、龙翔桥；有以桥型、景色、位置命名的，如菜市桥、映波桥等。桥的命名之深邃也是江南地区文化兴盛、人文荟萃的反映。

第三，桥的造型千姿百态。有的古朴典雅，有的小巧玲珑，有的气势飞鸿，有的暗藏玄机。历来桥梁便是江南文人歌咏的对象，因此还有很多桥梁上还镌刻了诗词楹联，或当地的趣闻轶事，文化气息耐人寻味。

第四，多为民间建造。民间一直有自愿捐钱或出力来建造桥梁的良风美俗。从太湖地区现今保留的桥梁来看，除少数由官府拨款，主持建造之外，绝大多数都属于民间义举。该地区的人们认为修桥铺路

---

① 叶圣陶：《旅路的伴侣》，《叶圣陶文集》第一卷，人民文学出版社 1953 年版，第 170 页。

是功德无量的大好事，许多时候，会由地方上某个热心公益事业的人士牵头，筹建民间社团桥会。然后由桥会出面发动，广为募捐，来修建某座桥梁。也有的地方会根据受益民众的范围采取丁口摊派的办法进行集资，或者由若干个富商财主捐助建造，或者由寺庙出资，为"修善积德"，更有的是因败坏公德而被地方上罚款修桥的。桥梁建成后，通常还会在桥头立碑，把建桥的经过，以及在建桥中出过大力或出过较多资金的人士姓名镌刻在上，是为功德碑。也有的将相关的桥规桥约刻在碑上①。桥建成后，当初成立起来的桥会一般依旧存在，负责有关这座桥的管理和日常维护，有的地方还有桥规，也是由桥会负责监督，要求民众遵守，桥规是乡规民约的一种，对桥梁的保护与修缮起重要作用。

第五，与桥有关的风俗和信仰众多。例如在元宵节的夜里，有"走桥"的习俗，通常是妇女、孩子，三五成群地去走桥，一般是走三桥，当然也有走更多的桥。太湖水乡的孩子满月，习俗也要由孩子的舅舅抱着去走三桥。习俗还认为桥有桥神，船在河中行驶，凡是过桥，都要小心。

太湖水乡人民建造出了许多著名的桥梁，其中最闻名遐迩的当属苏州周庄镇的双桥，俗称"钥匙桥"。双桥由石拱桥世德桥和石梁桥永安桥组成，桥面一横一竖，桥洞一方一圆，造型奇特。双桥的闻名源于1984年著名的旅美画家陈逸飞创作油画《故乡的回忆》，后此画由美国西方石油公司董事长哈默买下赠送给邓小平，也使得周庄以及江南水乡石桥走向世界。

总体看来，与桥有关的各种行为习俗，在太湖地区影响深远，绵延至今，依旧有着顽强的生命力，在当地人的生产生活中发挥重要作用。

除了船和桥梁，在水乡地区的内河航运中，还有一系列与交通运输密切相关的基础设施，诸如堰、坝、闸、埠头、渡口、码头、港口等，在它们的建造和使用中也总是会形成一定的风俗惯制，极具水乡

---

① 王国平、陈述、顾希佳：《杭州运河风俗》，九州出版社2006年版，第19页。

文化特色。以缆船石为例，这是一种在船埠头或河道的石帮岸上专门凿制一种突出的带孔圈的石块，又称为"鼻纽"，用来系船的缆绳。缆船石可以因陋而简，匆忙之中，把缆绳系在树上，或是一块石头上。不过对于旧时的一些大户人家来说，缆船石不仅有实用价值，它的形制往往可以体现身份和实力。在江南一带，缆船石的纹饰美不胜收，较常见的有如意、寿桃、象鼻、犀角、梅花、芝草等，这其中蕴含的文化底蕴耐人寻味。

七　语言和戏曲

　　方言是文化的载体，也是辨识区域文化最突出的特征。太湖境内通行吴方言，吴方言习惯称吴语，以苏州话和上海话为代表。

　　吴语我们习惯上又称江南话、江浙话，属于汉藏语系汉语族，主要分布于中国苏南、上海、浙江，以及江西东北部和福建西北地区以及中国香港和台湾地区、日本九州、美国旧金山等说吴语的移民中。具体从行政区划上看大致是江苏省南部、上海市及其辖区，浙江全境，赣浙交界的上饶市、上饶县、玉山县和广丰县，闽浙交界的浦城县城关及其以北地区，再加上安徽省南部地区[①]。使用人口约八千万，在中国排名第二位，仅次于北方方言，在国际上排名第十位，成为世界上最大的非官方语言。历史上认为苏州话是吴语的典型代表，随着近现代苏州的衰落和上海的崛起，也有人将上海话作为吴语的代表。从历史演化看，吴语是中国最古老的语言，最早是由2600多年前的百越语在后期和中原地区古汉语的不断冲击、融合下逐渐形成，明清时期吴语面貌已经接近于现代的苏州话了。从语言特点来看，吴语保留了较多的古语因素，词汇独特，发音中多连续变调，这是吴语区别于中国其他众多方言的主要特征。尤其是苏州话更是因为发音婉转动听，吴语一直以来都有"吴侬软语"的美称。

　　地方戏曲因地理、人文、风土人情等自然及社会条件的差异而呈现不同的风味和音调，地方戏曲基本都是用地方方言演唱，因此戏曲

---

①　傅国通等：《吴语的分区（稿）》，《方言》1986年第1期。

音乐多来源于地方性民歌，因而区域性明显。

太湖地区民众的闲暇活动仍保留了较多的"古味"。主要体现在社交活动和娱乐活动两个方面。娱乐活动的形式各式各样。现在太湖地区的市镇中还保留有许多具有地方特色的娱乐活动，如看戏文、听说书等。太湖地区杭嘉湖和苏南一带流行一种民间戏曲形式——"坐唱班"，又称"牌子"、"奏郎担"，是指坐着唱的戏曲清唱班。坐唱班始于明末，盛于清代，主要流行于农村。为办喜事、做生日、乔迁新居、满月酒、庙会等活动时助兴，其特点是只唱不演，便衣相坐，一般一台6—8人，以男角居多，也有男女混合的，围坐在奏台四周，人手一种或几种乐器。使用的乐器有板鼓、鼓板、大小锣、碰铃、京胡、二胡、琵琶、三弦、笙、箫、管、笛、唢呐等。根据剧目和曲目拉唱，有时一人兼数角，轮换几种乐器。以唱为主，也有说白和音乐。此外，还有评弹及说书活动。直至近代后期，太湖地区的农村地区社会生活仍维持着这种方式，比如鲁迅先生所写的著名的《社戏》，就反映了当时的江南水乡的这种社会文化生活方式。

太湖流域自古以来劳动人民有唱山歌哼小调的传统习惯，"吴歌杂曲，并出江南"，丝竹管弦，悦耳动听，徒歌童谣，俯拾皆是。吴地山柔水美，风物宜人，陶冶了这里的人民温柔敦厚的性格、丰富细腻的感情。吴侬软语，娇啭莺啼，吴声歌曲珠圆玉润，更是别具一格。这里的民间歌谣十分丰富，是一笔宝贵的文化财富。太湖平原地区的山歌也称"田歌"。金天麟在其《中国嘉善田歌》的著作中，认为江南山歌基本上分为两大风格区，即"杭嘉湖平原风格区"和"丘陵山地风格区"。其中，钱塘江以北，太湖以南的太湖平原地区的山歌，也称为"吴歌"。这种山歌以种田人生活为主要内容，是农民在笨重的体力劳动下寻求慰藉、抒发思想感情的歌声。以杭嘉湖地区的田歌为例，其特点是羽调式，四句体结构，第四句落音有"尾饰"（即从主音羽下滑到徵音）①。太湖流域城乡最流行的是小调，过去又称"时调小曲"。被明代文人称为一绝的不仅是山歌，最早有"华山

---

① 金天麟：《中国嘉善田歌》，黑龙江人民出版社2009年版，第3页。

畿"、"懊侬歌"、"读曲歌"、"子夜歌"，到明代有"挂枝儿"、"罗江怨"、"打枣竿"、"银绞丝"等小曲，这些曲词至今已失传或发生变异，但是提起"大九连环"、"小九连环"、"苏州景"、"无锡景"、"盂兰花鼓"、"拜香调"、"唱春调"，以及在苏南广泛流传的"码头调"、"荡湖船"、"鲜花调"、"宜卷调"等，过去几乎家喻户晓，人人会唱，在清末民初曾经盛极一时，坊间刻印传抄了大量小本唱本，当时统治者屡禁不止①。

八　宗教信仰

我国的神灵体系是一个十分庞杂的系统，总体上看，我国民间神灵分为宗教神、祖先神、民间俗神三种类型，宗教神指的是出自佛教、道教等影响深远的教派的神灵，例如如来、观音、关帝、八仙、城隍、灶君等；祖先神通常指的是家神，每逢新年、清明、中元等节日，民间祭祖活动便十分频繁，烧冥钱、上供等活动到处可见。民间俗神则是由民间自发地组织起来，虔诚供奉而在宗教上不归流的神灵，例如财神、花神、土地神、菇神、蚕花娘娘等都属于此类范畴。

太湖地区的宗教神灵体系则几乎囊括了上述所有的内容，太湖水乡文化区的民间信仰有以下特点：第一，总体上看，该区信仰一致性较高，这与其内部便利的交通有很大关系，并与江淮地区的共性较多。第二，陆地神灵中，最有代表性的地方神灵应属蚕花娘娘和五通神信仰。

太湖地区是中国最著名的蚕桑之乡，自古以来便形成了蚕神崇拜的风俗。其中影响最大的民间蚕神当属蚕花娘娘。《搜神记》中对蚕花娘娘的来源描述：

> 上古之时，有大人远征，家无余人，惟有一女与马，女思父，戏马曰，汝能迎得吾父，吾将嫁汝。马乃脱羁去，得父还。后马见女辄怒，父怪之，女具以答。父大怒，杀马曝其皮。女至皮

---

① http://blog.sina.com.cn/s/blog_ 4912e99c0100068t.html.

所，忽然卷女而行。后于大树枝间得女及皮，尽化为蚕。既死，因名其树曰"桑"，丧也。此蚕桑之始也。①

太湖平原供奉的蚕神便是此神，当地对此神的称呼除了叫"蚕花娘娘"，还有"蚕姑"、"马头娘"等。太湖地区旧时列入官方祀典的蚕神庙中除了祭祀先蚕之外，也祀民间蚕神蚕花娘娘。民间除了在蚕神庙中供奉，有的地区还将其请入寺庙中，如在杭嘉湖地区的许多寺庙中"亦有塑像，妇饰而乘马，称马鸣王菩萨，乡人多祀之"。因此太湖一些地区把蚕花娘娘也作为一位佛教神灵来供奉。除了在庙宇中供奉，许多蚕家还在家中供奉，每到蚕事重要日子便上香祭祀。蚕神是太湖蚕桑区重要的地方神灵，对蚕神的信仰渗透至蚕家岁时节庆、思想观念等方方面面，湖州董恂在《酬神》中诗云：

育蚕有秋生计足，蚕家有愿向神祝。……愿神覆庇自年年，丝满筐笼茧满箔。大儿祈祷拜不休，小儿索果争恐哭。迎神已罢还送神，酹酒撒肴事忙碌。晚来团坐聚堂前，得意高谈散神福。②

太湖地区流传许多与蚕神崇拜有关的习俗，最有代表性的便是蚕神庙会。相对太湖地区而言，宁绍地区的蚕神信仰要次之，而浙中南地区则更次之。

五通神信仰在江苏、浙江、上海、安徽、江西、福建都有广泛分布，是中国东南地区最为重要的民间信仰之一。不过从对民众生活的影响来看，太湖地区是五通神信仰最主要的地区。五通神源于徽州，关于五通神的来源说法不一，多数说法都是将五通神描述为一群作恶的野鬼，人们祀之是为免患得福，福来生财。在太湖地区，自古便是商业发达之地，重商风气浓厚，民众崇拜神灵往往带有一定的功利性质，对财富有直接的追求，宋代以来，太湖民众将五通神作为类似于

---

① 干宝：《搜神记》卷十四《马皮蚕女》。
② 朱海滨：《近世浙江文化地理研究》，复旦大学出版社 2011 年版，第 108 页。

财神一样的神灵供奉，民间传说若能得到五通神的佑助，便可以暴富。清初《阅世编》中对江南的五通神信仰有描述：

> 庙制壮丽者，等于府第，湫溢者不过盈尺，高不过箭。或塑像，或画图，或托巫言，或凭病者，或迷妇女，或现真形，皆能著灵异，祭祷迎赛，殆无虚日。①

因此五通神是以一种偶像形式在太湖水乡地区及周边地区广受祭祀。典型的有杭州五云山顶的五通神庙，香火极盛，每年的农历九月二十八五通神诞辰，便有大型香市，上香者遍布山头。不过由于五通神来历复杂，而水乡民众好祀之，因此凡提到吴人喜淫祠之俗，在很大程度上便是指该地区的五通神崇拜。

太湖地区发达的农耕经济也诞生了一些具有地方农业特色的神灵。如五谷神信仰，是在每年的农历六月初一，水乡地区有"烧田头"的习俗，又称"请五谷神"。这比较接近于土地祭祀，在农村，对于靠种地为生的农家来说，土地便是他们的命根，因此占据着数量上最高比例和地位的神灵便是土地，象征着可贵的泥土。

由于境内内河河网密集，水上航行的安全与民众生活息息相关，因而水上神灵崇拜很普遍，又分为内河神灵和海洋神灵。内河神灵崇拜与江淮地区有共通之处，较为突出的是金龙四大王、金总管信仰。

金龙四大王在民间的人物原型是南宋时期会稽人谢绪。南宋末，因愤不能救国，投苕溪自尽。人们崇敬他高尚的气节和情操，加之据说其死后多次显灵，人们便在溪北塑像立庙。明隆庆间，追谥绪为"金龙四大王"，庙遂称大王庙。清顺治二年（1645）至光绪五年（1879）的二百三十五年间，历代皇帝给"金龙四大王"，"显佑通济昭灵效顺广利安民惠孚普运护国孚泽绥疆敷仁保康赞翊宣诚灵感辅化襄猷溥靖德庇锡佑国济"共四十四字的封号，实乃罕见之殊荣，可见，"金龙四大王"地位之高。金龙四大王自明代后，便被运河一带

---

① （清）叶梦珠：《阅世编》卷三，上海古籍出版社1981年版，第80页。

的人奉为江涛之神，在太湖水乡地区广受祭祀。

金总管信仰源于苏州，其职能主要是保护航运。在长三角地区民间传说的金总管有数位。其中金元七总管是最主要的一位神灵。金元七乃元代人，南宋时南渡到江浙，死后被当地百姓奉为神人，故其后世皆被奉为神。这也是金总管信仰中有多位神灵的原因。相传，金元七能保护海运，故元至正年间，被封为利济侯。近代又有奉之为财神的风俗。据日本的滨岛敦俊教授考证，在明代北京成为都城后，漕运繁忙，昆山的金姓巫师制造了保护漕运的传说，获得了统治阶层的支持，因此金总管信仰在明朝后迅速发展壮大，后来即使漕运活动衰退，金总管又成为这一地区农民的保护神。《浙江通志》中对杭州的金元七总管崇拜有记载：

> 总管庙，在清波门外流福沟，祀金元七总管之神，神为水神，始建不可考，国朝雍正七年（1729年），里人王森等感其灵异，改向重建。[①]

淡水渔民的宗教信仰也呈现多样化的特点，同样属于多神崇拜者。除了金龙四大王、金总管外，主要神灵还有妈祖、大禹、水路城隍、王二相公、黑老虎大王、刘王神、五相公等和捕鱼有关的神灵。

在钱塘江口沿岸地区，由于历史上频繁的潮水灾害，形成了特殊的潮神信仰。杭州湾地区由于受潮汐作用，每天都有两次潮汐。由于钱塘江入海口呈喇叭口形状，江底便出现了沙门坎，潮水受江水的剧烈顶托水位急速上升，因而形成了世界上规模最大的海潮。而杭州湾两岸多为泥质海滩且地势低下，因而极易被潮水侵蚀造成泥土不断塌陷流失。因而潮水虽极具观赏价值，但历史上潮侵却经常威胁沿岸居民的生命、财产安全，尤其是钱塘江北岸即嘉兴的沿海地区，但潮溢现象最为严重，甚至"沧海桑田"的过程也时有发生。因而自古钱塘江两岸便形成了潮神崇拜，成为太湖地区最主要的海神信仰类型。潮

---

① （清）嵇曾筠：雍正《浙江通志》卷二百十七，清文渊阁四库全书本。

神信仰是杭州湾、钱塘江沿岸较为特殊的现象，地域特征明显。在近千年中钱塘江北岸的江堤一直呈坍塌趋势，而南岸呈淤涨趋势，因而历史上北岸嘉兴、杭州的潮灾要重于南岸宁波、绍兴地区，所以潮神信仰以北岸最为发达。钱塘江沿岸的潮神主要由当地历史人物转变而来，其中最早的是春秋时吴国的伍子胥和越国的文种。伍子胥被吴王赐死后，抛尸江上，"吴人怜之，为立祠于江上"①。由于伍子胥死时充满怨气，而越人对伍子胥又抱敬畏之情，因而便将潮水当做伍子胥发怒所致。文种是吴越之争的越国主要谋臣，深受越人崇敬，死后也被列为潮神。此后纪念伍子胥及文种的潮神庙宇遍布于杭嘉湖及宁绍平原地区。自唐朝开始加大对江南地区的开发，杭州湾沿岸进行了修筑海塘的工程，其中一些对修建海塘有功的政府官员或因公殉职的百姓也被列为潮神而被祭祀。这种类型的潮神数量较多，说法不一。官员中较著名的有北宋的张夏，时任工部郎中，死后被朝廷封为宁江侯，民间立祠祭祀。由百姓转化成的潮神各地不一，更有甚者被潮水卷走的普通人，有的被传说会显灵的，也被当地供奉为潮神，如海宁的朱将军庙庙主朱彝便是在"宋治平初溺海为神"。在杭州湾潮神信仰地区，海宁盐官的由雍正帝敕建的海神庙是其中最为著名的潮神庙，集中了朝廷祀典所认可的较重要的各位潮神及水神，当然，海神庙中的这些潮神基本上都来自朝廷官员的化身。

由于宗教活动频繁，庙会活动便非常兴旺，太湖地区几乎每个城市和村落都有其年度固定的庙会活动，苏州的观音香市、上方山庙会，杭州的吴山庙会、绍兴的社戏等，都是具有相当规模和影响力的。总体来看，太湖地区的庙会活动具有以下特点：

（一）庙会活动频繁。这和太湖地区复杂的神灵体系有关，数目众多的神灵及庙宇使得每年与神灵有关的祭祀活动日益频繁。例如杭州素有"东南佛国"之誉，自古以来，杭州民众崇尚佛教。至唐代，杭州寺庙遍布湖山之间，此后，历代均在杭州建造寺庙。民国初杭州已有寺庙 676 所。众多的寺庙，吸引了四方信众，每年春节后至端

---

① （汉）司马迁：《史记》卷六十六。

午，善男信女成群结队来到杭州众寺庙烧香拜佛。其时各地皆有庙会活动，历史上节日风俗丰富多彩，不时出现香市热潮。自古以来，每逢正月十五元宵节、端午节、盂兰盆节（中元节）等各种节日，都有百戏竞演的壮观场面。其中吴山庙会是杭州规模最大、历史最久的庙会之一。相传吴山上的第一座庙宇是为纪念伍子胥所建，此后日益增多，几乎遍布了吴山境内的紫阳、云居、七宝、峨眉等十多个山头和山腰，所以俗语有"吴山七十二庙宇"的说法。

（二）伴随着庙会的还有发达的市场和各种娱乐活动。例如吴山庙会，在庙会上除了烧香拜佛、算命测字等封建迷信活动外，还有卖书画的、演庙台戏的、变戏法、耍杂技的和卖花、斗鸡的，等等，店家、小贩在庙宇四周和沿途两旁摆满了摊铺。赶庙会的人往往是兴致勃勃，满载而归。逢到庙会之际，吴山脚下清河坊一带的胡庆余堂、孔凤春、多益处、状元楼、张允升、方裕和等店家，生意格外兴隆。这些老店之所以名扬中外，与庙会的兴盛有极大的关系。

（三）在当地民众中的影响力大，甚至成为民众的狂欢节。茅盾先生在其作品《香市》中，对其家乡乌镇的庙会有详细描述，并提到"从前农村还是'桃源'的时候，这'香市'就是农村的'狂欢节'"[①]。旧时农村生活艰辛，难得温饱，社会娱乐更少，定期的庙会对于一般民众来说是一种难得的欢乐和必要的心理调节，有时近乎狂欢节。江南地区宗教发达，物产丰富，庙会活动更显盛大。仍以吴山庙会为例，庙会已成了旧时杭州的节庆，因此有"五郎八保上吴山"的习俗，"五郎"谓打米郎、剃头郎、倒马郎（即倒马桶出粪者）、皮郎（典当中之小郎）、箔郎（打锡箔者）；"八保"即酒保、面保、茶保、饭保、地保、像像保（即阴阳生）、马保、奶保（即以育婴为业者）。此外，还有十三匠（即木匠、泥水匠、石匠、铁匠、船匠、佛匠、雕花匠、搭彩匠、银匠、铜匠、锯匠、篾匠、锡匠），这日也休假，多上吴山游玩。各种行业的伙计，辛辛苦苦忙了数月，老板都要犒劳大家吃一餐，并放假让他们上吴山赶庙会。此外，遇到哪座庙

① 《茅盾全集》第 11 卷，人民文学出版社 1986 年版，第 168—170 页。

里的菩萨生日，吴山上也总要热闹一番的①。

九 节庆娱乐文化

太湖地区最有地方特色的民间闲暇活动方式是茶馆和庙会，庙会在前文已有论述，此处以茶馆为例。

茶馆，是太湖地区的一道亮丽的风景线。上茶馆喝茶许多地方称为"吃茶"，这几乎是太湖地区老一辈民众的共同消遣和爱好，是日常生活中不可或缺的一部分。茶馆主要是男人的活动场所，是一种颇具特色的文化现象与生活方式。在太湖地区，茶馆不仅仅是人们喝茶用点心之处，更是人们交流信息、洽谈生意的场所。演变到现代，茶馆更是人们闲暇休息、社交活动的聚集地。在城市的茶馆中还保留有许多传统活动如说书、听戏等。传统将去茶馆称为"孵茶馆"，可见茶馆在民众生活中的重要性。在现在的太湖地区还可以见到很多不同等级的茶馆林立在街头，有些茶馆门面较大，设有书场雅座，供应茶点瓜果。有些小茶馆设备简陋，价格低廉实在，则往往更是当地人休闲聚会的场所。茶馆的实际作用还有多方面，例如在农村地区茶馆往往充当邮政中转站的作用。茶馆这一传统的公共场所通过现代的新的文化内容的影响，开始发生转变和凸显出新的作用。

十 婚丧习俗

太湖地区自古便一直盛行火葬，主要有两个原因：一个是该区受佛教思想影响深刻，佛教中倡导信徒死后焚化的做法。该区寺庙众多，人们又习惯将死后火化的骨灰寄放在寺庙中，祭祀之日再到庙中祭奠祖先。即使到了明清官府鼓励土葬限制火葬，火葬之风在这一地区仍旧很盛行。另一个原因便是这一地区长期地少人多的状况使得土地利用寸土寸金，土地便代表财富和生存之本，若采用土葬，势必要占用活人的耕地。如《嘉兴县志》中记载道：

① http://pk. danyang. com/item_ view_ list. aspx? id = 2503.

　　然我土膏而民勤，尺寸之地必耕，非稍温者不能有葬地，又不欲为义葬，则从佛茶毗，付一炬而拾骨以瘗，恬不知痛也。虽有位者，屡示禁而不悛，俗之难化如此。①

　　太湖地区的丧葬习俗也带有浓厚的桑蚕养殖的产业烙印。在太湖蚕乡，人们认为死者能福祸于活人，因而自然地期待死者能够保佑桑蚕丰收，人们认为在丧事中举行与蚕事相关的仪式，使死者得知活人的请求。例如在丧事中有几个重要的蚕事类的仪式，一个是"扯蚕花挨子"，即在入殓前，准备好丝绵斗子，死者亲属按亲疏长幼排列，每两人合力扯一张丝帛，扯大扯薄后依次一张张地盖在死者身上。亲属越多，丝帛盖得越厚便越体面。还有"盘蚕花"仪式，即亲属们每人手持点燃的蜡烛，列队绕棺材三圈，口中念念有词，许愿希望死者保佑其蚕花丰收。仪式结束后，自家人走进屋，别家人走出门，未燃尽的蜡烛便要马上灭掉，并放进口袋，认为到时放在蚕房里便能保佑家中蚕花丰收。另外亲朋好友吊丧时多要"送重被"，重被基本都是丝帛所制，远比棉花贵重，由此也可以看出蚕事在该地区的影响渗透至文化的方方面面。

十一　江南市镇文化

　　太湖水乡地区的市镇文化闻名于世，在历史时期也盛极一时。虽然这与文化区划因子并无关联，但许多人则是从江南古镇了解江南，江南古镇成为江南的一张名片，在太湖地区，古镇就是其独特性的重要表现。

　　太湖地区多水乡小镇，大多有千年历史，也称江南古镇，江南水乡这些小镇的名字经常出现在明清小说之中，由于保存状况较好，闻名中外，可以说水乡小镇已成为江南的代名词之一。江南古镇在人们的概念中往往是个集合概念，在地理学上，泛指长江以南古镇，但以太湖水乡古镇最为典型。江南的这些市镇是中国从古至今文学、历

────────

① 《嘉兴县志》卷十五《里俗》。

史、社会、美学、艺术、旅游等方面最炙手可热且常青的实物。

太湖地区的江南市镇主要分布在苏南和浙北杭嘉湖平原及浙东宁绍平原，大都环列于太湖东南流域，即太湖流域—江南运河这一平原水乡空间，太湖地区境内的运河，属于隋朝开通的京杭大运河中的"江南河"一段，在元朝时也称为"浙西运河"。上述地区分布有密集的水网，尤以杭嘉湖平原水道最为紧密，太湖地区的古镇基本上沿水网而建，其中主要是沿运河而建，在几条水道的交汇点，大多都有一个著名的古镇，导致这一空间分布格局的原因主要是两个：一是交通便利，二是漕运和民运带来大量服务需求，沿岸居民集聚于两岸主要从事相关服务业以谋生。从苏南到杭州有三条主要航道，也是古镇最集中分布的三条轴带。第一条是江浙航道的东线，也是主航道，从江苏平望镇经嘉兴、崇德、塘栖至杭州；第二条是中线，经乌青镇、练市、新市、塘栖至杭州；第三条是西线，经江苏震泽、湖州、菱湖、德清至杭州①。分布于轴带的著名的市镇以苏州最多，如盛泽、震泽、平望、同里、周庄、甪直、罗店、南翔、安亭、真如、黎里镇等，嘉兴、湖州次之，嘉兴有西塘、乌镇，湖州有南浔、菱湖、双林镇，上海有朱家角、枫泾镇，杭州有塘栖、长安镇，绍兴有安昌镇等。

市镇是随着城市市场向农村地区扩张而产生的"草市"的不断发展和最初作为军事据点的镇，是向经济中心演变的基础上逐渐形成的。从人文地理的视角看，市镇是介于州县和乡村之间的行政区域，是农村地区的商务中心，它既是为农村地区服务的，又起着连接农村与城市的作用。太湖地区的市镇在北宋得到初步发展，此时草市和镇开始结合。到南宋时期开始真正成为城市体系的一部分。到了明清时期，由于社会生产力的进步，商品经济的日益发展，太湖地区的市镇大量兴起和迅速发展。到清代乾隆时期（1711—1799），太湖地区市镇达到 500 多个，其中以苏州、松江（今上海地区）、杭州、嘉兴等

---

① 陈晓燕、包伟民：《江南市镇传统历史文化聚焦》，同济大学出版社 2003 年版，第 101 页。

府最为明显①。明清时期太湖地区的市镇发展，不仅表现在市镇数量的增加，而且表现在市镇规模的扩大和市镇人口的增长。

从聚落地理角度上看，江南水乡市镇主要分为两类：一是低地湖泊型聚落，多位于太湖东岸，是由于娄江、东江、吴淞江的长期淤塞逐渐使东岸不断变迁，淤泥堰塞成陆地，最典型的为吴江的同里镇。二是低湿地河川型聚落，多位于江南古运河及其支流上，最典型的有湖州的南浔和嘉兴的乌镇。一般来说，湖泊型市镇位于太湖东岸淤塞陆地，因此形成时间相对较晚，且历史上由于湖泊经常变迁，因此市镇村落也多次变迁，使得发展受阻；河川型市镇成形时间较早，且由于地处水陆要冲，交通发达，因此河川型市镇规模普遍大于湖泊型市镇。

水乡市镇传统的城镇建成区布局呈现一种单街区模式。河道最能作为这些市镇存在的象征物。这种单街区模式的特征是，街与屋沿河分布，建筑群纵横之间比例悬殊，市镇建成区一般呈条状而不是片状。进行商业活动的街道与市河并行，简单地可以说是市河的附属物。总体上看，直到近代末年，这些具有悠久历史的江南古镇的"街沿河走"的原生单街区模式，并没有受到近代城市形制的影响而发生根本的变化。太湖水乡市镇的形制主要分为以下几种：第一，一字型或带型，即市镇沿一条主要河流直线伸展而成，河道两边夹岸成市，构成一字型或带型的镇区形态。这种类型是江南市镇的主要形制，规模较大的有嘉兴的王江泾镇。第二，十字型，即两条河流交叉成市，形成十字型市镇，这种市镇一般规模较大，十字型的交叉点就是热闹的商业中心，规模较大的有湖州桐乡的乌镇。第三，丁字型，即在一条直线市河中段分叉出另一市河，互相间形成直角丁字形状，典型的有嘉兴的王店镇。第四，环状，这是由于圩田的开发形成许多环状河道，市镇便位于环状河道中间而大体呈现环状形制，典型的有吴江的同里镇。镇内的市河大多比较狭窄，一般在5—6米之间，仅供两船往来，这与市镇密集的人口有很大关系。

---

① 叶依能：《明清时期太湖地区的市镇经济》，《中国农史》2003年第3期。

　　从经济和文化水平上看，这些江南市镇内部也呈现出区域差异。太湖流域的东、南区域，大运河及其重要支流所经过的苏、松、杭、嘉、湖等州府以及上海地区，是江南市镇的中心地带；这些中心地带的周围地区，包括宁绍平原，湖、杭两府的西部，宁、镇、常、锡等地，经济文化水平要低于中心地带。由于发达的水网交通，这些江南市镇的存在和发展与行政因素没有必然联系。

　　江南水乡市镇的文化主要表现形态体现在水文化，可以说江南水文化的最佳承载体便是市镇。太湖地区的桑蚕养殖便是以市镇为主要的生产、贸易和集散地，太湖地区的茶馆文化、庙会文化、船文化、饮食文化、水乡建筑文化等，无一不是在市镇中得到最全面的体现并得以传承。

　　对于承载着厚重历史的江南市镇在近现代的衰落，是不争的事实。樊树志先生在其《文献解读与实地考察——江南市镇研究方法漫谈》中认为江南市镇真正的衰落是在 20 世纪 50 年代以后①。他总结费孝通先生在 1957 年发表的《重访江村》一文所揭露的实际情况作为论据。费先生认为导致开弦弓村（即江村）经济衰落、生活更艰难的原因主要出在副业上。费先生在文中说："开弦弓原来是副业发达的农村。……这里种田只图个口粮，其他全靠副业……农业收入在当时大约占 55% 左右。因此，这地方农业虽增产了大约 60%，但还抵不过当时的全部副业收入。农民收入是否增加的关键就在副业了。"小城镇的发展是基于其乡脚的附近农村的发展之上的，新中国成立后，国家大搞农业合作社，以粮为纲，搞单一经济，取消了商品生产和经营活动，农村的农民不再有商品贩运到镇上，船运贩卖停止，小城镇便失去了旧时作为农副产品集散中心的经济基础。同时，由于国家制定变消费城镇为生产城镇政策，统一国营化经营，集体和个人经商受到制约，工作职位有限，居民不得不外出工作找活路，小城镇人口必然下降。小城镇的衰落，导致附近农村发展副业的阻力就更大，

----

　　① 樊树志：《文献解读与实地考察——江南市镇研究方法漫谈》，王家范：《明清江南史研究三十年（1978—2008）》，上海古籍出版社 2010 年版，第 187 页。

反过来又导致农村商品经济水平越来越低，从而小城镇便加剧了衰落。这样循环下去，江南市镇总体上在近几十年不可避免地走向了衰落。从历史角度考察，市镇的衰落从表面上看是副业的减少，本质上是由于水运的衰落导致的。由于漕运制度的不复存在，大量现代的高速公路、铁路的修建，在"时间就是金钱"的理念下，速度缓慢的内河航运不断衰落是必然的，随之而来的是依河而建、因河而兴的市镇的衰落。

由于市镇尤其是独特的韵味、独特的水乡文化、独特的人文气息、独特的景观、独特的建筑、独特而悠久的历史，吸引了大量游客，加上周边是中国现代经济最繁华的大都市区，这些古色古香的市镇便成为令人向往的休闲胜地。这也造就了古镇的第二次辉煌，显然这是太湖古镇的祖先们留下的宝贵财富，妥善处理好开发与保护的关系对古镇的可持续发展意义重大。

第二节　太湖水乡文化区的区域中心

文化中心往往是该区文化最先发展的地方，或者是后期成为该区文化最发达、影响力最大的地方。因此文化区区域中心便是该文化区最具区域文化特征的地方，了解区域中心的文化特征具有重要意义。一般而言，在中国古代，一个长期稳定的政区治所不仅是一个政治中心，往往也是这一地区的文化中心，政治与文化有着密不可分的关系，但经济中心是可以剥离的。

太湖流域作为吴越文化区一直以来研究最充分，分歧也最大。学术界关于太湖水乡文化区的中心分歧也很大，主要有五种看法，即苏州说、无锡说、常州说、上海说和无中心说。

苏州观点认为苏州是吴地中心区域，古时长时期是太湖的中心，目前保留的地域文化资源也是最丰富、最具系统性的。不同意见则认为苏州对整个文化区的影响力不够，且现代苏州无论是方言还是风俗都在迅速地上海化。

无锡观点认为泰伯奔吴定都梅里，因此无锡是吴文化的发源地。不同意见则认为无锡在太湖地区的文化地位不高，地域文化资源也远远少于苏州，同时无锡将吴文化用于旅游和招商资源也被认为功利性太强而违背科学性①。

常州观点认为常州市阖闾城城址，是吴文化辉煌时期的所在。不同意见认为历史上的文化中心并不是当今的文化中心，因此放到现今常州自然不能作为文化中心来看待。

上海观点认为应将整个吴语区作为一个文化区来考虑，这样看上海作为长三角中心城市，其海派文化对周边地区也有很大影响力。相比苏州在整个吴语区则影响力远小于上海，尤其是对浙江的影响甚小。苏州作为传统吴文化区中心这个观点有很大认可度，但是放在整个吴语区则应首推上海。不同意见则认为上海的海派文化是新兴的另一类地域文化，并不是吴文化的继承。并且吴文化区分属于两省一市的架构也使得上海并不能整合吴文化区。也有观点认为吴越文化区是没有中心的，源自吴越文化中心本身在历史上就是多元的，不同时期有不同的城市都曾作为吴越文化中心，分歧颇大。

我们认为，从现存的历史文化遗产和非物质文化遗产的数量和质量上看，苏州无疑是认可度最高的，它在很长一段时期都是太湖地区的文化中心；不过以现今经济、文化的影响力来看，无疑上海是整个长三角的中心，在本研究中我们可以认为苏州是太湖水乡文化区的传统文化中心，上海是太湖水乡文化区的现代文化中心。因此，双中心是最适合太湖水乡文化区的实际情况的，既考虑了传统，又兼顾了现代及未来。

一　传统文化中心：苏州

苏州可以称为江南"味"最浓的城市，更是江南的代表。苏州自有文字记载以来的历史已有4000多年，是全国首批24个历史文化名城之一。苏州城始建于公元前514年，距今已有2500多年历史。目

---

① 周欣：《江苏地域文化源流探析》，东南大学出版社2010年版，第90页。

前仍坐落在春秋时代的位置上，基本保持着"水陆并行，河街相邻"的双棋盘格局，"三纵三横一环"的河道水系和"小桥流水、粉墙黛瓦、史迹名园"的独特风貌。

苏州位于太湖之滨，长江南岸的入海口处，处在肥沃的太湖平原和丘陵地带，全市地势低平，平原占总面积的55%，境内水网密布，属北亚热带湿润季风气候，年均降水量1100毫米，气候条件非常优越，温暖湿润。是历史上闻名遐迩的"鱼米之乡"、"丝绸之府"，素有"人间天堂"的美誉。

远古时期便有土著居民在此居住生活，留下了三山岛旧石器时代文化遗址和草鞋山、张陵山等众多的新石器时代的文化遗址。在第二章我们已经分析了勾吴国的有关发展情况历程，据历史学家研究，从泰伯至第十九世吴王寿梦时，吴国的政治中心一直在无锡梅里。但在此之后，吴国的政治中心已南迁，后来的吴王阖闾令伍子胥筑"阖闾城"作为新的都城，这时的"阖闾城"便是现在的苏州，从这一历史时期开始，苏州便一直成为吴地，也就是太湖流域地区最重要的政治文化核心地区。

秦朝统一天下，将吴越之地设为会稽郡，"吴县"为郡治，即现在的苏州。"吴县"的名称在秦初设立后，便恢复了自春秋后期吴亡国后消失的"吴"这一称呼。并且，从这个时期以后，吴县这一称呼便在历史上长期存在。有时作为苏州的属县，有时作为苏州郡治、州治、府治所在地。民国时期，甚至曾废苏州市并入吴县。

"吴县"一直沿用至西汉建国初期，刘邦废异姓诸王，至汉高祖十二年（公元前196）封刘濞为吴王，改会稽郡为吴国。这时的"吴国"显然和春秋时期的独立国家实体不是一个含义，而是中央集权下的一个诸侯国。但这却说明了春秋时期的"吴"的含义，以及最早时期的勾吴国的"吴"的含义，秦汉时期对这一地区命名"吴"这一现实并不是巧合，可以认为是文化的传承和影响。直到后来汉景帝时期刘濞反汉，爆发了历史上著名的"七国之乱"，吴国被废，恢复为会稽郡。至西汉末年即公元9年"王莽改制"时将吴县改为"泰德"县，喻为泰伯之至德之意。

从文献记载的历史上的苏州的名称演变上看，苏州在漫长的历史发展中已成为吴地的代名词，使"吴"文化特色成为苏州最深的文化积淀和含义。

苏州地处江南运河的中心，明清时期一直是江南地区最大的和最重要的商业中心，也是长江下游地区的航运中心和金融中心，是江南地区最大的交通枢纽和贸易物流集散地。明清时期太湖地区的棉布产量在全国最高，但在上海等地开埠之前人口有限，仅能消化三分之一，其余产品则需通过江南地区的内河网运达苏州，在苏州由各地商贩购买，一部分沿京杭运河北运，另一部分由长江航道往上游运至江西、湖北等地。苏州也集中了全国最多的丝织和棉布字号，商业极为发达。由于丝织业和棉纺织业的商品化发展，太湖地区的粮食生产已完全退居次位，而要依靠外运。长江中上游、华北地区的粮食分别通过长江、运河运至苏州，再由内河分转各处。东北地区的粮食豆类则由海路运至太仓再转运苏州汇集。此时的海外贸易的主要交易场所也在苏州，由苏州分销各省各地区。乾隆年间，苏州为"东南第一大都会，商贾辐辏，百货骈阗。上自帝京，运连交广，以及海外诸洋，梯航毕至"①。

（一）饮食文化

苏州有着良好的自然环境基础，物产丰富，农业发展以稻作为主体，稻米成为人们的主要粮食，除此之外，桑蚕果蔬生产、水产业、家禽家畜的养殖和捕捞都有着悠久的历史。在以上述食物为基础的食品结构上，再结合苏州深厚的烹饪文化以及吴地人民特有的审美情趣和生活方式，使得苏州的饮食文化独具风味，其饮食文化更是苏州文化的重要组成部分。苏州菜肴起源于船菜，总体上看，苏州作为唐宋以来直至清末的饮食中心，饮食文化可以归纳出几个基本特征：第一，水乡特色；第二，文化审美特点；第三，节庆性和时令性；第四，烹饪方式讲究；第五，零食型小吃丰富，尤以糕团见长。

自唐宋以来，城市经济迅速发展，水上娱乐活动逐渐成为上至达

---

① 苏州历史博物馆：《明清苏州工商业碑刻集》，江苏人民出版社 1981 年版。

官贵族下至平民百姓的消遣方式，
因此原本只在贵族宫廷之中流行的
饮食、菜式逐渐由赏玩活动的兴起
而走向民间。尤其是以苏州为代表
的文人雅士发起的各类宴游活动空
间大大扩展，由原来的虎丘等景点
的出行扩至游太湖、石湖等地。由
于宴游之风的兴盛，促进了船菜、
船点的发展。苏州菜肴便以各式船

苏式月饼

菜为基础，由于游船容积小，局限性大，烹调菜肴，制作点心受到一
定的约束，因此在唐代便形成了苏州菜肴以炖、焖、煨、焐等火候菜
为主的烹调特色，以水产鱼馔为主的风味特色。从而形成了苏式菜肴
突出原料本味，汤清而不寡，汁蜜而不腻，酥烂脱骨而不失其形，滑
嫩爽口而不乏其味的独特风味。船菜最大的特色是菜名高雅，各具真
味，突出原料本色，各菜自成一味，绝无雷同。菜肴精细异常，雅致
如苏州刺绣，让人不忍下箸，但数量不多，有的仅够每人一箸一匙，
正因其只能浅尝辄止，方使食者细嚼缓咽得以品出真谛。因此以船菜
为基础的苏州菜肴，讲究色、香、味、形、器，形成清淡、精致的独
特饮食风格，其影响至今犹盛。后来明代中期吴门画派的崛起，更对
苏州菜肴走向精美化、审美化、清雅化起到了推波助澜的作用。得天
独厚的地理条件加上深厚的文化底蕴以及不断创新的烹饪方法，使得
苏州饮食将生活融入菜肴，又使菜肴体现生活，每一方面都上升到了
文化的高度。

　　据有关统计，清代时期苏式食品已形成了 12 大类 6 个帮式：苏式
菜肴、苏式卤菜、苏式面点、苏式糕点、苏式蜜饯、苏式糖果、苏式
小吃、苏式糕团、苏式炒货、苏式名菜、苏州特色酱菜、苏州特色调
味品。①

　　苏州小吃以制作松软糯韧、香甜肥润的糕团见长，其糕团品种

---

　　① 沈建东：《苏南风俗研究》，江西人民出版社 2007 年版，第 93 页。

多、造型美观、色彩雅丽、气味芳香，在口味上也以甜为主。苏州糕团品种有数十种，名点有枣泥松仁糕、五香大麻糕、绿豆糕、蛋黄糕、桂花糖年糕、九层糕、赤豆猪油松糕，等等。有花卉瓜果、鸟兽虫鱼、山水风景、人物形象等造型，色彩多用青草汁、小麦叶汁、红曲汁、鸡蛋黄、南瓜汁等天然色素调配成，香味上多用桂花、玫瑰、薄荷、麻油等，绝无化学品色素、味精、香精添加。

在饮食文化风俗上，形成了饮食和节庆活动息息相关的风尚，礼俗性饮食风气浓厚。同时在食材上，注重时令和场合，讲究节令饮食习惯。在礼俗上，办喜事必用青鱼，丧事则不吃鲢鱼。同时烹饪方式也极有讲究，吃鳜鱼、鲫鱼要清蒸，鲢鱼吃鱼头，青鱼吃鱼尾，鲃鱼吃肺。另外，苏州的糕点也非常讲究时令性，按四季划分为春饼、夏糕、秋酥、冬糖。最有特色的当属苏州的酒酿饼、薄荷糕、酥皮月饼、麻酥糖，这些都是苏州节令性饮食的典型。

苏州一年中不同月份饮食也极有规律性和花样性，民间家常饭菜虽简朴但精细而实惠，注重色彩的搭配和原汁原味。至今许多老苏州人仍能历数出众多的传统民间饮食。如正月的春饼、元宵圆子、黄连头、撑腰糕，二月的酒酿、白蚬、菜花鱼、河豚，三月的眼亮糕、青团子、焐熟藕、碧螺茶、毛竹笋，四月立夏时的麦芽饼、乌米饭，五月的粽子、雄黄酒、黄鱼，六七月盛夏的啖糕、双花茶（金银花、白菊花）、合酱、凉冰、风凉茶、巧果，八月的月饼、菱角、芡实、秋藕、桂花露、粢团、菊花酒、重阳糕、螃蟹、鲈鱼，九月十月的洞庭太湖橘柚、冬酿酒、盐菜，十一月的冬至团子、饴糖、羊汤、暖锅，十二月的腊八粥、年糕、谢灶团等。其中冬季苏州人尤喜吃暖锅，现在的苏州人一般是将市场上现成做好的肉丸、饺子、青菜、粉丝等买回家中制成暖锅。由于农业种植养殖技术的进步，至今苏州的饮食时令性已不比旧时如此精确划分，很多样式的菜肴在平时就可以购买到，但是总体上这样的民风民俗带来的影响至今流行不衰。

例如焐熟藕为江南特色餐点，以春藕塞上糯米焐熟，蘸糖或桂花玫瑰酱吃，甜糯无比，香甜可口，原为清明祭祀用品，又兼为农忙时的田边糕点，至今仍广为流行，平时也可以吃到，季节性大大降低。

又如乌米饭是整个吴越地区广为流传的民间食品，旧时为四月初八浴佛日由寺庙以乌叶或南竹叶汁染饭供佛之用，后成为民间饮食，至今仍在每年的农历四月出现在市民餐桌及大街小巷。吴地的点心多喜用糯米粉制成，方形的为糕、圆形的为团、扁的为饼、尖的便是粽。

月饼，现在在我国主要分为京式月饼、广式月饼、苏式月饼、台式月饼、滇式月饼、港式月饼、潮式月饼、秦式月饼、徽式月饼、琼式月饼等种类，其中主要以广式、苏式和京式居多，广式月饼在市场上销售份额最多，其特点是皮薄松软、油光闪闪、色泽金黄、造型美观、图案精致、花纹清晰、不易破碎、包装讲究、携带方便，是人们送礼的佳品。江南地区的月饼以苏式月饼为代表，与广式月饼相比，苏式月饼的特点是皮层酥松，色泽美观，油润、层酥相叠，馅料肥而不腻，口感松酥，是苏式糕点中的精华。苏式月饼的馅心富有地方特色，甜月饼主要以各色果料为主，如玫瑰、豆沙、百果、椒盐等，制作方式以烤为主；咸月饼主要用火腿、香葱、猪腿肉、虾仁等，制作方法以烙为主。

九月菊花盛开之际是苏州城螃蟹上市的时间，"秋风起，蟹脚痒；菊花开，闻蟹来"。金秋时节，菊黄蟹肥，早在魏晋时期文人就把赏菊、吃蟹、饮酒、赋诗作为一种风雅活动。吴地人吃蟹风气由来已久，加之九月初九重阳节家家户户制重阳糕，菊花酒，苏州人认为九月吃蟹、饮菊花酒、赏菊，是一种极大的季节性的享受。吴地蟹以"大闸蟹"最为有名，大闸蟹产自苏州城东阳澄湖，附有"蟹中之王"的盛名。苏州人吃蟹多以清蒸和水煮为主，配以多种调料蘸食。民间各种以蟹为原料的菜肴种类繁多，如面拖蟹、蟹年糕，或将蟹肉制成蟹粉烹饪成各式菜肴等。

苏州人在冬至后有喝羊汤、吃羊肉的习俗，苏州羊肉以湖羊为主，每当冬天寒风凛冽之时，大街小巷的羊汤店便生意红火，一般是羊肉整只白烧后拆零，由顾客择选放入沸腾的羊汤中，同时备有各种酱料供挑选，这种习俗至今盛行不衰。其中苏州木渎镇藏书办事处（原藏书镇）的白切羊肉及吴江桃源红烧羊肉是苏州羊肉的精品，最为出名。

作为典型的水乡居民，苏州人重茶好喝茶，传统上将喝茶看成开门第一件事，各式茶馆林立街头，老苏州人"孵茶馆"的风气浓厚。苏州人喝茶的水取自胥江，也有许多人喜好用天落水即收蓄的黄梅季节的干净雨水。苏州名茶有洞庭东山碧螺春、虎丘的茉莉花、常熟箭茶等。苏州茶文化深厚，茶和百姓生活密切，出现在诸多生活细节中。例如男女订婚，习俗上要送茶礼；立夏日苏州人将家中孩童称过后要吃七家茶，这时的茶叶是向左邻右舍索要的以图孩子吉利免灾；吴地自古文人墨客多，常以茶代酒举办茶宴论诗作画。因此苏州人极重茶具，旧时茶具以宜兴紫砂、青瓷、彩瓷、越瓷为主，现代苏州人喝茶仍要备以紫砂壶和瓷茶具。现在苏州的茶馆主要以年轻人为主，茶馆成了年轻人休闲娱乐的新场所，如苏州街头较有名气的水天堂、钱塘茶人、老苏州茶酒楼等。

（二）建筑文化

古时的苏州城里河流众多，有东方威尼斯之称，城内河道和街巷呈双棋盘式格局，市民环水而居，由于人口密度较大，为了尽可能地利用土地，苏州的民居的坐落多呈与河道和街巷垂直的条带形状，家家户户紧靠相连，排列成群，使得每户人家都能前门沿街，后面沿河，又集约化了用地，陆路可坐轿、骑马，水路可乘船，各种日常用品、货物等都可由船运送，每户人家都可以获得水路交通兼具的便利。这种沿河民居是苏州民居中最具代表性的一类，占很大比重。现今苏州古城仍能基本保持着古代"水路并行，河街相邻"的格局。沿河民居多在屋外修建各种样式的河埠头，方便出入、洗涤、取水。为了争取空间，也有很多居民挑出水面建屋，众多沿河民居错落排列在河道两侧。现在的苏州古城池，仍基本保持着古代河道系和"水陆并行，河道相邻"的双棋盘格局，虽然历经岁月剥蚀和战争破坏，不过水乡"小桥流水人家"的风貌依然处处可见。

苏州民居一般正中是宽敞的堂屋，两厢是卧室，东厢房一般住户主。靠河边的一侧一般是厨房和柴房。规模较大的民居一般是由数个或数十个院落组合而成，而每个院落则由一进房屋、一个天井组成。

这些院落一般按轴线规整排列，沿轴线排列的一组院落称一"落"，在全宅主轴线上排列的一组院落称"正落"，正落两边的院落组合称"边落"，又称"次落"。按照传统礼制和江南地区传统族居方式，正落是长辈居住生活的地方，在正落这条轴线上的房屋，特别规整、严谨、对称，按功能要求，一般依次构建为门厅（门屋）、轿厅（茶厅）、正厅（大厅）、内厅（女厅）、堂楼等，灵活排列的庭院组合构成了充满园林趣味的私家庭院。苏式民居色彩以白、灰、褐为基调，内外墙多刷白，门窗家具多用褐色或栗色，柱子黑色，室内铺上灰色方砖，整个民居风格素雅、恬静，反映了苏州人较高的艺术文化修养[①]。

苏州民居有修建墙门的习俗，通常在石库门上再设一条大门，称为墙门，使用打磨得清亮的青水条砖扁砌在门板上，墙门广见于太湖地区。民居内大多有天井，用于采光、通风、泄雨水，由于小巧，当地人也称之为"蟹眼天井"。苏州旧时市区中水巷遍布，巷子两侧便为民居，水巷里常有卖货人的小船摇过，一路吆喝叫卖而过，极具水乡特色。

最能代表苏州建筑文化的是苏州园林和苏州的桥梁。

1. 苏州园林

苏州园林风景秀美，有"江南园林甲天下，苏州园林甲江南"的美誉。苏州园林多为私家花园，即大户人家的园林式住宅，规模不大，但极注重造园艺术。起始于春秋时期，成熟于宋代，明清时期达到鼎盛。现保存完整的有六十多处。其中沧浪亭、狮子林、拙政园和留园分别代表着宋、元、明、清四个朝代的艺术风格，列为苏州"四大名园"。苏州园林一般都是有一定财力基础的退隐官员所修建，当然园林建筑规模必然不如北京的园林一般讲究宏大、严整、富丽堂皇，但由于这些官宦一般都有很好的文化修养，讲究建筑样式的精致美观，注重厅、堂、楼、阁、榭、舫、廊、亭、曲径、花窗、景窗及砖雕门楼等的不同样式的结合，同时善于结合池塘山石、各种花草营

---

① 俞绳方：《论苏州民居》，《建筑学报》1990 年第 1 期。

造一种"多方胜景、咫尺山林"的效果，虽占地面积不大，但以意见长，注重小巧、自由、精致、淡雅的风格，力求每一个细节都精心设计，整个园林气氛幽雅清丽，体现出一种写意的山水艺术思想。

苏州园林布局上以水为主，充满水乡风味，结构上以小巧玲珑取胜。游苏州的园林最大的看点便是借景与对景在园林设计中的应用，中式的园林讲究移步异景，对景物的安排和观赏的位置都有巧妙设计，这也是区别于西式园林的最主要特征。苏州园林同时也是中国传统思想文化的载体，首先体现在园林的命名上，园林的名字往往都如园林景色一般极其雅致。苏州园林是江南园林的代表，总体来看，江南园林在构景中非常讲究艺术性和文化性，表现在以下几点：

（1）讲究叠山的思想性和理水的天然性。江南园林极其重视石头和水体在园林中的地位，江南园林强调赋予石头以灵性，同时，还善于将水整理成自然状态下的泉、瀑、池、潭、滩等不同类型，将水景处理成具有空间效果的立体样式。

（2）文化底蕴深厚，注重创造性和审美性。江南园林善于利用亭台楼阁、廊舫水榭，以形象的山水、花木艺术性地组合在一起，创造出姿态万千的园林景观。往往将景观单体与历史人物、历史事件、典型物象、传说相联系，产生永久的艺术和文化魅力。

苏州园林——满月形洞门

（3）注重细节。江南园林的布局由于受诗文、书画的影响较大，十分讲究布局的章法和合理性。利用形状、色彩的对比、渗透和层次等构景方法的运用，使园林韵味悠远。在建筑构件的细节上，苏州园林同样是注重审美性，且样式多样、与取景结合，寓意深刻。以苏州园林中洞门为例，有满月门、平地圆门、回纹平底圆门、片月门、方形门、八角门、植物符号形门、器物形门等，窗棂和景窗又分为自然符号形、植物符号形、文字符号形、动物符号形、器物符号形等①。

（4）园林景观重视多样性。江南气候温和湿润，植物种类丰富。江南园林利用地区植物品种的繁多，在不同风格的园林、不同的季节搭配不同的植物，使园林在任何季节都有很强的观赏性。例如杭州西湖的花卉便由玉兰、牡丹、荷花、紫薇、桂花、菊花、枫叶、天竺、腊梅，构成了西湖四季的盛景。

2. 苏州桥梁

苏州河道纵横因此桥梁众多，现仍存有大量古桥，是太湖水乡最典型的景观载体代表。唐代诗人留下了大量关于苏州桥梁的诗句，杜荀鹤著名的诗句"君到姑苏见，人家尽枕河。古宫闲地少，水港小巷多"便是描述苏州桥梁众多的景象；唐代诗人白居易也有"绿浪东西南北水，红栏三百九十桥"之句。

现存的苏州古桥多为宋朝后所建，多为石桥。据民国《吴县志》记载，民国时期苏州城有桥梁349座，改革开放后随着城市建设发展和城市扩张，现在苏州城内外共有桥梁近千座，尚有古桥168座。所以苏州可以称作我国乃至世界上桥梁最多的城市之一。苏州古桥造型优美，雕刻精美，许多古桥都有桥

苏州吴江盛泽镇中和桥

联遗迹等诗文楹联，极具文化气息。桥与苏州人的关系密切相关，桥上行人行车，桥下通航泊船，平常市民在桥上进行买卖和各种交易活动。如江苏苏州中和桥，位于江苏省苏州市吴江盛泽镇，始建无考，清道光四年（1824）重建，是一座单孔跨径6米的石梁桥，两桥台各有一拱形泄水孔，全长18.5米，小巧玲珑，造型别致②。许多节庆活动也和桥有关，如苏州城元宵节妇女要走三桥，中秋节人们要到桥上

---

① 图片来源：http：//www. nipic. com/show/1/47/af9 ae822441d2ded. html.

② 中国桥梁网（http：//www. cnbridge. cn/2010/1217/23075. html）。

赏月等。苏州名桥众多，最古老的乌鹊桥始建于春秋；最高的桥吴门桥建于北宋，跨南护城河，桥高 9.85 米；最长的桥是宝带桥，完成于唐朝 819 年，桥长 317 米，是我国现存古代桥梁中最长的一座多孔石拱桥；苏州最有名的桥当属寒山寺旁的枫桥，因唐朝张继的《枫桥夜泊》而成名千年；苏州最精美的桥当属行春桥，完工于南宋 1189 年，由花岗石砌筑，雕刻精美，行春桥最著名的便是"石湖串月"，相传每逢农历八月十八，该桥每个桥洞中便有一个月亮映在水中，由此形成了苏州市民八月十八行春桥观串月的盛会，此乃苏州一景。

（三）语言与戏曲

苏州境内通行吴方言，苏州话属于吴方言中的苏沪嘉小片，也是吴语的典型代表，无疑成为江南地区最流行的语言。苏州话内部有新派与老派、城区与农村的区别。由于江南文化和经济的繁荣，苏州话在历史上一直享有很高的地位，明清时期由于江南地区经济文化的发达，无论是南方还是北方都以会说苏州话为荣。

苏州话的特点是"细"、"软"，声调高低升降的配合使得苏州话听起来婉转动听，因此苏州话有"吴侬软语"的美称。苏州方言中许多单音形容词重叠使用，表示程度上的细微变化，更加体现了苏州话的"吴侬软语"的特点。如：咸塔塔、硬绷绷、胖笃笃、灰托托、碧碧清清，等等。

在戏曲艺术上，苏州戏曲自明朝后便十分兴盛，一般都是用纯正的"苏白"演唱，深受人们喜爱。苏州人对戏曲的热爱深厚，民间便有"家歌户唱寻常事，三岁孩童识戏文"的景象。苏州最主要的戏曲音乐是评弹和昆曲。苏州评弹是江南文化的重要载体，具有重要的语言学、历史学、民俗学、社会学等多方面的研究价值，旧时苏州人听评弹是生活中必不可少的一部分。昆曲行腔优美，缠绵婉转、柔曼悠远。昆曲发源于苏州昆山，又名昆曲、昆山腔。昆山腔熔北曲与弋阳腔、海盐腔等南曲诸腔于一炉，并加以提炼，其音乐上的艺术成就是史无前例的。由于以声若游丝的笛子为主要伴奏乐器，加上赠板的广泛使用，字分头、腹、尾的吐字方式，以及它本身受吴中民歌的影响而具有"流丽悠远"的特色，使昆腔音乐以"婉丽妩媚、一唱三叹"

著称。

（四）宗教信仰

苏州自古以来迷信盛行，信鬼神，好祭祀，据《旧图经志》中记载：泰伯逊天下，季札辞通国，德之所化者远矣。更历汉晋以来，风俗清美，俗多祠宇。[1] 苏州人不仅尚佛而且还崇道，所以苏州民间传承有丰富的佛道文化。同时民间神灵信仰兼而有之，民间流传着许多关于神灵的传说，人们逢庙烧香，遇节设供，庙会频繁，各路神仙齐聚一堂。明清时期的苏州庙会活动非常发达，具有明显的季节性和传承性。苏州的佛道文化有一千七百多年的历史，形成了一批历史悠久闻名天下的道观庙宇，现今保留下来的有报恩寺、灵岩寺、寒山寺、虎丘云岩寺、玄妙观、西园寺等。

按照时序，一年中按顺序的民间精神信仰十分频繁，这些信仰谈不上属于宗教，甚至还有些迷信色彩。新年正月初一，各家的开门爆仗后，便是去烧香供神，旧时的苏州人在这一天还要拜谒先祖，人们争先去庙观烧香，这时的庙观前更是人山人海，几近庙会。正月初五开市之日，必先祭路头神，即财神，苏州人认为"接路头"争先则利市，所以必须早起供奉。现在这个风俗依然保留，古镇周庄便有一年一度的正月初五迎财神仪式。正月十三，苏州四乡村民举行赛猛将会，抬猛将神像，奔走甚至以倾跌为乐。农历二月十二日为百花生日，称为花朝，旧时在这一天苏州人要为百花祝寿，花农们纷纷赶到虎丘的花神庙具牲献乐，举行盛大的花神庙会。农历二月十九为观音生日，苏州城中的善男信女前往城西二十五里处的观音山进香。农历五月十五是关帝生日，人们要去关帝庙中拜祝、唱戏文。农历六月十二日是二郎神的生日，患疡者要去二郎神庙祭拜以求保佑。民间认为农历七月是鬼魂从阴间出来寻食的月份，民间普遍在这个月份祭祖，道教称农历的七月十五为中元节，西方人将这一天翻译为饿鬼节，具有民俗意义的中元节成了民间迷信和各种鬼魂故事诞生和传播的温床。农历八月十八苏州西南上方山举行五通神庙会。八月十八有"借

---

① 胡朴安：《中华全国风俗志》，上海科学技术文献出版社 2008 年版，第 63 页。

阴债"习俗，人们向神灵借债，祈求富裕，代表了人们对财富的需求和向往。

除此外，苏州民间行业神的信仰十分发达，遍布城乡。四月二十为药王生日，从医者举行药王会；九月十五珠宝行业举行周王庙会，拜行业神周宣灵王；憩桥巷鲁班庙则为木匠所拜行业神所在地；旧时的梨园子弟的行业神为唐明皇；苏州织工拜的是机神，即东汉的张衡，不一而足。

此外，苏州民间还祭拜文昌神、妈祖、紫姑、龙神、土地、弥勒、地藏王等，各路神灵都有各自的场所和祭拜时间。总体来看，这样的一整套神灵体系数量多而烦琐。

如今，苏州兴旺的庙会活动已被赋予了新的时代内容，随着经济文化的发展，寺庙道观不仅仅是人们休闲娱乐的场所，更成为一种较隐蔽的商业贸易场所和商品集散地，也成为中外人士青睐的旅游目的地。

（五）文化性格和价值观念

在相当长的历史时期里，以苏州为代表的江南不仅是中国最富庶的地方，也是主导天下雅俗的地方。王士性评价明代的苏州便有"苏人以为雅者，则四方随之而雅，俗者，则随而俗之"。

苏州为吴文化核心地，地域文化源远流长，苏州人崇文重教，诗文之风浓郁，这样的价值观念沿袭了千年，被誉为"文荟之邦"。据胡朴安先生引用汉《第五伦传》中载苏州"因士类显名于历代，而人尚文；因僧徒倡法与群山，而人尚佛"，便是苏州文化性格的写照。苏州历史上曾出进士两千四百多人，状元三十六人，是有名的状元之乡，因此在历史上苏州人朝中为官者数目为全国前列，因此有重名节、重笔墨的风尚。据《江南通志》记载，苏州"当赵宋时，俗益丕变，有胡安定、范文正之遗风焉。及后礼义渐摩，而前辈名德，以身率先，又皆以文章振动；今后生文词，动师古昔，而不梏于专经之陋。矜名节，重清议，下至布衣韦带之士，皆能擒章染墨，其格甚美。唯夫奢侈之习，未能尽革"。

苏州人的文化性格表现在以下三个方面：第一，精巧秀慧、典雅自然。苏州艺术的共同特征是精美细腻，映衬出吴人心灵手巧、秀外慧中的精神个性，反映了吴人对精巧细腻的美学品格有一种超乎寻常的心理领悟力和把握力。第二，好学勤勉、与时俱进。艺术方式很大程度上是苏州人的精神寄托方式，苏州人的艺术能力融化于文化性格之中，因此在时代发展过程中，苏州人对艺术有一种一以贯之的激情与痴迷，并且善于自觉地学习、领悟时代精神，取人之长。第三，言利务实、内敛自适。工艺美术品在这方面很有代表性，实用与审美相结合，艺术品与商品相统一。苏州艺术又有内敛性，私家园林姓私，门外看上去极为普通，不事张扬，进门后始见令人惊叹的精美大花园。精明求利、不尚奢华、返璞归真、自适自足正是苏州人的性格之一。

（六）节庆娱乐

苏州的节庆风俗总体上看有以下特点：

1. 具有明显的季节性特征。我国的节庆由来和发展历史悠久，节日与节气、节令息息相关，从原始的对植物、天地、图腾的崇拜逐渐演化为节日活动。春季，人们认为春季是万物复苏的时节，因此辞旧迎新成为永恒的主题。因此在开春春节成为最为盛大的日子。到了农历二月春回大地之时是农忙时节，二月初二龙抬头，俗称"春龙节"，起源于唐朝，意为迎春重农之意，这日是土地生日，城乡祭神祈丰收。二月十二百花齐放，视为百花生日，这一日饮食上吃用花制成的糕点、花卉式的汤菜。农历三月的清明节是由节气演变成节日的，是人们祭祖扫墓的日子。到了夏季，时令瓜果物产开始上市，民间形成了尝鲜的习俗，立夏之日苏州人家要备樱桃、青梅、元麦供神，俗称尝三新。进入盛夏后，天气炎热，防暑防病便成为人们最关心的问题，以求安然无恙。苏州人认为农历五月为毒月，多灾多疫，小孩易夭折，民间称为"善月"，多禁忌，尽量不迁居、不盖屋、不晒床席。五月最重要的节日是端午节，中国的大部分地区都传说端午节和屈原有关，而只有江南吴越地区却流传着端午和伍子胥有关。秋季最重要的节日便是农历八月十五的中秋节。这一日苏州人除了供应各式丰盛的水果和苏式月饼外，还有新上市的菱角、莲藕等，这也是中秋节比较有江南特色的饮食。九月菊花盛开，九月九日为重阳节，苏州人又称为"茱萸节、菊花节"。冬至是二十四节气之一，关于冬至节的历史已相当悠久，苏州人最重冬至节，有"肥冬瘦年"、"冬至大如年"的说法。腊月三十为除夕，即我们俗称的过大年。

2. 与宗教及民间信仰结合紧密。苏州的民间节庆风俗深受宗教及民间信仰的影响，许多节日都和神灵有关，尤其是与神灵的诞辰有关，在这一日人们祭祀神灵以求得到保佑，这是宗教性质的节庆的主要表现方式。

3. 游玩之风盛行。苏州人才荟萃，自古名家迭出，这样的群体作为社会的特殊阶层，往往也是地方官员或书香世家，拥有较优越的生活条件和较高的文化修养，他们的喜好也往往对民众有很大的影响和引导作用，对社会风尚具有明显的倡导作用。苏州山川河流秀美，人才聚集，吴地民士多崇文好学、重节好游，使苏州自古旅游文化气氛浓郁。

4. 节庆娱乐大多附庸风雅。苏州自古多富商大贾和文雅之士，因此收藏之风甚浓。自改革开放后，随着人们生活水平的提高，投资增值意识也开始见长，苏州的民间收藏亦掀起高潮。苏州的民间收藏的主要对象为古玩、玉石瓷器、名人字画、古代钱币、木石雕刻等，只要是具有收藏潜力的物件，都在范畴之内。由于收藏风气带动了苏州收藏业的发展，苏州已开设了具有相当规模的古玩市场，专门经营收藏买卖，古玩的范围也愈来愈宽泛。

苏州传统文化发达，文化遗产种类丰富，地面和地下文化遗产和非物质文化遗产在江苏省内都是首屈一指的，作为太湖水乡文化区传统文化中心当之无愧。

二　现代文化中心：上海

上海，简称"沪"，别称"申"。大约在六千年前，现在的上海西部即已成陆，东部地区成陆也有两千年之久。相传春秋战国时期，上海曾经是楚国春申君黄歇的封邑，故上海别称为"申"。公元4—5世纪时的晋朝，松江（现名苏州河）和滨海一带的居民多以捕鱼为生，他们创造了一种竹编的捕鱼工具叫"扈"，又因为当时江流入海处称"渎"，因此，松江下游一带被称为"扈渎"，以后又改"扈"为"沪"。唐天宝十年（751），上海地区属华亭县（现今的松江区）。宋淳化二年（991），因松江上游不断淤浅，海岸线东移，大船出入不便，外来船舶只得停泊在松江的一条支流"上海浦"上（其位置在今外滩至十六铺附近的黄浦江）。南宋咸淳三年（1267）在上海浦西岸设置市镇，定名为上海镇。元至元二十九年（1292），元朝中央政府把上海镇从华亭县划出，批准上海设立上海县，标志着上海建城之始，距今已有700多年历史。

在明清时期，松江（即现今的上海）还仍是江南一个普通的市镇，与江南其他几个城市并称为"苏松杭嘉湖"，此时的上海一直是作为从属于苏州的外港发挥着作用。但是晚清的鸦片战争后，上海作为通商口岸被各国强行租界，由于租界提供了市民免于反动政府、军阀以及历史战乱的侵袭打扰的相对自由安全的环境，加之作为自由贸易港的便利使得上海的经济得以迅猛发展。此外，自由开放的环境也吸引了全国乃至全世界各色人等的大量涌入，至20世纪初，上海的人口已相当于中国其他三大城市之和并成为当时中国的经济文化中心以及亚洲的金融贸易中心，已完全超越了江南的其他任何城市成为了整个中国的经济中心。可见，晚清时期的江南，除了国民党政府建都南京外，上海的崛起是一个大事件。

自晚清后，作为中国与世界交流的窗口，上海的文化从明清时期典型的江南水乡文化逐渐发生了变化，这也是必然的。上海的文化特点是"海派"，极具开放性和包容性，对于全国来说也具有强大的辐射性。许多新生的文化现象都是在上海诞生或从海外传入，再由上海向全国各地逐级传递扩散。这其中上海的"海派"体现在方方面面，如饮食、服饰、建筑、交通、宗教等，无不体现出开放性特征，全国乃至世界上许多文化形态在上海都可以找到归属。

（一）饮食文化

近代上海开埠（1840年）后中西文化在上海频繁交流与碰撞，使得上海的饮食文化从口味、层次到习俗都呈现开放融合的特点。作为国际大都市，上海自开埠至今一百多年来吸收包容了全国各地的风味，还包括海外的饮食，在结合各地风味特点并适应上海口味的同时产生了一种新的风味，即海派风味。上海海派饮食有如下特点：

1. 中西合璧。全国也许没有其他地方如上海一样在饮食方面呈现中西合璧的特点。西菜和西点是上海饮食中不可缺少的重要组成部分。由于历史的因素，上海自有租界起，西菜馆便应运而生。上海的西菜馆在长期的经营实践中，根据各式西菜注重营养的不同特点，融入我国食谱的成分，创制出独树一帜的上海西菜。由于上海的开放性特点，西菜对于上海人也往往是日常饮食的组成，如今像俄式罗宋汤、色拉等西菜便是许多上海家庭的家常菜。

2. 外帮菜的上海化。在清末及民国期间的京、沪、宁等大城市的饮食业，人们常用"帮"来表示不同区域的风味菜，它鲜明地标志了特有的区域性饮食风味。上海人习惯称本地土生土长的上海菜为"本帮菜"，这也是为区别川、扬、湘、鲁等外帮菜而言。外帮菜在上海扎根数十年，逐步改进，在色、香、味、形方面适应了上海人的口味，约定俗成统称"海派菜系"。

3. 博采众长兼收并蓄。上海饮食的海派风味率先打破了固守本色原味的帮系门户，从原辅材料的择取、调味品的选用直到烹饪工艺的使用，完全不拘定格，兼收并蓄，没有门派的禁忌。别的菜系只要是可借鉴的，都巧妙地融入自己的饮食文化中。现在在上海保留下来的外帮菜系包括京、广、川、湘、鲁、徽、闽、豫、苏、扬、锡、宁、杭、素和清 15 帮。经过一代代名厨几十年的不断钻研、实验、改进，本帮菜最终享誉整个上海滩①②。

4. 菜式精致细巧。外帮菜起初进入上海时常用煨、焖等操作法，因加热时间长，菜上盘时，色彩暗淡。为适应顾客对菜肴"色、香、味"俱全的要求，逐渐变煨、焖为炒、汆、烩等烹调方法，为了大大

---

① 徐龙华：《上海风俗》，上海文艺出版社 2009 年版。

② 仲富兰：《上海民俗——民俗文化视野下的上海日常生活》，文汇出版社 2009 年版。

缩短加热时间，改煸炒为滑炒，这样菜肴就给人以鲜嫩之感。海派菜的厨师极其注重松、酥、脆、嫩质感的重要性，重点在火候和刀工，如切丝大都统一为直切翻刀刀法。因刀功细腻，端上餐桌的菜肴给人以一种精致细巧的印象。

5. 吃相精细斯文。上海人吃饭就餐以精细斯文闻名，餐具也很讲究。从上海人吃螃蟹就可以看出上海人精细斯文的吃相。上海人爱吃螃蟹，吃螃蟹是件极为享受的事情。清蒸螃蟹属螃蟹吃法中最经典的了，用线将其扎牢，入锅蒸熟便可（大火15—20分钟），蒸时宜用蒸笼而不宜用盆子。这种螃蟹吃法主要突出螃蟹的原汁原味，能最大限度地保持大闸蟹的色、香、味。把蒸好的蟹端上桌，翻开底盖，连着把蟹背也一同剥开，蟹背里金色的膏黄就展现在眼前，仔细地把膏黄剥下来，浇上醋，放进嘴里，细细地品味，慢慢地咀嚼。上海人吃蟹有一套专用工具，运用大大小小的"刀叉剑戟"，不紧不慢、悠然自得地将整只蟹掏空挖尽，敲骨吸髓，就着绍兴花雕老酒，慢慢品尝。技术高超的食客，吃完一只蟹后竟然能将蟹壳复原成蟹的原样，叹为观止。

（二）服饰文化

时髦以及中西合璧是近代以来上海服饰的主要特征。

追求时髦这一上海服饰风格的形成大约始于19世纪中叶即上海开埠之初。自开埠以后，上海虽仍受中国封建礼教束缚，但却较内地更多地受到西方文明的影响。由于受西方文化的侵袭，商品经济的不断冲击，上海人逐渐放弃传统的简朴而崇尚华贵。正如19世纪末的《申报》中指出"无论其为官为商为士为民，但得稍有盈余，即莫不竞以衣服炫耀为务。即下至倡优隶卒，就其外貌观之，俨然望族之家"①。近代以来，上海一直都是时髦服饰的消费地，同时也引领中国的服饰潮流。早在20世纪初，上海服饰便赢得"海派服饰"的美称。海派服装以中西合璧为特色。上海服饰善于将中国传统服饰与西方服饰风格相融合，形成另一番特色。旗袍的发展便是这其中的典范。

---

① 《申报》1890年12月7日。

上海近代旗袍的演变，一路精彩。传统的旗袍宽大且一统到底，而海派旗袍则融入了西式风格——宽松的胸襟，微紧的腰围，贴体合身，能够衬托出女性的曲线美。紧扣的高领显得雅致而庄重；下摆开叉，行走时方便轻松。在旗袍的式样上，有开衩旗袍、荷叶袖旗袍、披肩旗袍等，种类繁多。由于四季皆宜，且既可以作为礼服又可以作为常服，故旗袍迅速成为上海女性的新潮服装。20世纪30年代，旗袍作为流行女装最终取代了上衣下裙成为上海女性最常见的时装。大多数人还喜欢将旗袍和西式服装搭配穿，在旗袍外穿西式外套、裘皮大衣、绒线衫、背心等，在脖子上系围巾，或戴上珍珠项链显得大方而别致。40年代前期，受抗日战争的影响，旗袍以简单实用为尚，面料也不讲究。40年代后期，旗袍造型注重强调人体曲线，旗袍摆线从小腿上部移至膝盖处且有变短的趋势，暴露程度更大。修长而收腰的旗袍配上烫发、透明丝袜、高跟皮鞋、项链、耳环、手表、皮包，都是当时最时尚的装扮。后来，还出现一种改良旗袍，就是在剪裁中加入很多西式剪裁方法，从而使旗袍更合体、更实用。1949年之后，旗袍在大陆渐渐被冷落，尤其在"文化大革命"中被认为是封资修的象征遭到大量毁坏。改革开放以后，原先遭禁锢的思想得到解放，原来单调的黑、灰、蓝色被五彩缤纷所取代，消失了三十余年的旗袍又开始得到新生和发展。

（三）建筑文化

上海开埠以前，松江府的本地民居具有典型的江南水乡特征。这是一种"上栋下宇"式的房屋，"人"字结构的栋梁木架支撑两坡大屋顶，顶铺黑瓦，四周竖木为柱，为防潮起见，木柱又立于圆鼓石础之上，木柱间或涂泥草成墙，或砌以砖墙。在空间布局方面，一般是一客堂两厢房，前有一块场院围以篱笆或矮墙。客堂坐北朝南，前门后窗，南北通风，是一家摆席设宴、举行各种家事仪式的场所。东西两厢为卧室，门连客堂，窗口朝南。两个厢房各有披屋，是厨房或柴房。客堂前的场院铺以砖地，场院一角设有水井，暑热之时，一家人往往在此纳凉聚谈，其乐融融。正对客堂的场院入口往往修建有砖砌的门楼，门楣上镌有砖雕门匾如"福禄寿喜"、"耕读传家"等，体现了居住者的社会价值观和人生理想。随着城市的发展，这种房子逐渐消失，如今只能在郊区看到它的一些残影。

现代最具上海地方特色的民居建筑的代表便是弄堂。弄堂是近百余年来上海最主要的一种民居建筑，是上海开埠后的产物，是海派文化中西交融的又一产物。弄堂也称里弄，它是在传统小院落式的本地房子基础上高度密集化而形成的，弄堂房子为立帖式结构，像兵营一样联立成行，并由行列组成网络，对内交通自如，对外只有总弄才能到达马路。弄口设铁门可以随时启闭。在样式上，弄堂建筑引进了西洋住宅多幢联列式毗连布局；在建筑技术上也吸收了西洋风格。

上海还有一类特别的弄堂，就是"弄堂公馆"。既然社会是分层次的，弄堂也有高、中、低之分。不同级别的弄堂房子在质量上虽有差别，但更重要的是地段。过去在鱼龙混杂、尔虞我诈的旧上海中，人们必须学会一套自我保护的方法，"弄堂公馆"就是其一。当时，有些富人在为自己建造大公馆时，不是堂而皇之把公馆建在大街上而是先在基地沿马路一带建一个弄堂，用以出租；自己的公馆则建在弄堂末端，隐蔽起来。这些公馆规模不小，内部考究，但在外形上却同周围的弄堂房子差不多①。这说明上海人在住房问题上是同西方人与内地富绅不同的。上海人那种小心、谨慎的生活态度在这里可窥见一斑。

"石库门"与"亭子间"作为上海特有的民居，充分反映了近代上海寸土寸金的状况，同时也反映了上海人适应于繁杂的都市生活的表现以及精打细算的生活态度和精明灵巧、克勤克俭的性格，在弄堂里居民的生活富于邻里感，邻居互相帮助，亲如一家。特别明显地体现了传统中国"远亲不如近邻"的俚俗道理。

（四）交通文化

上海濒临东海，太湖泄水道东江、吴淞江、娄江穿境而过，加之近代以来频繁多样的社会交往，因此交通工具、交通方式种类繁多，交通发达。开埠以前，上海传统的陆上交通工具主要是马匹、轿子和

---

① 蔡丰明：《上海都市民俗》，学林出版社 2001 年版，第 76—77 页。

独轮车。轿子有简轿、花轿、官轿等。独轮车一车能载货一二千斤、载客五六人。旧时女子缠足，行走不便，多雇独轮车推送。由于上海县城桥梁众多，独轮车不便行驶，故只盛行于嘉定、松江、宝山等地。开埠以后，西式马车随欧美人士传入。这种车有单马、双马和三马驾驭等多种，后座可坐两人，上海官员、富商出门办事、走亲访友多以此代步。近代以来有一词曰"兜风"，指坐车、骑马或乘游艇在外面兜圈子、乘凉或游逛，即来源于此。

在拍旧上海的电影中，黄包车是不可缺少的道具，可以说黄包车就是旧上海的标志。黄包车又称"东洋车"、"人力车"，因当时租界只许车厢漆成黄色，故名。无论是商人、医生、职员，还是舞厅歌女、小姐太太，出行都雇黄包车，可以说旧时的黄包车就相当于现在的出租车。20世纪三四十年代，上海营业的黄包车有十万辆以上，成为当时最主要的交通工具。

（五）语言和戏曲

上海是产生外来词汇最多的地方。作为近现代吴语的典型代表，上海话由于频繁地与外来语言接触和碰撞，因而吸收了大量的外来词汇融入进上海话中，使得近现代吴语出现了许多外来词汇，甚至一度扩大影响到了普通话的许多词汇，并一直沿用至今。其中外来语言主要是英语和粤语，许多英文音译的词如麦克风、高尔夫球、沙发、凡士林等都是引用自英语，成为广泛使用的词汇。

上海作为国际化大都市，各种地方文化艺术形式同时并存，传统的昆剧、京剧、徽调、沪剧、越剧、苏剧、淮剧、粤剧和闽剧以及评弹、鼓词、滩簧、滑稽剧等，在上海都有各自的市场。上海具有代表性的本地音乐是沪剧和江南丝竹，沪剧是由本地花鼓戏发展起来，至今已有220多年的历史。用上海乡音演唱，内容通俗易懂，唱腔自然亲切，在上海的戏剧舞台上占有突出位置。江南丝竹是中国传统器乐丝竹乐的一种，是流行于江苏南部、浙江西部、上海地区的丝竹音乐的统称。辛亥革命以后，在上海地区得到较大的发展，相继成立了"钧天集"、"清平集"、"雅歌集"、"国乐研究社"等组织。经常演奏的曲目有《欢乐歌》、《云庆》、《行街》、《四合如意》、《三六》、

《慢三六》、《中花六板》、《慢六板》8首，号称"八大名曲"。江南丝竹通常用于娶亲、生日、升官、进学等。由二胡、扬琴、琵琶、三弦、秦琴、笛、箫等丝竹类乐器组成，它们分属于八音中心丝类和竹类，这也是古时所谓的"八音"，故俗称江南丝竹。

在上海具有很大影响力的还有越剧，越剧于20世纪初进入上海，演唱时只用鼓和尺板伴奏。之后不断从绍剧、京剧中吸取养料，在服饰、化妆、音乐伴奏、越剧唱腔等各方面加以改进，使越剧面目焕然一新，形成了一种优美、抒情的艺术风格，在上海拥有很大的观众市场。

（六）宗教信仰

上海的宗教信仰也呈现出明显的开放性和多样性。上海地区的民间信仰，既保留了吴越文化的印记，又濡染了各民族各地区多样的风俗信仰，既有渔农信仰的特点，又带有大型工商业城市的特色。上海地区的宗教既有在中国古代盛行已久的道教和佛教，又有自开埠以来伴随西方势力涌入并迅猛发展的基督教。

1. 上海的传统民间信仰

上海的旧时民间宗教信仰同样具有典型的太湖水乡特点，具体体现在与水息息相关，宗教体系复杂。

由于区位因素，上海人的生产生活与江海息息相关，相比于淡水居民，上海很早便将足迹延伸到海上，因此许多宗教信仰和海洋关系密切。上海习俗认为海龙王是大海的神灵，因此沿海地区多有海龙王庙。这和水乡淡水龙王的道理是相似的。海上作业者，无论是渡海商贾还是海上渔民，每入海之前必到海龙王庙祭拜，祈求平安。后龙神崇拜渐稀，继之而起的是对海神娘娘的崇拜。海神娘娘即天妃，是护海女神，据传曾多次送灯营救渔民。旧时上海有一家海潮寺，是居民祭拜潮头的场所。陆家嘴附近江面浪潮汹涌，在农历八月十八尤其凶猛，故传这天是潮头的生日。这和太湖其他地区的潮生日是一致的，有诗云"十八潮头最壮观，观潮第一浦江滩。银涛万叠如山涌，两岸花飞卷雪湍"①。

---

① 《上海县竹枝词》。

　　上海地区对神灵的崇拜熔释、道及民间信仰于一炉，既有观音娘娘、释迦牟尼等佛教偶像，又有玉皇大帝、八仙、财神等道教偶像，还有猛将老爷、施相公黄道婆等民间信仰偶像。

　　施相公在有些地区又称"施王"，是上海特有的民间神。关于施相公生前事迹，民间说法不一，有的传其是名医能治百病，有的传其是抗倭英雄，还有的传其是书生。明清以来，上海各地方过年前都有祭祀施相公的风俗，时间在十二月二十五至除夕之间不等。巨大的馒头上再捏一条巨蛇是给施相公特有的祭品，称"施相公馒头"。

　　佛教最初传入上海地区在东吴赤乌年间，西竺高僧康僧会云游至上海龙华荡，见此地水天一色，颇宜清修，遂建寺于此，即龙华寺。此后，久经历史更迭，佛寺的数量日益增加，佛教在上海逐渐扎根生长，佛教信徒越来越多，佛事踊跃。上海市杨浦区近代有案可查的寺庙共13所，大多在20世纪50年代废止，到20世纪的80年代已全部拆除。近代闻名遐迩的上海四大名寺——龙华寺、静安寺、玉佛寺、庆宁寺，也几经劫掠，到现在仅剩龙华、静安、玉佛三寺。

　　道教最早是随孙恩起义传入的，东晋隆安五年（401），在天师道旗号下发动的孙恩起义攻打沪渎，起义虽然失败，却在上海民众中产生了巨大的影响。唐宋两朝历代帝王崇尚道教，重用道士，道教发展进入鼎盛时期。上海当时虽未成市，却也在东北地区江湾镇建起景德观。时至明代，上海道教更加活跃，城隍庙、天妃宫、金师娘殿、萧王庙等道教祠庙相继建造。清朝时期建造了"高堂庙"和著名的白云观。自宋元以后，上海地区的道教属正一派，不重修持，崇拜神仙，道士、道姑可婚嫁不居宫观。上海开埠后，移民蜂拥而至，其中也包括全国各地结帮而来的道士，一时间，上海的道教帮派林立。现存较有名的道观有城隍庙、白云观、钦赐仰殿道观、圣堂崇福道院等。

　　2. 西方文化影响下的宗教体系和宗教性机构

　　天主教。上海天主教开教于明万历三十六年（1608）。明崇祯十三年（1640）意大利籍传教士潘国光建造了上海第一座公众天主教教堂——敬一堂。此后，无玷圣母堂、耶稣圣心堂、天主堂等教堂相继建造。清初，朝廷曾禁止外教传教，许多教堂被没收改建。上海开埠后，天主教再次迅猛发展，教堂、修道院如雨后春笋般建起，教会地盘日益扩大。

耶稣教及其宗教性机构在上海集中发展。耶稣教对近现代上海的宗教和人民生活的影响是较大的。新教与天主教分裂后继续分化成许多宗派，上海地区的主要宗派是圣公会、长老会、浸会和监理会等，在中国统称"耶稣教"。19世纪二三十年代，德国传教士郭士立率先在上海传道，他不主张建造教堂，而主张游历布道，专门培养传道人员。《南京条约》签订后，外国传教士在上海享有传教特权，以英国伦敦会为首的英美德三国十余个基督教（新教）差会纷纷在五口设立教堂、学校、医院。耶稣教重视出版印刷业以宣传其教义，并通过开办医院、学校吸引人们信奉耶稣教。

表4-2　　　　　　　　　太湖水乡文化区的文化特征

地域范围	文化中心	语言	生产生活	饮食	建筑	景观载体
杭州、嘉兴、湖州、苏州、无锡、常州、上海、绍兴	古代：苏州 近代：上海	吴语	稻作、桑蚕养殖、花果、淡水渔业、手工业	水乡特色、清淡精细、节庆饮食、时令性、种类多；小吃以糕团最为出名	民居和河道的合理搭配	桥梁、船、园林
	礼仪	音乐形式	民歌特点	宗教信仰	节庆娱乐	价值取向
	繁杂、时间持久	昆曲、评弹、说书仪式歌	婉约清扬	崇巫信鬼、重迷信，多祭祀活动，神灵体系复杂	季节性、宗教性、节日项目多，游玩之风盛行	崇教尚文、商农并重

伊斯兰教。伊斯兰教在上海的传入始于元代。至元十四年（1277）松江建府，元军官兵及家属遂定居松江，其中有不少信奉伊斯兰教的穆斯林，从而把该教带入上海。上海开埠以后，来沪谋生的穆斯林人数增多，并陆续建造了草鞋湾清真寺（俗称南寺）、穿心街清真寺（俗称北寺）、浙江路回教堂（俗称外国寺）、沪西清真寺、清真女寺、小桃园清真寺等。1937年日军进犯上海，4座清真寺（含2座女寺）毁于战火，多数伊斯兰教社团被迫解散、杂志停刊。1949

年以后，伊斯兰教在上海渐渐恢复。上海伊斯兰教现有清真寺 7 坊，阿訇 14 人，信仰伊斯兰教的 10 个少数民族人口约 6 万人。

第三节　太湖水乡文化区的亚区划分及其文化特征

尽管太湖水乡文化区表现出诸多共性，这也是这个区域能独立构成一个完整的文化单元的依据，但如果从每个文化因子的细分看，其内部还是存在明显地域差异性的。通过实地考察以及前人所做的大量田野调查，结合前辈的大量研究成果，以饮食、民间信仰、服饰、民俗等文化因子的区域差异为依据，我们认为江南水乡文化区的空间分异可以进一步区分为苏南浙北文化亚区、上海文化亚区和绍兴文化亚区三个文化亚区。由于上海既是太湖水乡文化区的现代文化中心，又是一个完整的文化亚区，前文已做充分讨论。这里我们重点讨论苏南浙北文化亚区和绍兴文化亚区。

一　苏南浙北文化亚区

苏南浙北文化亚区包括苏州、无锡、常州、杭州、嘉兴和湖州，这一区域实际上构成吴越文化区或吴越俗区的主体部分，作为一个完整的文化单元，其文化特征与周围地区差异明显，尤其是祭祀、月令和婚嫁习俗上体现出三方面的区域共性，仅此三点共性足以与周边的江淮文化区、浙东南海洋文化区及浙西南山地文化区区别开来。同时也与上海、绍兴的区域文化特质有比较明显的差异。

第一，苏南浙北文化亚区是整个太湖水乡文化区内信鬼神之风最浓厚，且神灵名目最繁多的文化单元，祭祀形式较其他地区复杂。首先，许多崇拜的神灵是苏南浙北文化亚区内独有的，其他地区并不存在。最典型的有五通神，遍及整个苏南浙北文化亚区，《常州府志》中便称："吴俗信鬼多淫祠，武进亦然，有所谓野五圣者，即五通鬼也，俗云此鬼能通财帛以富人，故愚人竞祀之，其屋高宽不过二尺许，荒郊旷野，无处不有，岁尽则有茶诞之祭，动费十数金，苏州上方山，所祀即此鬼也。"还有祠山大帝也为吴越俗区所特有，除了整个苏南浙北文化亚区独有的神灵祭祀外，还有其内部的小范围地区的地方性神灵崇拜存在，如《苏州府志》载苏州的四月二十五马鞍山神生日，"各举神像朝于庙"；《常昭合志》中载常熟"三月二十日……迎李王神像下乡，龙舟竞渡"，"三月二十九日东门外乡人祭赛忠孝王，有龙舟竞渡"。其次，苏南浙北文化亚区的祭祀民俗形式上较为繁杂奢侈，尤以苏州为代表。如关帝祭祀在吴越较为普遍，苏州"会馆优戏以敬神"，然后"俗以是日散班，至秋再聚"，往往祭祀的时间周期较长，项目繁多。同时苏南浙北文化亚区的神灵有许多来自那些因恩泽惠及一方而被当地人神化的人物，这以常州为最。如江阴以"四月二十五日为季子生日，申港作会，四方商贾大集"①。

第二，苏南浙北文化亚区的月令习俗较为繁杂，这主要可以体现在季节周期和饮食习惯上，尤以苏州为最。首先，苏南浙北文化亚区多将自然物象拟人化后生成许多岁时习俗，江南多物产，便在各地普遍流行给农作物和百花过生日，这在前文的苏州文化中可以了解。太湖地区近海多潮，人们便在八月十八给潮过生日，苏州人除观行春桥串月外，还前往福山观潮，常熟人"往釜山观潮"，江阴人"取潮水洗户槛，谓可辟虫蚁"。其次是苏南浙北文化亚区岁令饮食多样，注重口彩，这也以苏州为最。以夏至日为例，整个苏南浙北文化亚区夏至日的饮食丰富，苏州人"夏至复作角黍以祭，以束粽之草系手足而祝之，名健粽云"，常熟、太仓、无锡等地吃夏至粥，常熟以"新小麦和糖及苡仁、芡实、莲心、红枣"为原料，无锡用麦豆为原料，常州、江阴则是裹馄饨，吴江则是吃夏至饭，"用蚕豆小麦煮饭"。与此对比的是，北方的文献中则很少描述岁时习俗样式，比如苏北的沛县于二月二日"炒豆加糖与小儿食，可免蝎蜇，谓之吃蝎子爪"，于六月六日"食炒面"，可见北部饮食习俗之简陋。

第三，苏南浙北文化亚区的婚嫁习俗同样也是比周围地区繁杂，甚至以铺张浪费为盛。例如常熟"婚姻大率以华瞻相高，质素为耻，

---

① 殷光中：《江苏南北民俗文化比较研究》，《民俗研究》1994年第1期，第7页。

缔姻先间其产、遣嫁或罄其家，迎送仪物而失于僭越，自纳采以至走马其间，往来缗节礼俗相伴，惟贫甚者一帖为定，便拟过门，则又以菲废礼焉"，从中可知太湖周围地区婚俗的繁复和重奢侈的情况。

二　绍兴文化亚区

绍兴夏称於越，亦称大越，简称越。春秋时期，於越民族以今绍兴一带为中心建国，称越国。秦王政二十五年（公元前222），降越君，称会稽郡。晋称会稽国，为东扬州治所。隋开皇九年（589）改置吴州，治会稽县。大业元年（605）起称越州，此后越州与会稽郡名称交替使用。南宋高宗赵构取"绍奕世之宏休，兴百年之丕绪"之意，于建炎四年（1131年）改元绍兴，升越州为绍兴府，是为绍兴名称之由来，并沿用至今。

（一）文化形成与演化的自然基础

绍兴市位于浙江省中北部、杭州湾南岸。东连宁波市，南临台州市和金华市，西接杭州市，北隔钱塘江与嘉兴市相望。绍兴地处长江三角洲南翼，位于浙江省中北部杭州市和宁波市之间，宁绍平原西部，总面积7901平方公里。地形上绍兴市地处丘陵山地和河网平原的衔接地带，呈现地形的过渡性。境内南部为会稽山，北部为三江汇流处。全境处于浙西山地丘陵、浙东丘陵山地和浙北平原三大地貌单元的交接地带，境内地貌类型多样，西部、中部、东部属山地丘陵，北部为绍虞平原，地势总趋势由西南向东北倾斜。全市地貌可概括为"四山三盆两江一平原"，即会稽山、四明山、天台山、龙门山、诸暨盆地、新嵊盆地、三界—章镇盆地、浦阳江、曹娥江、绍虞平原。境域内河道密布，湖泊众多，素以"水乡泽国"之称而享誉海内外。

宁绍平原的水道，由于出海方便，加之水位变化大，汛期上游山洪暴发，下游成灾，夏秋季连日无雨，温度高，蒸发强，又常有河道干枯之忧，因此，河道分布不如杭嘉湖平原紧密，水运条件略逊于杭嘉湖平原。但河网地区特征仍十分明显，内河水运仍为本区交通运输的骨干。此外，以宁波、杭州、镇海等地为中心的海上交通、长江干流及江南运河航运也十分发达，使本区借以联络其他经济区域。长期以来绍兴逐渐具有了太湖水乡、海洋以及山地文化的过渡特征，并在许多方面也自成体系，形成具有绍兴特色的越地文化。

（二）绍兴文化亚区的文化特征

绍兴文化在江南地区别具一格、与众不同，绍兴师爷闻名全国，绍兴黄酒享誉全球，绍兴是首批全国 24 个历史文化名城之一。其独特的地域文化可以概括为"七乡"：名士之乡、水乡、桥乡、酒乡、兰乡、书法之乡和戏曲之乡。与太湖水乡文化区的其他地方相比，独特的区域文化元素主要有饮食文化和戏曲文化两方面。

名士之乡体现在绍兴地区历代诞生了大量政治家、科学家、文艺名家、学者名流。（1）杰出的政治家有范蠡、勾践、文种、秋瑾等，科学家有马臻、戴琥、汤绍恩、杜亚泉、竺可桢、吴觉农、钱三强等。（2）文艺名家有王羲之、王献之、王冕、杨维桢、徐渭、陈洪绶、赵之谦、任颐、任光、谢灵运、陆游、鲁迅、嵇康、贺知章、张岱、蔡东藩、朱自清等。（3）学者名流有西施、王充、陶望龄、刘宗周、李慈铭、平步青、徐树兰、姚振宗、马一浮、许寿裳、蔡元培、王守仁、胡愈之、孙伏园、范文澜、周建人、夏丏尊、马寅初、刘大白、经亨颐等。

水乡主要体现在河湖众多，水文化渗透到生产生活的方方面面。绍兴境域内河道密布，湖泊众多，素以"水乡泽国"之称而享誉海内外。主要河流有曹娥江、浦阳江和浙东运河。主要湖泊有 30 多个，其中水域面积在 2 平方千米以上的湖泊有 6 个，即汤浦水库、沃洲湖、东白湖、镜湖、鉴湖、南山湖。以鉴湖最为著名，水域面积 294.8 万平方米，蓄水量 875.9 万立方米，为绍兴黄酒制作的唯一水源，是中国东南地区最古老的著名水利工程和旅游胜地。

绍兴桥多是另一个地域文化特色。据绍兴文物部门统计，绍兴共有 10610 座桥，是名副其实的"万桥市"，这些桥中，清朝以前的有 604 座。桥是绍兴的性格，桥也是绍兴的文化象征和魅力。街巷逶迤，河道纵横，街缘水典，路由桥通。从桥下探视，则桥中见桥，桥桥相接，桥巷相连，可谓是江南水乡美景的凝聚点。绍兴桥所具有的环境布局美、结构装饰美和桥楹诗文美，构成了特有的水乡交通景观。著名园林专家陈从周曾有诗曰："垂虹玉带门前来，万古名桥出越州。"绍兴桥文化已成为越文化的重要组成部分。

绍兴誉为酒乡，名副其实。古城绍兴，稽山鉴水，钟灵毓秀。数千年的文明史，给后人留下了绍兴酒这一珍贵的历史遗产。绍兴酒的历史悠久，最早的就有大禹杜酿、勾践"箪醪劳师"等传说和典故。南北朝时，绍兴酒被列为给皇帝的贡酒。唐朝时，著名诗人贺知章、李白、白居易、元稹、方干、张乔等，都以饮绍兴美酒、赏稽山鉴水、留千古诗篇为畅事。明清之际，绍兴出现了大酒坊，清嘉庆年间绍兴酒被列为全国十大名酒之一。1910 年的南洋劝业会和 1915 年美国巴拿马万国博览会上，绍兴酒荣获金质奖章。

绍兴栽养兰花的历史悠久，有文字记载的始于春秋战国时期，这可以说是世界之最。我国现存最早由东汉袁康、吴平撰写的地方志《越绝书》中有："勾践种兰渚山"的记载。宋朝的张昊，在纂修宝庆《会稽续志》中写道："兰，《越绝书》曰：句践种兰渚山。旧经曰：兰诸山，句践种兰之地，王、谢诸人修禊兰亭。"明代绍兴知府萧良干主修，张元忭、孙鑛同纂的《绍兴府志》中载有："兰渚山，有草焉，长叶白花，花有国馨，其名曰兰。句践所树。兰诸之水出焉（通曲），兰亭，山阴汉旧县亭，王羲之曲水序于此。"明代绍兴著名奇才，青藤画派创始人徐渭，一生写了许多关于兰花的诗，画了不少兰花的画，他在《兰谷歌》中写道："句践种兰必择地，只今兰诸乃其处。千年却有永和事，右军墨藻流修禊。吾越兰谱本如此，只今春来稽山里，兰花兰垂云之紫。"

绍兴是我国著名的书法之乡。东晋永和九年（353）三月初三，王羲之邀谢安、孙绰等当时社会名流到绍兴兰亭修禊，在"曲水流觞"活动中作诗 37 首，王羲之为这 37 首诗作了被誉为天下第一行书的《兰亭序》，也留下了"曲水流觞"的佳话。从此兰亭与鹅池成为书法爱好者慕名的"圣地"。

绍兴是越剧之乡。越剧起源于浙江省绍兴地区嵊县一带，是中国五大戏曲种类之一，已被列为国家级非物质文化遗产。越剧成型于清朝末年，于 1916 年进入上海，当时叫"绍兴文戏"，在 1938 年时正式命名为越剧。越剧的曲调清悠婉转，最善于抒情，主要分为尺调、四工调、弦下调三大类，其行当分为小旦、小生、老生、小丑、老旦、大面六大类。

（二）饮食文化

绍兴的饮食用一句话来体现，便是酒和下酒菜，以民间菜为主。

绍兴是著名酒乡，有俗语"绍兴无处不酿酒，绍兴无处没酒家"。在绍兴，无论是在山区还是在平原，无论是在城镇还是乡村，随处可见酿酒的牌坊和卖酒的店铺，足见绍兴制酒和贩酒的规模。在绍兴，酒是绍兴人的生活必需，因此各具特色的饮酒习俗也随之产生并随着时间的推移而得到深化。

绍兴酒有正式文字记载的历史是在越王勾践时期。公元前492年，越王勾践为吴国所败，携妻去吴国为奴。《吴越春秋》记，当群臣们送勾践到浙江边上时临水祖道，大夫文种前为祝，在送别中有："臣请荐脯，行酒二觞。"当勾践仰天叹息、举杯垂涕、默无所言时，文种再次敬酒"觞酒暨升，请称万岁"。这似乎是第一次在古籍中正式提到绍兴酒。后来，勾践回到越国，决心奋发图强，报仇雪耻。为了增加兵力和劳动力，勾践曾经采取奖励生育的措施。据《国语·越语》载："生丈夫（男孩），二壶酒，一犬；生女子，二壶酒，一豚。"把酒作为生育子女的奖品。据成书于秦王政八年（公元前239年）的《吕氏春秋·顺民篇》记载，越王勾践出师伐吴时，父老向他献酒，他把酒倒在河的上游，与将士们一起迎流共饮，于是士卒感奋，战气百倍，历史上称为"箪醪劳师"。宋代嘉泰年间修撰的《会稽志》说，这条河就是现在绍兴市南的投醪河。醪是一种带糟的浊酒，也就是当时普遍饮用的米酒。这种酒与今天的绍兴酒不同，但它无疑是今天绍兴酒的滥觞。以上关于勾践的这些记载说明，早在2500年前，酒在绍兴已经十分流行①。

绍兴的酒文化渗透至生活生产中的方方面面，表现在四时八节、

---

① 中国质量新闻网，2002年12月7日（http://www.cqn.com.cn/news/zgzlb/diqi/26488.html）。

婚嫁喜庆、往来应酬、亲朋聚会等各种场合。如以酒为纳采之礼，以酒为陪嫁之物，就成了绍兴男婚女嫁的习俗。这里最有代表性的、最典型的就是"女儿酒"。"女儿酒"也叫女儿红，是女儿出世后就着手酿制，直到女儿长大出嫁时，才挖出来请客或做陪嫁之用。女儿酒的原料与加饭酒一样，选用精白糯米、优良酒曲和绍兴特有的鉴湖水，这三者也被称为"酒之肉"、"酒之骨"和"酒之血"。酿成后，灌在定制的酒坛中，这种酒坛是非常讲究的，上绘有山水亭台、嫦娥奔月、八仙过海、龙凤呈祥等戏文故事，并配以吉祥如意、花好月圆等吉祥"彩头"；若女儿未至成年而夭折，则该酒就叫"花凋"酒，即花雕酒，由于女孩夭折是悲伤事，因此在旧时的绍兴谁也不希望喝花雕酒，因此有俗语说"来坛女儿红，永不饮花雕"。此俗后来又演化为生男孩也酿酒，并在酒坛上涂以朱红，着以彩绘，并名之为"状元红"，意谓儿子具状元之才。女儿红、状元红和花雕酒其实是同一种酒，尤其也足见绍兴酒文化的精妙深邃。

绍兴的饮酒名目繁杂，多达三四十种。如生丧酒就包括剃头酒、满月酒、得周酒、寿酒、白事酒等，岁时酒包括散福酒、挂像酒、落像酒等，时节酒包括端午酒、七月半酒、年节酒、元宵酒等，另外还有插秧酒、丰收酒、利市酒、开业酒、行会酒、分红酒、接风酒、践行酒、洗尘酒等，名目繁多。

旧时的绍兴街头，酒肆林立，格局大多是曲尺形柜台，板桌长凳，店面简朴。店面墙壁和屋檐下挂有醒目的酒牌，店堂内竖着青龙匾，上书"太白遗风"、"闻香下马"、"杜康佳酿"等风雅字眼，以招揽顾客。最有名的当属鲁迅笔下的咸亨酒店，店内有两副对联，一联是"上大人孔乙己高朋满座，化三千七十二玉壶生春"，另一联是"小店名气大，老酒醉人多"。

绍兴人喝酒习惯于慢呷缓饮，并非常讲究下酒菜。讲究不同酒配以不同的下酒菜，如状元红要配以鸡鸭肉蛋类；加饭酒配冷盘，如茴香豆、花生米；陈加饭与状元红兑饮，配蟹肉；善酿酒要配以糕点或甜味的菜肴等。绍兴的菜品也往往是服务于酒、针对酒的品种而烹制，其中以风味小吃最具特色，有兰花豆、茶叶蛋、豆腐干、臭豆

腐、素火腿、霉毛豆、醉枣、猪头肉、白斩鸡、熏鱼、酱鸭、咸煮
笋等。

绍兴菜主要来自民间，富有江南水乡风味。绍兴菜以鱼虾河鲜和
鸡鸭家禽、豆类、笋类为主要原料，菜品讲究香酥绵糯、原汤原汁、
咸鲜入味、轻油忌辣、汁浓味重。除了一些如清汤越鸡、干菜焖肉等
大菜外，绍兴菜最大的特点是有许多大众化的菜品、风味小吃，如霉
菜系列、咸鲜系列、糟菜系列等。当然，这些民间菜也有相当大的部
分是与酒有关，作为下酒菜而流传下来。

绍兴人爱吃臭食。绍兴最有名的小吃是绍兴臭豆腐。在绍兴，街
头巷尾，比比皆是。与湖南长沙火宫殿臭豆腐的臭味由豆腐自身发酵
变臭完全不同，绍兴臭豆腐是用苋菜梗汁浸制的，有蒸的也有炸的，
炸的比较多见，因为吃起来方便，蒸的就有更多的家常的味道。绍兴
人除爱吃臭豆腐外，还爱吃臭霉千张、臭霉豆、臭乳腐（青方）等
"臭食"。尤其值得一提的是"臭汤"，由苋菜梗汁经过自然发酵变得
奇臭难闻，是绍兴的一味著名菜肴，以鲜臭闻名。绍兴人选用大拇指
粗的苋菜主梗，洗净切成20—25厘米长短浸泡于大缸内，先让它发
霉长毛，再放进臭卤坛中浸泡两三天，吸足臭味后捞出洗净、加盐隔
水蒸熟，吃的时候，可别直接放在大牙间咀嚼，应用门牙挤出梗内的
肉，这时，你会觉得，有股奇异的味道入得齿间，那是一种让人回味
悠长的强烈味道，其臭味直接挑战食客的心理极限，使人食欲为之一
振，吃起来鲜香，尤其下饭。这种臭菜后来随着龙游商帮带到金华盆
地，现在的东阳、金华、义乌、龙游等地也十分流行。

（二）戏曲文化

虽然越剧起源于清末的绍兴嵊县，旧称绍兴戏，现在越剧已流传
到大江南北，成为仅次于京剧的主要剧种之一。不过就目前来看，绍
兴的代表性地方戏曲为绍剧，又名"绍兴乱弹"和"绍兴大班"，于
明末清初时期形成。流行于绍兴、杭州、宁波和上海一带，起源中心
为绍兴。绍剧不如钱塘江以北的昆曲婉转细腻，也不似浙中婺剧的强
烈和明快，具有一定的过渡特点。绍剧舞台表现极具激情，音乐与唱
腔激越高亢、粗犷质朴，表演豪放洒脱、文戏武戏兼备，擅长表现慷

慨悲壮的感情。内容多以冲突激烈的历史事件、民间英雄故事为题材，多以抗敌御侮、除霸惩奸为主题。绍剧以猴戏最为出名，其激越高亢的唱腔和豪放洒脱的表演成为绍剧发展的一面旗帜，最经典的曲目是《孙悟空三打白骨精》。

绍兴水上戏台

绍兴社戏是绍兴农村最具代表性的地方表演形式，名气相比绍剧许要更加广为人知，尤其是鲁迅的众多文学作品将绍兴社戏带入大众视线中。绍兴社戏最大的特点是宗教性以及亲水特色，沿袭至今，在绍兴农村和盛大的节日里，邀请剧团进村演戏也仍然随处可见。社戏分为平戏、大戏和木连戏三种。社戏的渊源和宗教有关，为的是祭社之用。原因是绍兴的乡镇村落都有社庙，一般来说水乡的称"土地庙"，山间的称"山神庙"，城镇的称"城隍庙"。各地的民约往往规定春秋两季祭社，分为春社和秋社。春社祈求五谷丰登，秋社庆贺一年丰收。后来便逐渐发展为以演戏来祭社。绍兴农村水乡的戏台，大部分都建在土地庙前的小河里，俗称"水台"。因此观众既可以在对面的岸上观看，也可以驾船在船上看。有斗拱飞檐的古典舞台，有专设厢座的祠堂舞台，有些是临时搭建在岸上的草台，上面撑起一张大白布，用以遮挡风雨，后台用竹篾围起，供演员更衣、化妆、休息之用，留前台给观众看戏之用。

这里需要强调的是绍兴的戏台，绍兴戏台是江南戏台中最具代表性的。江南地区现存的戏台多为庙台，以浙江最多。其中真正属于佛教庙庵的戏台很少，属于道教寺观或民间神灵祠宇的占多数，这和佛教教规严格，世俗活动受限制较多有关。在绍兴，戏台还有一个独特的称谓——万年台，由此也看出绍兴人对戏曲的喜爱以及戏曲在绍兴绵延的发展力。绍兴保存下来的古戏台通常位于某一建筑序列的中轴线上，正面对着寺庙或宗祠，中间围合的空间就是观众的戏坪。戏台平面布局分为前后两部分，前部分为通透的高台，三面可观；后部分为较封闭的厢房，供戏班休息、化妆、摆放道具，并充当了舞台的背景。戏台正面一般须面对神座，背面则方便戏班通过水运上下搬运戏箱。在建筑艺术处理方面，戏台醒目位置处的建筑构件是工匠们大显身手之处，许多戏台雕梁画栋，纤细精致，十分精美。绍兴古戏台包括滨水戏台、宗祠戏台、寺庙戏台。其中，最贴近百姓生活、最能体现水乡特色的还是要属散布于民间市井的滨水戏台①。

---

① 图片来源：http：//www.showchina.org/rwzgxl/zgmj/05/200702/t107688.htm.

第五章

江淮文化区

　　江淮，指长江、淮河一带的区域，属于广义的江南范围，狭义上指长江、淮河之间的地区，特指今江苏中部地区，主要由长江、淮河冲积而成。地势低洼，海拔一般在 10 米以下，水网交织，湖泊众多。受地质构造和上升运动的影响，沿江一带平原形成了 2—3 级阶地，分布着众多的低山、丘陵和岗地。在古代，江淮指江南、淮南地区。本研究中的江淮文化区包括南京、镇江、扬州、泰州和南通。

第一节　江淮文化区文化特征

　　江淮地处长江、淮河下游，古时河道众多、交通便利、物产丰富、经济发达。优越的环境形成淮夷人自由放任和强悍不屈的性格。南联荆蛮，北接中原，东临吴越，过渡的区位使得江淮地区成为中原各族南向扩张和荆楚势力北上拓展的必经之地。而纵观春秋、战国五百年，楚国在两淮地区惨淡经营长达四百五十余年，经历独霸、争霸和独霸三阶段。在中原文化、楚文化和吴越文化在两淮的交汇中，楚文化构成了江淮文化的主体①。同时，江淮地理区位的过渡性，使江淮文化具有南北交融的"过渡性"，学术界有观点将其称为中部或"中介区"②，南岸为南京、镇江，古代为吴文化区，北岸到扬州和南通西部，古时为徐俗即楚汉文化，历史上这一地带文化变迁巨大。这

---

①　陈广忠：《两淮文化》，辽宁教育出版社 1998 年版。

②　殷光中：《江苏南北民俗文化比较研究》，《民俗研究》1994 年第 1 期，第 5 页。

一地区地处南北交通要冲，历史上东晋和南宋时期的两次北人南迁的大迁徙使得该区人口结构、数量发生了根本变化，中原习俗对这一地区影响甚大。如《杜氏通典》中说："永嘉之后，帝室东迁，衣冠之族多渡江而南，艺术儒术于斯为盛……盖颜谢徐庾之遗风焉。"

　　江淮文化区和太湖文化区文化差异最明显的是方言，其次是节庆民俗等方面。

一　江淮文化区的方言

　　江淮方言，又称下江官话、淮语等，曾经是明朝及清朝前期中国的官方语言（1368—1752）。为吴语区北方化的产物。江淮文化区通行江淮方言。宏观上看，现代的江淮方言区主要覆盖长江以北至淮河两岸，分布于南京、扬州、镇江、淮安、盐城以及南通和连云港两市的一部分。我国自古地分南北，江淮居其中，江淮之间，气候物产、语言风土，其特点也都居南北之中。语云："桔逾淮而北为枳"，应是地理环境使然。唐陆德明《经典释文·序录》云："方言差别，固自不同，河北江南，最为巨异。或失在浮清，或滞于重滞。"扬雄《方言》记载显示，早在汉代本省境内偏西地区，西接淮河南北是一个方言区。这个方言区居南北之中，受南北方言和其他政治经济文化方面的影响，逐步发展演变成为江淮方言区。

　　江淮地区的方言在历史上也多次受到中原人口大规模南迁的影响。王长俊认为，宁镇地区和扬淮地区原为古吴语区，凡中原动乱，中原士族往往沿运河南下，或留居江淮，或继续南渡建康，加之战乱频繁，人口南迁加剧，这一地区语言演变速度不断加快，使这些地区逐渐变为与现代北方官话相近的江淮方言区。尤其是南北朝时期和北宋末年的北人大规模南迁促进了江淮地区方言的第二次和第三次中原化[①]。

　　江淮方言区别于吴越方言的主要特点是，声母浊音清化，洪巢片、黄孝片平声读送气清音，仄声读不送气清音；通泰片不论平仄一

---

　　①　王长俊：《江苏文化史论》，南京师范大学出版社 1999 年版，第 53 页。

律读送气清音。除通泰片及盐城地区外大部分地区 n、l 不分，疑母
［ng］、影母［o］混同；舒声韵母系统较华北官话更接近早期官话的
代表——《中原音韵》音系，区别其他官话的主要特点即是保留入声
韵，复合元音和鼻音韵尾韵母有显著单化。洪巢片一般有 5 个声调，
阴平、阳平、阴上、去声、入声。黄孝片和通泰片声调有 6—7 个，
入声去声分阴阳。

二　江淮文化区的民俗

由于江淮文化具有南北交融的"过渡性"和"中介区"的特点，
形似一条文化走廊，因此这里的民风民俗既与北方相似又与南方类
同，这种"似是而非"的状态就是江淮文化最大的区域分异特征。由
历史上人口的频繁迁移还带来了饮食和民俗文化的变化。以饮食为
例，相比于吴俗，江淮地区由偏甜口味转变为咸甜适中，以及接受中
原人发酵面点饮食，这与太湖地区明显的偏甜类饮食和糕团类点心的
丰富多样形成了鲜明对比。

最能反映江淮文化的民风民俗特征的有节庆、丧葬、嫁娶等。

春节是最能体现区域节庆习俗的节日，而丧葬最能体现民间礼制
习俗的地域独特性。

春节习俗由开门、出行、早餐、接天地、吃元宝和拜年等环节的
习俗构成①。这些特点与楚文化极其相似，又带有吴文化的烙印。新
年伊始，"开门"便为春节的第一件事，所以民间颇为讲究。首先开
门要早。皖南旌德，正月初一凌晨，家家户户争先开门，燃放爆竹。
谁家新年开门早，谁家就大吉大利，最先得到财气。"出行"之俗因
地不同，初一早晨先查历书看看何方大吉，然后决定第一次出门的方
向，俗称"出行"。江淮地区春节早餐形成了南北各异的特色。北方
普遍吃饺子而且都为素食，意为素素净净过年。江南则比较复杂，有
吃荤饺子的、有吃面条的、有吃糕点的、有吃元宵的，淮河流域在煮

---

① 王焰安、余素珍：《江淮传统春节习俗》，《韶关学院学报·社会科学》2011 年第
11 期。

饺子时，要先盛三碗放在主堂香案上，敬过天地、灶神、祖先之后，全家才可进食。接天地又称祭天地、敬天地。起源于古代的自然崇拜。正月初一凌晨，主人率领子孙在门前焚香祭天，以"三牲"（猪头、公鸡、鲤鱼）敬土地，祭祀后，携回供品全家共食，俗称"接天地"。春节期间，有的地方将猪肉骨头称为元宝，若吃饭时吃到了肉骨头，便称为吃元宝。大多数地方称吃鸡蛋为吃"元宝"。正月初一的早餐，一般每人都要吃一个荷包蛋，成年人务必要吃，希望在新的一年里能增财进宝。另一种是五香茶叶蛋。初一早晨吃五香茶叶蛋，这是多数地区的习惯。而且必须吃双数，称为吃元宝。"元宝"除了自家人吃外。拜年也称拜节、见节、贺正、贺年，江淮拜年分为家拜和外拜两种。家拜包括拜神、拜祖、拜尊长。清晨燃放"开门炮"后，男女换上新衣，在中堂设香烛，全家先拜天地、先祖，后拜尊长。外拜包括给没有出五服的长辈和已出五服的长辈及邻里拜年。与拜年意义相应的是探亲会友，这是春节的一项重要的社交活动，探亲对象比较注重的一般来说是舅、姑、岳父等九族之内的亲戚，历来各地都有约定俗成的次序。

　　江淮地区的丧葬习俗同样带有南北文化的过渡性特点。江淮传统的丧葬习俗主要由制寿衣与寿木、设灵与报丧、入殓与吊丧、做七、出殡与下葬五个风俗构成[①]。寿衣又称殓衣、老衣，即死者入殓所穿的衣服。《易·系辞》载："古之葬者，厚衣之以薪，葬之中野，不封不树。"春秋时期的寿衣包括朝服和散衣，即死者生前的衣服。以后相沿发展，渐成礼制。江淮地区制作寿木，首先要讲究木质，材质讲究"一柏、二杉、三梓、楸，次者为桑、槐，忌用楝木"；其次是讲究树木的粗大，用料要求尽量少拼接，因此有"五底"、"十二元"、"十合"之别；再次讲究厚度，认为棺底4寸、帮5寸、盖6寸为上乘，俗称"四五六"式；最后是讲究用漆，生漆漆棺最好。设灵，即设置灵堂、孝堂，为放置灵柩殡葬冥物，灵堂的原始意义为灵魂暂留之处。淮河以南地区除非正常死亡者外，一般都设置灵堂。报丧，即

---

① 王焰安：《江淮传统丧葬习俗》，《淮北职业技术学院学报》2008年第6期。

把亲人亡故的消息通知亲朋好友。有的地方还要去村庙报知土地爷，故又有"报庙"之称。入殓，又称大殓、入棺、入室、入木、落材、落棺、进材等，指将尸首放入棺内的礼仪活动，其起源于先秦时期。吊丧，亦称吊孝，即上门沉痛哀悼死者，并向亲属表示深切慰问。做七亦称作七、斋七，即人死后（也有在出殡后）按 7 天为一周期，丧家请僧道做佛事，故称做七。出殡，亦称出灵，指把灵枢送到安葬或寄放的地点。下葬，又称安葬。最早的墓是无坟堆的。到了周代，贵族阶层开始在墓上筑坟堆，随后，筑坟之习遍及江淮民间。

第二节　区域文化中心及文化特征

　　关于江淮文化区的中心，颇有争议，争议的对象在南京和扬州这两大城市。南京是一座有 2480 年历史的文化古城，与北京、西安、洛阳并称为"中国四大古都"，先后有十个朝代在此建都，建都时间累计达 450 年。是我国长江流域四大中心城市之一，有着厚重的文化积淀。南京建城之始为公元前 472 年越王句践命范蠡筑城于今中华门外的长干里。建都之始为公元 229 年三国之一的吴国迁都建业。随后东晋与南朝的宋、齐、梁、陈相继在南京建都，即历史上的"六朝"，六朝时期的都城位于秦淮河北，当时是整个江南地区重要的政治、经济和文化中心。后来还有五代十国的南唐在此定都；明初朱元璋在此建都，同时将应天府改为南京，这是南京命名之始。公元 1853 年至 1864 年，太平天国在此建都并称为天京。1912 年南京为中华民国的首都。作为多朝首都，南京的文化遗产非常丰富，其影响范围辐射到省外，不过就江淮文化区内来看，其文化凝聚力并不算太强。

　　扬州在历史上数度繁华，以两汉、隋唐、清朝康乾期间尤甚，在隋唐时达到顶峰，为国务院首批公布的二十四座历史文化名城之一。扬州于公元前 486 年建城，汉代长期是王侯封地。隋朝时期大运河开通使得扬州成为运河的交通枢纽，成为大运河淮扬段最重要的市镇，是一个税关口岸，为其他各地的货物提供了一个很大的消费市场。到了唐朝时期扬州成为江南第一大都会。由长期的历史发展沉淀下来的扬州文化遗产十分丰富，对周边地区的影响力也很大。但是进入明清时期后，整个南方的人口、经济文化水平都远远超过了北方，因此扬州便不再是南北方交流的门户，商业和贸易中心的重要性大大下降。在文化传承方面，扬州曾一度处于中国古代文化的领先地位。在明清之后，虽然苏南浙北后来居上，引领全国文化潮流，不过扬州有庞大的士绅阶层，总体的文化发展仍不容小觑，不过在 1853 年被太平军攻陷后，便再也没有恢复其在中国文化界的学术和文学地位。到了近现代由于交通迅速发展，铁路等交通方式崛起，扬州在交通和经济上都逐渐被边缘化，繁华不再，现在的影响力已十分有限，甚至学术界有观点已将现代扬州排除在江南以外①。

南京地处长江下游，长江自西向东横穿市区，把南京分为江南、江北两大部分。境内低山丘陵区占全市面积的 64.5%，平原面积占 24.1%。自古便有不少人认为南京的地形具有"王气"，也称"帝都之相"。南京地形南北长、东西窄，南边是由低山、岗地、河谷平原、滨湖平原和沿江河地等地形单元构成的地貌综合体。境内山脉分出三支，北支有栖霞山、乌龙山、幕府山、狮子山，中支有钟山、九华山、清凉山，南支有青龙山、黄龙山、祖堂山、牛首山。历史上有不少不想在此地建都的帝王都曾试图破坏其"王气"，像秦始皇、楚威王、隋文帝以及唐初时期的帝王，但是这仍阻止不了南京不断地作为都城存在。正如孙中山在其《建国方略》中说，南京"其位置乃在一美善之地区，其地有高山有深水有平原。此三种天工钟毓一处，在世界之大都市中难觅如此佳境也"。

一　文化中心：帝都南京

南京作为六朝古都，历史上发展最繁盛、影响力最大的是六朝文化、明文化以及民国文化。如今六朝文化物质遗迹留存极少，原因是隋朝灭陈时将整个南京城区夷为田地，给六朝文化带来毁灭性打击，

---

① 陈晓燕、包伟民：《江南市镇》，同济大学出版社 2003 年版，第 16 页。

现只有在郊区遗留有少数的陵墓石刻等遗址。

南京作为明朝53年的首都和二百多年的留都，已积淀有丰富深厚的明文化遗产，现今仍保存下来的有明孝陵、明城墙、明故宫遗址、明宝船遗址、浡泥国王墓、报恩寺琉璃塔遗址等大批的历史文化遗产。

民国文化是南京都城文化保存最完好的部分，主要体现在留存有丰富的建筑遗迹。从官署到普通民居有千余处，其中有许多是近现代中国具有典型意义的优秀建筑。保存的民国建筑主要分为四类：第一类是行政类建筑，是由中央政府统一建造，如国民政府行政院、国民政府外交大楼等。第二类是上层官员富商的私家官邸别墅。第三类是各种公共建筑，主要包括银行、电影院、饭店酒店、研究院等。第四类是中共革命斗争的纪念性建筑。

由于历史上多次的战争和移民，对南京的非物质文化遗产的保存十分不利。南京有多次毁城、屠城和大规模移民的历史，东晋时期的北人大规模南移，南京由吴方言区变为北方方言区。梁末侯景之乱后，建康城中10万军民只剩几千人。隋朝灭陈后，将城池摧毁变为农田。明初朱元璋将南京原住居民大规模移民到云南，又从全国各地招来几十万工匠和一万四千多富户。太平天国灭亡之际，清军在城内曾大肆焚杀，整个南京变为废墟。由于多次的战争和移民，南京境内的物质文化遗产保存不如苏州和扬州，南京话也对周围的扬州、镇江等地区影响不大，地方戏曲和曲艺也影响不大。但是南京厚重的文化和历史依然是其他地区无法取代的。

二　南京文化特征

（一）饮食文化

南京菜风味特点是口味醇和、咸淡适中，讲究选料严谨、制作精细、突出主料、玲珑细巧、色泽艳丽以及注重时令性。南京人喜食鸭，南京菜尤以烹制鸭菜著名。

盐水鸭是金陵名菜，已有1000多年历史。盐水鸭皮白肉嫩、肥而不腻、香鲜味美，具有香、酥、嫩的特点。尤以中秋后制作的盐水鸭味道最佳，因为是在桂花盛开季节制作，所以也美名曰"桂花鸭"。

南京板鸭是用盐卤腌制风干而成，分腊板鸭和春板鸭两种。板鸭外形饱满，体肥皮白，肉质细嫩紧密，食之酥、香、回味无穷。南京板鸭外形较干，状如平板，肉质酥烂细腻，香味浓郁，故有"干、板、酥、烂、香"之描述。南京板鸭制作已有600多年历史。清代时期南京地方官员要将质量最好的新鸭进贡皇室。

南京人喜吃野菜，常吃的野菜往往都具有独特香味，有的还具有药用价值。南京人吃野菜的习俗悠久，有"旱八鲜"和"水八鲜"的说法。其中旱八鲜指的是荠菜、芦蒿、枸杞头、马兰头、香椿头、苜蓿头、菊花脑、马齿苋等。水八鲜指的是一些能食用的水生植物，通常有莲藕、菱角、茭瓜、茭儿菜、茨菰、荸荠、水芹菜、芡实等。

南京秦淮风味的小吃众多，夫子庙小吃是我国四大小吃群之一，夫子庙秦淮风味小吃的历史悠久，有八十多个品种，以工艺精细、造型美观、选料考究、风味独特著称。原先的夫子庙小吃重油重糖而并不适应现代人的口味，近二十年夫子庙小吃不断进行改革创新，推出了不少新品种以适应现代需求。经广大食客及有关专家鉴定，南京秦淮风味小吃研究会于1987年9月正式命名夫子庙小吃中的八套名点小吃为"秦淮八绝"："一绝"为魁光阁的五香茶叶蛋、五香豆、雨花茶；"二绝"为永和园的开洋干丝、蟹壳黄烧饼；"三绝"为奇芳阁的麻油干丝、鸭油酥烧饼；"四绝"为六凤居的豆腐涝、葱油饼；"五绝"为奇芳阁的什锦菜包、鸡丝面；"六绝"为蒋有记的牛肉汤、牛肉锅；"七绝"为瞻园面馆的薄皮包饺、红汤爆鱼面；"八绝"为莲湖糕团店的桂花夹心小元宵、五色糕团。

（二）语言与戏曲

南京评话就是用南京方言说讲的评话，流行于南京境内，于清乾隆年间形成，具有浓郁的地方色彩。表演上有文、武两派之分，文派又名"呆口"，讲究说工；武派重做工，讲究身段。传统曲目有《三国》、《水浒》、《英烈》等。

白局是南京唯一的古老曲种，用南京方言说唱，至今已有600多年历史。白局形同相声，表演一般一至二人，多至三五人，说的全是南京方言，唱的是俚曲，通俗易懂，韵味淳朴，生动诙谐，是一种极具浓郁地方特色的说唱艺术。白局始自明代织锦工人用南京方言演唱俗曲，工人用小调、民歌以自娱自乐，随着时间的推移，逐渐发展为一种曲艺曲种。因演唱者不取报酬，"白唱一局"，故名"白局"。后来到了民国时期，随着当时织锦消费者王公贵族的没落以及国家政策的变革，南京的织锦坊大量倒闭，织锦工人大批失业，白局便自然逐渐衰落。现白局又被逐步地挖掘和恢复，南京白局已被列入省级非物质文化遗产。

（三）宗教信仰

作为六朝古都和长江流域的中心城市，南京自古对于宗教包容并存，宗教文化丰富，各路教派在南京汇聚都有其影响力。

道教于东汉后期传入南京，仙鹤观为南京最早的道观，现仅剩遗址在市郊仙鹤门。

佛教在三国孙吴时期传入，孙权建造了江东地区有明确纪年的第一座佛寺"大市寺"，其后南京的佛教时盛时衰，代表性建筑有建于南齐的栖霞古寺、隋朝的舍利塔，建于梁朝的鸡鸣寺、明朝的灵谷寺以及石佛庵石窟。

伊斯兰教在南宋时期传入南京，明朝时影响力渐大，原因是西域官员人士的归附。

天主教于明朝后期传入，由意大利传教士利玛窦建造了第一座天主教堂。现保存最完好的是石鼓路天主教堂。

基督教于1867年传入南京，1913年建了第一座小礼拜堂圣保罗堂。建于1952年的金陵协和神学院，设有本科和研究科，培养教职人员和神学研究人才。

（四）民间工艺

由于历史上长期作为首都，南京的民间工艺形成了一种以考究、严谨、精细为特色的品质，在历史上多服务于皇室。具有代表性的有南京云锦、金箔、折扇和火笔画。

南京云锦是南京传统的提花丝织工艺品，是一种具有地方特色的提花锦缎，为南京工艺三宝之首。因其绚丽多姿，美如天上云霞而得名。至今已有1580年历史。南京云锦与成都的蜀锦、苏州的宋锦、广西的壮锦并称"中国四大名锦"。在古代丝织物中"锦"是代表最高技术水平的织物。南京云锦集历代织绵工艺艺术之大成，位于中国名锦之首，元、明、清三朝均为皇家御用贡品，为上层人士衣物用料。南京云锦富丽典雅、质地坚实、花纹浑厚优美、色彩浓艳庄重，大量使用金线，形成金碧辉煌的独特风格，这种风格的形成和长期的首都文化影响是分不开的。

金箔是用金片锤打成厚度不超过0.1微米的薄片，主要用于建筑的贴金、器物和织物的原料以及名贵中草药的配方等。南京金箔历史悠久，为供应皇室从南朝开始便大量生产，工艺精湛，也非常贵重豪华。北京故宫、人民大会堂、中山陵、布达拉宫等著名建筑的装饰金箔均来自南京金箔。当然，由于高纯度金箔的价位过高，制作工序复杂，现在仿金箔的用途更为广泛，适用于任何装饰贴金。如宾馆酒店大厦、寺院佛像庙宇、仿古园林建筑、现代豪华装修、大型雕塑、豪宅家私、牌匾楹联的装饰工程贴金以及金箔画、金箔书、金箔邮票、金箔墙纸、金箔装饰面板、金箔瓷砖马赛克、贴金餐具茶具果盘花瓶玻璃盘、贴金工艺品、金字招牌的制作等。

火笔画也称烙画，一般使用加热后的银针、银棒在宣纸、竹木藤上烙绘出书画。南京火笔画以绘画为主，极具中国传统水墨画的效果，又表现出工笔画的精细严谨。主要绘画对象有花鸟虫鱼兽、人物、山水等。

第三节　亚区划分及其文化特征

江淮文化区可以划分为三个亚区：金陵文化亚区、淮扬文化亚区和海盐文化亚区。金陵文化区包括南京，淮扬文化区包括扬州、镇江和泰州，海盐文化区包括南通。学界所做的江苏省的文化区划将镇江的句容划入金陵文化亚区[①]，从文化的历史渊源看是科学的，但从文

① 孟召宜、苗长虹、沈正平、渠爱雪：《江苏省文化区的形成与划分研究》，《南京社会科学》2008年第12期。

化建设和行政区划角度看，我们还是将句容划入淮阳文化亚区，毕竟
对于江南如此大的地域，句容作为一个县级小文化单元，其差异性可
以忽略。

表 5 – 1   江南文化大区江淮文化区亚区划分

亚区	金陵文化亚区	淮阳文化亚区	海盐文化亚区
范围	南京	扬州、镇江、泰州	南通
文化中心	南京市区	扬州市区	南通市区

一 淮扬文化亚区

淮扬文化的形成变迁与运河的兴衰起伏息息相关。公元前486
年，吴王夫差为争霸中原，"城邗，沟通江淮"。后隋炀帝利用邗沟开
通大运河，镇江、扬州、淮安遂成为运河城市。凭借漕运、盐政、河
务三大要政之地利，镇江、扬州、淮安逐渐发展壮大。尤其是淮扬文
化中心扬州，春秋战国因运河而筑城；隋唐时期，因运河的开凿进入
鼎盛时期；北宋时期，处漕运要冲，得盐渔之利，再度成为中国东南
部的经济、文化中心；清代，康熙和乾隆多次"巡幸"，扬州再次鼎
盛。可以说，淮扬文化的发展，得益于运河，富裕于盐渔，发展于交
流，形成于融合，具有崇教尚文、清秀优雅、豪迈超俊、宽容大度的
文化性格和博大精深、兼容南北、雅俗共赏、刚柔相济的人文精神①。

（一）文化中心

淮扬文化亚区的中心是扬州。"扬州"的名称由来已久，最早记
载于史籍《尚书》中《禹贡》："淮、海惟扬州。""淮"指淮河，
"海"指东海。当时的扬州作为九州之一地域范围广大，大致包括现
在的江苏、上海、浙江、福建、安徽、江西等广大地区。自唐代开始
扬州专指现在的城市。不过历史上扬州府的范围包括现今的扬州、泰
州和南通，现今扬州的地域范围应该说是最小的。隋朝大运河开凿后
大运河沿线迅速繁荣，当时扬州成为仅次于长安和洛阳的全国第三大

① 安宇：《和谐社会的区域文化战略》，中国社会科学出版社2005年版，第59—
60页。

城市。此时以扬州为中心的淮扬文化初步形成，并成为在全国具有重要影响力的地域文化。

扬州城至今已有 2500 年历史，历史上的数度繁华使扬州积淀了深厚的文化底蕴，曾经长期发挥着巨大的文化影响力。西晋的"八王之乱"及随后的"永嘉之乱"造成了中原大量的难民南迁，由于长江流域土地广阔肥沃，社会相对安定，成为北人越淮渡江的首选之地。唐朝"安史之乱"后全国经济重心南移，扬州空前繁荣，成为全国第一大经济都会，唐朝诗人姚合有诗："江北烟光里，淮南胜事多。市廛持烛入，邻里漾船过。有地惟栽竹，无家不养鹅。春光荡城郭，满耳是笙歌。"便生动地描述了唐时期扬州作为一座繁华的运河城市的盛景。宋朝时期由于位处抗金、抗元的前线城区遭到极大破坏，至清初再次兴盛是因为清朝扬州是长江流域中部各省的食盐供给基地和南漕北运的流转中心。

扬州盐商是真正推动扬州城市精致文化发展的动力。清代的扬州，处于长江下游北岸且与大运河交汇，北通京城，南抵浙闽，东达大海，西通两湖，具有十分优越的地理区位条件。扬州盐商是清代最大的资本集团之一，两淮盐商将大量财富用于挥霍享受或从事文化事业，同时期扬州的书院、戏曲、园林、绘画、饮食等都达到顶峰。市场繁荣、资金充裕、工匠水平高等原因使得扬州自清朝一直延续下来了一种以休闲消费为目的，以精致生活为特色的市民文化。此时期的扬州园林、书画、戏曲和民间工艺都达到了极高的造诣。

由于扬州地处长江与大运河交汇处，以平原地形为主，因此自古每逢战事敌军特别容易长驱直入，遭受毁灭性灾难。多次毁城使扬州的历史文化遗产遭受巨大破坏，现存的地面建筑不多。以扬州的园林为例，历史上扬州园林曾经很有名，明清时期有说法"杭州以湖山胜，苏州以市肆胜，扬州以园林胜"。后来的太平天国运动时期太平军和清军在扬州附近展开了长达 11 年之久的拉锯战，太平军前后共三进三出扬州，在此期间，由于战争双方的攻略，扬州繁华的街市、书院、官宅、园林焚毁殆尽，因此记载中的扬州园林大多已荒废或消失，现保存完好的只有何园和个园，其余保留下来的已大量被其他建筑侵入，并不独立，已无法和苏州的园林相比。

有学者认为，扬州文化是由运河文化、园林文化、名人文化、美食文化、休闲文化等综合形成的以居家享乐为特色的市民文化，扬州运河文化是指因运河开凿而逐渐形成并发展的扬州区域性文化①。运河的开通，使扬州成为江淮交通枢纽，直接繁荣了扬州周围的市镇。同时扬州成为苏南、苏北文化的汇聚地，将苏南的文化传至苏北，也影响了苏南一些地区的文化。运河枢纽的地位使扬州成为一座移民城市，各阶层人士的汇集形成了扬州文化包容性、开放性的特点。扬州在明清时期造园艺术达到顶峰，园林数量众多，达到91处。相比于苏州园林，扬州园林集结成群，规模大、色彩艳、富贵气浓，更接近于北方园林的特点，反映出扬州盐商炫耀财力的意识，但也不缺精致，同样注重山水结合，并讲究实用性，以住宅作用为主。扬州多名人，是扬州文化的重要组成部分。这些名人或出生在扬州，或来过扬州，或对扬州作了突出的历史功绩，或留下了流芳千古的关于扬州的诗画作品，例如其中最有代表性的"扬州八怪"。扬州饮食文化是以扬州为中心的淮扬菜系，在我国饮食文化中占有重要地位。

扬州的精致和休闲体现在许多方面，如具有深厚历史积淀的民间戏曲、工艺制作、民俗等，都无一不体现着扬州的精致和休闲文化的浓厚。

（二）曲艺文化

淮阳文化亚区的曲艺是以扬州方言为基础的说唱艺术，其种类繁多，包括评话、弹词、清曲、道情、鼓书、香火、梨膏糖、讲经等。其中以扬州评话影响力最大，历史也最为悠久。扬州评话和弹词，俗称说书。扬州评话是地方韵味很浓的一类戏曲，始于明末，兴于清初，以生动口语讲述故事为形式。最突出的代表人物、评话名家是柳敬亭、王少堂，传统经典的评话书目有《隋唐》、《水浒》等。扬州评话书目题材大致可以分为六类：第一类是历史故事，兼评忠奸善恶；第二类是农民起义；第三类是民族英雄；第四类是清官义士；第

---

① 陈肖静：《扬州文化与旅游研究》，合肥工业大学出版社2007年版，第70页。

五类是以荒唐人物的故事针砭社会时弊；第六类是才子佳人。

扬州弹词又称扬州弦词，产生于明朝后期，与苏州弹词并称。在扬州、镇江一带广为流行，最初只有一人弹唱，乐器为三弦，因此得名弦词。后来发展为二人对唱，乐器为三弦和琵琶，演员自演自唱。在表演中三弦和琵琶的配合要求十分默契，演员以说表为主，弹唱为辅；叙事为主，代言为辅。张氏弹词是扬州弹词的主要流派，传承至今，已传五代，年逾百载。其曲调多采用昆腔，主要内容是讲家务事和儿女情。民间将扬州评话和弦词合称为说书，其中评话为"大书"，弦词为"小书"，区别在于评话单纯为说话，弦词又说又唱。

清曲在扬州一带很流行，最初产生于明代中叶，结合元代散曲的一些特征、江淮地区的一些民间曲目融合改造形成，是以扬州方言演唱的坐唱艺术。伴奏乐器较为丰富，以三胡、四胡、琵琶为主，另外还有弦子、月琴、横笛、扬琴等。

扬剧发源于扬州，成长于上海。以古老的扬州花鼓戏和苏北香火戏为基础，又吸收了扬州清曲和地方性民歌小调发展起来，原名淮扬文戏。

扬州道情是赞体道情的一个分支，用扬州方言说唱，唱腔为曲牌体，又称"踩街"。

扬州鼓书是由道情演化成的曲种。用弦乐伴奏，有专门曲调，这是它与北方鼓书的不同之处。鼓书艺人或露天作场，或走家串户，没有固定的演出场所。

（三）民间工艺

扬州工艺种类繁多，也以精致著称。其中最久负盛名的便是扬州八刻。扬州八刻指的是木刻、竹刻、石刻、砖刻、瓷刻、牙刻和刻纸、刻漆八种工艺。刀具是扬州八刻的主要工具，基本技法大体有五种，即浅刻、深刻、浮雕、镂空和微刻等。扬州八刻之中，尤以牙刻、竹刻闻名遐迩。牙刻、竹刻有深刻和浅刻之分。扬州民间艺人以微刻、浅刻见长。浅刻主要用于竹刻、牙刻、瓷刻、骨刻、发刻和金属刻等；浅刻的特点是技艺精细，虽在牙、竹上作书绘画，仿如用纸、绢一般，横竖撇捺，擦烘染，刀过如笔，纯熟流畅，一刻而就。

深刻主要用于砖刻、木刻和漆刻等；浮雕主要用于木刻、砖刻、石刻和漆刻等；镂空主要用于木刻、砖刻、石刻、瓜刻和纸刻等；微刻则用于牙刻、核刻和发刻等。微刻则字如蚊足，画似指甲，小中见大，神韵自然。

此外，扬州还是我国漆器和玉器的重要产地之一。扬州漆器的胎骨主要以木制为主，器型和种类繁多，用途很广，其装饰工艺主要有彩绘、针刻、贴金、金银嵌等。扬州的玉器品种繁多、花色齐全，主要分为炉瓶、人物、花鸟、走兽、仿古、山子雕六大类别。

扬州的民间剪纸也是我国剪纸流行最早的地区之一，扬州的民间刺绣和剪纸关系密切，往往是需要先画出图样，然后剪纸剪出花样后粘在面料上进行刺绣，所以旧时扬州人称剪纸的人为"剪花样子的"。扬州剪纸题材广泛，由于受刺绣影响较大，因此以花卉见长，样式清秀细腻、线条圆滑流畅。

（四）休闲文化

由于繁盛时期大量的消费需求、资金积累、好山好水、和谐社会和优秀民间工匠，使扬州自古便形成了一种以休闲消费为目的、以精致生活为特点的市民文化，"休闲"是扬州这座古城的主要性格，郑板桥有诗云："千家养女先教曲，十里栽花算种田"便描述了清时期的扬州人乐于享受的社会文化现象。与太湖水乡文化区的休闲文化类似，扬州的休闲文化也体现在茶社和沐浴这两方面。同样在扬州也流行着"上午皮包水，下午水包皮"的俗语，扬州人一般称茶肆为茶楼、茶社或茶坊。扬州城内外的浴室和茶馆鳞次栉比，适合有闲且有一定经济基础的阶层的需要。

扬州的茶肆主要分为荤茶肆、素茶肆和书茶肆，荤茶肆又卖茶水又卖菜肴，为茶客提供各色点心是茶肆的主要特色，荤茶肆对扬州点心的扬名具有重要推动作用。清茶肆顾名思义只卖茶水和糖果炒货等，不卖菜肴，主要提供了一个休闲交友的场所，是扬州茶肆的主要类型。书茶肆里的书场主要表演的是扬州弹词和扬州评话，不过现存的已经极少了。

好游乐、好节日庆典也是扬州市民文化的特征。扬州的传统佳节名目繁多，每到节日市民必出门游玩。由于盐商消费的刺激，追求休闲与享乐成为扬州文化的主旋律。据清李斗在《扬州画舫录》中的描述：

> 每年正月，必有盛集。画舫有市有会，春为梅花、桃花二市，夏为牡丹、芍药、荷花三市，秋为桂花、芙蓉二市。又正月财神会市，三月清明市，五月龙船市，六月观音香市，七月盂兰市，九月重阳市。每市，游人多，船价数倍。①

扬州市民休闲生活和居家享乐孕育出了扬州"三把刀"，是扬州市民文化的代表实物。扬州三把刀源于秦汉，盛于隋唐，后逐渐形成了系统性的文化。扬州三把刀有两层含义，一是指饮食、理发、沐浴三个行业所使用的刀具，即菜刀、理发刀、修脚刀，其工艺考究，质量优良；二是代表长期以来消费者对扬州饮食、理发、沐浴三个行业技艺的评价，扬州三把刀是明清以来以盐商阶层为主体的市民享乐生活的成果。

扬州沐浴文化已有两千多年历史，明清时期更是达到鼎盛，扬州的沐浴文化的突出特点是服务好，具有普遍性。在《扬州画舫录》中有详细的描述：

> 开明桥之"小蓬莱"，太平桥之"白玉池"，缺口门之"螺丝结顶"，徐宁门之"陶堂"，广储门之"白沙泉"，埂子上之"小山园"，北河下之"清缨泉"，东关之"广陵涛"，各极其盛……并以白石为池，方丈余，间为大小数格，其大者近镶水热，为大池。次者为中池。小而水不甚热者为娃娃池。贮衣之柜，环而列于厅事者为座箱，在两旁者为站箱。内通小室，谓之暖房。菜香酒碧之余，侍者折枝按摩，备极豪侈。……除夕浴谓之洗邋遢，

---

① 《扬州画舫录》卷十一《虹桥录下》。

端午谓之百草水。①

民国时期更有许多扬州人到上海开浴室，在上海具有很大影响力，这更加扩大了扬州浴室的影响。现在的扬州浴室多为家用浴室所取代，但是沐浴文化作为千年传承在淮扬地区仍影响很大。

扬州的理发业的兴旺在历史上可上溯到唐代，当时扬州已是繁华的商业城市，妇女的发型日益丰富，头饰梳理的技术要求越来越高，出现了大量专门从事梳理行业的人群。到了明朝后期出现了专门从事理发的固定店铺。清朝初期，清政府强令汉人剃发，因此需要大量理发人员，而逐渐地理发也从单一的剃头刮脸增加了推拿按摩、针刺急救、掏挖耳垢等。扬州理发师以刀法轻柔、塑造发型多样著称。扬州理发师的经营方式一般有三种，第一种是挑担设点，担子的一头是坐凳，另一头是面盆架和工具盒，这种方式多在城市的一些热闹场所经营，可以随时停下设点，价格较为便宜，现在也多有见到。第二种是夹包或拎箱子的，里面是理发用具，上门服务，这种方式在农村较多。第三种是设固定门面的理发店，现代的这类理发店的标志一般都是在门口悬挂一根半米多长的旋转彩棒。

二　海盐文化亚区

海盐文化亚区的文化中心是南通。南通是全国十大港口之一，是由长江北岸古沙嘴不断延伸、合并而成的冲积平原，南临长江、东抵黄海，有"据江海之会、扼南北之喉"的说法。海盐文化亚区毗邻黄海，按理应当形成浓厚的海洋文化气息，但事实上并非如此。历史上海盐文化亚区只在沿海及港口借港口与舟楫之利，发展近海捕捞为主的渔业，其他海洋经济并未得到大的发展，与江南文化区的南部浙江相比，甚至可以说海洋文化和海洋经济很不发达。之所以这样，主要原因有三：一是海盐文化亚区濒临的黄海渔业资源远不如南部东海丰富；二是岸线多为泥沙淤塞海岸，港口和岸线资源缺乏；三是海盐文

_____

① 《扬州画舫录》卷一《草河录上》。

化亚区所在区域土地资源丰富、土壤肥沃、水热条件好、人口密度不高，在这样人地关系宽松的环境下，选择风险较小而收益有保障的农业经济而不是海洋渔业经济就理所当然了。因此，江苏没有形成典型的海洋文化，而具有海陆过渡性的双重特征，兼具海洋文化中的拼搏精神和大陆文化中的勤劳节俭是其优点；海洋文化中的冒险精神和开放性格不足，而大陆文化的封闭性和保守性有余是其缺点①。

由于地理区位的特殊，南通的文化呈现出明显的过渡性，上海的海派文化、扬州的淮阳文化、太湖地区的吴文化对南通都有较大影响。最显著的便是南通复杂的方言结构体系。

南通是江苏省乃至整个江南地区方言最为复杂的地区之一，往往一个县内就有多种方言。这主要是因为南通的人口中移民占有很大比例，由移民带来的各地方言形成了南通复杂的方言现状。南通市东南西北方向说的话也有发音上的偏差。甚至语法上也有不同的地方。南通西部、北部的海安、如皋以及如东的大部分地区的方言属于江淮官话泰如片。南通市区及南通市的部分市郊的方言南通话，也常被归入江淮官话泰如片，但和前者根本无法交流（故也有人认为应该单独成片）。通州主要说另外两种吴语——通东话（启海人称江北话）和金沙话，其中金沙话是通东话和江淮官话南通话的过渡方言，和其他两种吴语也很难交流。东部启东海门的南部以及如东的部分东部沿海地区主要说属于吴语苏沪嘉小片的启海话（本地称沙地话）。启东海门的北部和通州一部分地区说通东话。通东话被归入吴语毗陵小片，是南通东部最初的方言的继承者。

南通话的形成和发展目前还没有权威论述，通东话和启海话被认为是由不同时期的江南拓荒移民带来的。因此，在上述各种方言交汇的地区，一个人会三种以上方言，交流中使用对方方言母语的情形并不罕见。

南通由于成陆时间较晚，其文化遗存相比淮扬文化亚区和金陵文

---

① 孟召宜、苗长虹、沈正平、渠爱雪：《江苏省文化区的形成与划分研究》，《南京社会科学》2008 年第 12 期。

化亚区较为单薄，往往处于一种附属地位，依托于周围几个文化区。

南通的饮食总体上以淮扬菜为主，不过由于江海兼具，因此淡水、海水产品十分丰富，食材为淡水、海水产品兼备，这是南通饮食的最大特色。南通的海鲜菜中以南黄海滩涂盛产的文蛤为最大特色，有"天下第一鲜"的美誉，为古时贡品。

三　亚区间饮食文化的比较

江淮文化区中的淮阳文化亚区、金陵文化亚区和海盐文化亚区三个亚区的饮食文化差异明显，分别属于不同的菜系，是划分亚区体系的最重要的判别因子。金陵文化亚区内为金陵风味，淮扬文化亚区为淮扬风味，海盐文化亚区为徐海风味。

（一）淮扬饮食

淮扬菜发源地为扬州，以此为中心向外扩散和传播，影响地域较广，南起镇江北至两淮，东至启东，以京杭运河为主干，也称淮扬菜或扬州菜。扬州、泰州和镇江都是典型的淮扬风味饮食文化区，淮扬风味的特点是咸甜适口、选料严谨、主料突出、强调本味，讲究刀工和火候，擅长焖炖煨焐，色调淡雅、造型新颖，适宜人群较广、南北皆宜。以江鲜、鸡肴最为著名，面点小吃品种繁多、制作精美。

淮扬菜历史悠久，作为一个菜系的形成有其特殊条件。首先，从地理区位上看，扬州属于亚热带季风气候，境内无高山峻岭，且四季分明、气候温和，是一个鱼米之乡。长江、淮河两大水系以及境内众多的湖泊、湿地和水荡带来了丰富的淡水水鲜。而消费环境的刺激起根本作用。第一是盐商的消费刺激，扬州盐商大都对饮食考究，讲究场面的盛大、环境的优雅、菜肴的奇特、选材的精细、器皿的精美，这便带动了整个淮扬菜向注重刀工口味又强调美观的方向发展；第二是文人的推动，扬州多文人墨客，中国文人历来喜欢聚宴聚社，诗文酒会的推动使淮扬菜更加向高雅艺术化方向发展；第三是多次清代帝王的南巡，推动了淮扬厨师的高水平化，以满足帝王饮食需求；第四是扬州商业的竞争，由于城市的繁荣使得街市店铺众多，饭店间的竞争和厨艺的交流使得淮扬菜在竞争中不断得到发展。

曾为宫廷菜，开国大典招待会上的"开国第一宴"便是以淮扬菜为主，目前国宴中的大多数菜肴仍属于淮扬菜，因此，淮扬菜亦称国菜，在整个苏菜系中占主导地位。这与扬州自古以来作为南北水路交通枢纽、盐漕两运，是重要的物资集散中心是密不可分的，加之气候宜人、物产丰富、流动人口众多和繁荣的市场动力使得淮扬菜在唐朝便形成了一个菜系而存在和发展下来。

与南京菜相比，淮扬菜对整个江南饮食乃至国内外饮食有过较大影响，影响地域较广，并不仅限于一座城市。而与长江南岸的苏锡菜和杭帮菜相比，淮扬菜特色明显，苏州菜偏甜，淮扬菜清淡适中。在点心小吃方面，苏锡菜以糕团类最为出名，其糕团用料广泛、造型精美、口味丰富、工艺精细，淮扬点心则以发酵面点、烫面点和油酥面点出名。除此之外，淮扬菜菜品繁多、自成菜系。如著名的"镇扬三头"便有扒烧整猪头、清炖蟹粉狮子头、拆烩鲢鱼头，以及三套鸭、煮干丝、文思豆腐、扬州炒饭等名菜，还有千层油糕、三丁包子、五丁包子、翡翠烧卖等名点小吃。场面盛大的有满汉全席、红楼宴、三头宴、鉴真素宴、清真宴等。同时淮扬菜极重创新，板桥宴、梅兰宴等新颖宴席菜式不断。

与苏州菜类似，淮扬的家常菜也非常注重节令性，原料以当地出产为主，菜品样式也非常丰富，如春季的春笋烧刀鱼、韭菜炒螺蛳，夏季的丝瓜豆腐汤，秋季的茭白炒肉丝、螃蟹斩肉，冬季的老鸭汤、羊糕等都是扬州的典型家常菜。同时淮扬家常菜制作水平较高，以清鲜淡雅、咸甜适中为主，例如"镇扬三头"之一的狮子头，许多普通人家都会烧制，而且技艺也不亚于餐馆水平。且这款名菜更随四季变化选材不同，春季做河鲜芽笋狮子头，秋季做蟹粉狮子头，冬季做芽菜风鸡狮子头，春秋宜清炖，冬季宜红焖。淮扬家常饮食也非常注重与民俗节庆相结合，最有名的便是扬州端午节时吃烧黄鱼、烧牛肉、炒虾、炒红苋菜、炒鳝鱼、烧仔鹅、咸鸭蛋、杨花萝卜等十二种带"红色"的菜肴、水果，极具民俗风情。

从文化品位上看，淮扬菜格调较为高雅，像欧阳修、苏轼、孔尚任等历代文人的介入对淮扬菜的文化品位方面起到了关键的推波助澜的作用，关于淮扬菜的诗篇多达几百篇，主要描写食材、菜点、宴席、厨艺、酒楼、食俗、食史等方面。历史上，文人墨客对扬州菜的评价较高，张起钧先生在《烹调原理》一书中对"淮扬菜"有高度评价：

> 假如山东菜占个"贵"字，则淮扬菜就占个"富"字……到后来又加上盐商的云集于此，更加锦上添花。盐商之富，生活之豪华，致使下江南的乾隆皇帝为之咋舌。这种盛况到了近代，由于海运开，上海取代了长江吞吐口的地位，第二由于津浦铁路修成而废了运河航运的价值，乃使扬州衰落，无复当年之盛。但一千四百年的繁华，终使扬州成为南方生活享受的中心，它的菜成为南方菜的代表。淮扬菜在盛时，究竟怎么个样子，那时盐商们吃的些什么，我们今日已无从知悉。但从流风余韵影响到一般人民日常生活享用的面点来看，其细致精美，实非全国其他各地所能及。即以菜品中的扬州狮子头、炒鳝糊等，不过是普通菜而已，而其味之佳，其技之高，已可窥见一斑。再者今日广东盛行"饮茶"之风，实则在茶馆吃点心，恐怕要上溯扬州之高风吧！①

新中国成立后的淮扬菜发展迅速，影响极大，成为国内菜系的重要流派。以扬州为中心的淮扬菜地区更是国内先进的烹饪教育基地。《人民日报》曾有过相关描述：

> 令扬州人骄傲的是，只有 50 万人口的小小扬州城，却是全国最大的烹饪教育基地，目前共有烹饪院校 6 所，是全国第一个办烹饪学院的城市。它还有 3 所烹饪培训中心，每年培养大专以上烹饪学员 300 人，中专学员 800 人，源源不断地向全国各地输送烹饪教育与工艺人才。②

---

① 张起钧：《烹调原理》，中国商业出版社 1985 年版，第 169 页。
② 孟晓云：《特色扬州》，《人民日报·海外版》2002 年 5 月 9 日。

相比于长江以南的以苏州菜为代表的太湖菜，两地的饮食风味差异明显，淮扬菜咸甜适中，而苏州菜趋甜。这与两地的地理区位有很大关系，扬州地处南北要冲，在历史上多次受北方中原文化的影响，因此容易吸取北咸南甜的特点，形成自身咸甜适中的特点。苏州地处江南，受北方影响相对较小，因而趋甜的特色便保留了下来。

（二）金陵饮食

南京以金陵风味为主，又称京苏大菜。其特点是滋味平和、醇正适口，尤其以烹制鸭菜著名，一千多年前鸭已成金陵美食，颇具盛名的有"金陵三叉"（叉烤鸭、叉烤鳜鱼、叉烤乳猪）、南京桂花盐水鸭、鸭血粉丝汤等。此外，清真菜在南京也颇具地方特色。这是由于金元以来，伊斯兰教徒到南京者甚多，南京菜又受清真菜的影响。相比于太湖苏杭风味口味偏甜的饮食，金陵风味和淮扬风味咸甜适中，因此适应面较广。不过，与京、沪相似，南京长期作为全省乃至全国的政治文化中心，以及陆路和水路的交通运输枢纽，各地的风味菜都在此汇聚，菜肴品种繁多，兼容并蓄，因而深深影响着南京本地菜的风味。在这样的背景下，南京即使有一些独具特色的菜肴，但是并不能形成系统的、具有辐射性影响力、易于归类的菜系。同样，我国的政治、经济、文化中心北京和上海的地方菜肴也并未形成有影响力的菜系。

第六章

浙东南海洋文化区

　　海洋文化就是和海洋有关的文化，就是缘于海洋而生成的文化，也即人类对海洋本身的认识、利用和因有海洋而创造出来的精神的、行为的、社会的和物质的文明生活内涵。海洋文化的本质，就是人类与海洋的互动关系及其产物①。人类文明是由大陆文化和海洋文化共同构成的，海洋文化与大陆文化是相互影响、相互融合、相互促进的。普遍认为浙东南地区位于长江三角洲南翼，涵盖浙江省内的宁波、温州、台州、舟山和绍兴五市。而本研究所指浙东南海洋文化区则包含现浙江省宁波市、温州市、台州市、舟山等沿海地区，这四个地区是最能体现江南的海洋文化的区域。

第一节　浙东南海洋文化区特征

　　浙东南地区顺着浙江省地势呈西南高东北低趋势，四明山—天台山—括苍山—雁荡山耸立于西南，东北部及东部濒临东海，海岸线绵长。由于本区域海岸多为岩质，所以拥有众多优良港湾，在浙江省5个一类开放口岸中，宁波、舟山、温州、海门四港均为浙东南地区港口，这为航海事业的发展创造了极为有利的条件。又由于本区西南部多山的阻隔且河流急促、舟楫少通，故历史上本区域与内陆的交流颇多不便，从而迫使人们倾向于海上交流，这使得本区域的文化呈现外向型的海洋文化特征。

---

① 曲金良：《海洋文化概论》，青岛海洋大学出版社1999年版。

一　浙东南的越人与越文化

越文化的发源地和中心在绍兴，越文化的发源地虽不在浙东南温州、台州、宁波和舟山沿海地区，但越文化是浙东南沿海地区区域文化发展与演化的基础，古越人就是今浙东南海洋文化区的原住先民。越文化是吴越文化的重要组成部分，吴越文化起源于长江下游地区。距今约8000年的浙江杭州跨湖桥遗址发现了大批的彩陶残片，仅复原的就有150多件，无论在数量上还是陶器的质量上都远远超过了河姆渡遗址，而且陶器壁层匀薄、造型圆润，竟然使用了慢轮制陶技术，而7000年前河姆渡人的制陶，仍然是百分之百的手工制作。此外，遗址中还发现了黑陶器皿，制作黑陶需要较高的窑温，技术难度大，河姆渡文化中未曾发现。还发现了稻谷、骨耜（一直认为骨耜的功能类似后世的铲，是翻土农具，最近有专家提出它是平整土地和除草、壅土的工具）①，表明当时已摆脱了"刀耕火种"的原始阶段，开始进入"耜耕阶段"。另外，发现一枚骨针，最大直径2毫米，针孔直径更小于1毫米，采用双面钻孔技术，较之河姆渡文化的单面钻孔自然技高一筹②。此遗址所代表的文化称为"跨湖桥文化"。该文化的命名，意味着它将与河姆渡文化、马家浜文化、崧泽文化、良渚文化等史前文化并驾齐驱，成为江南地区南部区域目前年代最早的考古文化概念。但它却比更晚期的文化要先进，究其原因，跨湖桥考古队负责人王屹峰认为，新石器时代地广人稀，自给自足相对容易，加之工具落后，所以人类的活动半径非常小，往往一条河流、一座山脉，就让近在咫尺的原始部落"如隔三界"。因此证明浙东南的文明史并非原来所认识的史前文化格局，而是由多个源流谱系组成的，该遗址的发现为研究整个江南地区乃至长江流域的文化提供了重要线索，具有重大的文化价值。

广义上讲，越文化最远可追溯到以绍兴为中心的区域有人类产生

---

①　段宝林、江溶：《山水中国》，北京大学出版社。

②　诸巍、于靓：《文明比河姆渡又早一千年——跨湖桥遗址发掘实录》，《中国地名》2002年第4期。

的考古时期，包括以上所述的河姆渡文化等。但这里主要阐述狭义上的越文化，即春秋战国时期的越文化。越是一个僻居中国东南沿海一隅的古老部族，是以宁波—绍兴—杭州一带为核心地域①。

假轮虫（pseudorotalia）海退时期（距今 2.5 万年），越人活动于今宁绍平原，当时宁绍平原是一片广大的平原，东缘的今舟山群岛与平原毗连，舟山群岛以东还有大片陆地。越部落在这里从事耕作和渔猎。从宁绍平原南缘的河姆渡遗址文化层中出土的碳化谷物分析，学术界普遍认为越人在当时已经有了较高的文化水平。

卷转虫（ammonia）海进从全新世之初开始（距今约 1.2 万年），海面不断升高，开始是今舟山群岛以东的陆地没于海水，接着是舟山群岛与大陆的分离。随着是宁绍平原环境的逐渐恶化，潮汐侵袭沿海，倒灌内河，土壤盐渍化，收成减少。海进最高峰时（距今 7000—6000 年），今宁绍平原和钱塘江流域的其他平原均为一片"卷转虫海"所淹没。20 世纪 70 年代这一带挖掘所谓"人防工程"，在大约 −12 米高程处，出现了大量的牡蛎壳，即是这次海进的物证。在这整个过程中，越人不断流散，离开肥沃的故土。其中一部分人先后离开不断缩小的陆地，依靠一些原始的航行工具漂洋过海。南到越南，东到日本，这些地方至今都还有许多冠以"越"字的地名。还有走得更远的，甚至有可能横过太平洋。《史前漂流太平洋的越人》一文中，对这方面有详细的记述。留在宁绍平原上的越人，一部分跨越今杭州湾移往今浙西、苏南的丘陵地带，另一部分则随着海水的南进而不断南移，河姆渡即是他们南移过程中的最后一批聚落之一。海水最后到达会稽、四明诸山以北的山麓线，这批越人被迫进入山区。《越绝书》称这批进入浙东山区的越人为"内越"，即此后我们指的越人，称那些漂洋出海或留在附近岛屿上的越人为"外越"或"东海外越"。

进入山区的越人，其生产和生活当然都不能与平原时代相比。所谓"随陵陆而耕种，或逐禽鹿而给食"。借刀耕火种的迁徙农业和狩

---

① 陈修颖、孙燕、许卫卫：《钱塘江流域人口迁移与城镇发展史》，中国社会科学出版社 2009 年版，第 6 页。

猎业以谋求部族的生存。由于口口相传，越人的历代都知道他们早先生活在一片富庶的平原上，而现在这片平原已被海水所吞噬。他们希望有一位神明，驱走海水，让他们回到祖辈生活的平原上去，于是产生了禹的神话。再加上越地滨江临海，全境多为草泽丘陵。山洪、潮汐与出没林莽、湖泽间的虫蛇兽类，相继侵袭，"越人断发文身，以避蛟龙之去"。原始习俗折射出他们生存环境的艰险。那时的气温较今日为高，越地当属于亚热带，气候湿热，疫疠时作，以致如《汉书·地理志》（第八）所称："江南卑湿，丈夫多夭。"人口稀少，环境恶劣，使越地开发远落后于中原地区。夏少康封其庶子无余来到这里，以奉禹祠，其时这里仍是一片殊域蛮方的荒服之地。《吴越春秋》（卷六）载："余始受封，人民山居，虽有鸟田之利，租贡才给宗庙祭祀之费。乃复随陵陆而耕种，或逐禽兽而给食。"大体属于一种狩猎与迁徙农业相混并存的经济形态。所谓"鸟田"，乃鸟群啄食野地荒草，"壤靡泥易，人随种之"是一种极为原始粗放的耕作方式①。越人在条件艰难的山区居住了几千年，《吴越春秋》卷四把这段漫长的时间总称为"人民山居"。山居的条件是很艰难的，即使是部族酋长驻地，如《吴越春秋》卷四所说："不设宫室之饰。"在中原国家眼里，越一直是未曾开化的夷狄之邦，直到越王句践，亦复如此。仍有所谓"越王句践，东垂海滨，夷狄文身"之说。就连句践自己也并不否认。《越绝书》卷七记载他对外国来使言："此乃僻陋之邦，蛮夷之民也。"《荀子·儒效》称："居越而越，居夏而夏。"严格将越排除在夏文化圈之外，二者的界线是不容模糊的，正像后世"夷夏之辨"中"夷夏"的界线不容模糊一样。

但越人神话中的禹，最后果然拯救了这个部族，距今约 5000 年，海退开始了。会稽山以北，逐渐显露出陆地，越人陆续移入北麓冲积扇地带进行垦殖，生产有了发展，越人对外的交流也增加了，所以出现了前述《竹书纪年》在周成王二十四年"于越来宾"的记载。从此以后，越部族进入了它的文明时期，在不少文献中有了记载。

---

① 顾琅川：《古越文化精神研究》，《绍兴文理学院学报》2004 年第 5 期，第 44 页。

　　春秋时期，因为海退而出现于会稽山北麓的大片沼泽平原，越人已经纷纷出山去找寻比较干燥的土地从事垦殖，勾践才得以把他的国都向北迁移。这就是《越绝书》卷八所说的："句践徙治山北。"据清毛奇龄的考证，勾践的新都在平水附近的平阳，说明已经到达了稽北丘陵的冲积扇附近。"人民山居"时期代代相传的神禹，终于拯救了他们，让他们重返祖辈的家园。只是会稽山北的实际情况和他们在山中的传说并不一样，他们祖辈的家园并不像传说中的那样富庶肥沃，而是一片潮汐直薄、咸水横流的沼泽地。神禹为他们驱走了洪水，但他们获得的却是一片泥泞沮洳的土地。越人回到平原以后必须先把沼泽地的积水疏导入海。随着越族势力的逐渐强盛，其统治领域扩展到钱塘江以南，从上游到下游，并包括今浙东的其他地区，最重要的中心是今绍兴一带。在它势力强盛时，钱塘江以北，也占有一部分地方，因而就和位于今苏南、浙北的句吴发生疆界纠纷，常常引起战争，两国之间根据《春秋》经传记载的战争有下列6次，其中除了一次是于越参与其他大国伐吴外，其余5次，都是于越和句吴两国之间的战争（表6-1）。

表6-1　　　　　　　　　　　春秋时期的吴越战争

经传名称	经传年代	公历	经传原文
春秋	昭公五年	前537	冬，楚子，蔡侯……徐人、越人伐吴。
春秋	昭公三十二年	前510	夏，吴伐越。
春秋	定公五年	前505	于越入吴。
公羊	定公十四年	前496	五月，于越败吴于醉李。
春秋	哀公五年	前494	吴王夫差败越于夫椒，报樆李也，遂入越，越王以甲楯五千，保于会稽。
左传	哀公二十二年	前473	冬十一月，丁卯，越灭吴。

　　公元前494年，阖闾的儿子吴王夫差击溃越军，直入越地，包围了会稽山。勾践只好屈膝求和，其夫妇作为人质。由范蠡大夫陪同去到吴国都吴（今苏州）忍受屈辱的囚奴生活。在范蠡的策划下，一心图北上称霸的夫差，终于在勾践七年（前490）释放了勾践。于是勾

践返回越国，当年就在今绍兴城建立他的新都城。这个新城利用今府山南麓兴建，称为山阴小城，《越绝书》卷八有详细记载。小城建立以后，接着又兴建大城，基本上奠立了以后会稽郡城和绍兴府城的规模。

越王勾践因战败而不得不臣服于吴国后，立志发愤图强，卧薪尝胆，谋求复仇雪耻，即所谓"十年生聚，十年教训"的计划。为此，他采取了一系列旨在发展经济以实现富国强兵的政策。如在政治上礼贤下士，广罗人才，"折节下贤人，厚遇宾客"，"其达士，洁其居，美其服，饱其食，而摩厉之于义，四方之上来者必庙礼之"。同时，革新政治，稳定民心，"内修其德，外布其道"、"去民之所恶，补民之不足"，"缓刑薄罚，省其敛赋"，以致"十年不收于国，民俱有三年之食"。为增加人口，又大力奖励生育，规定：

> 令壮者无娶老妇，令老者无娶壮妻；女子十七不嫁，其父母有罪；丈夫二十不娶，其父母有罪；将免（娩）者以告，公今医守之；生丈夫，二壶酒，一犬；生女子，二壶酒，一豚；生三人，公与之母；生二人，公与之饩。

在经济上，勾践广修水利，兴筑海塘。仅见于《越绝书·外传记地传》中记载的较大的水利工程有：

> 富中大塘者，句践治以为义田，为肥饶，谓之富中。
> 练塘者，句践时采锡山为炭，称炭聚，载从炭渎至练塘，各因事名之。
> 因为民治田塘，长千五百三十三步。
> 句践已灭吴，使吴人筑吴塘，东西千步，名辟首，后因以为名曰塘。

此外，勾践还以身作则，"身自耕作，夫人自织，食不加肉，衣不重采"，甚至一度"非其身之所种则不食，非其夫人之所织则不衣"。

在这种努力下，越国的社会经济有了长足的发展。如在农业方面，耕作技术不断进步，不仅出现了大量有着系统的水利设施的"畷田"，而且开始广泛使用青铜制生产工具，铁制工具亦已出现。1949 年以后，人们在绍兴等地的越国遗址中陆续发掘出了大批青铜制和铁制器具，其中就有不少犁、锄、镰、斧等农业生产工具。在此基础上，粮食产量也不断提高。史载勾践一次就还吴国万石稻谷。吴王夫差不禁赞叹说："越地肥沃，其种甚嘉。"在手工业方面，越国的冶炼、造船、织布、制陶等行业都相当发达。近二三十年来，考古工作者已发现了多处越国冶炼遗址，规模都颇为可观。有关史籍中也有不少这方面的记载。如《庄子·刻意》云："夫有于越之剑者，柙而藏之，不敢用也，宝之至也。"《周礼·考工记》云："吴粤（越）之剑，迁乎其地而弗能为良，地气然也。"越国地处江南河湖泊泽密布地带，其人民向"以船为车，以楫为马"。勾践出于军事上的需要又大力发展造船业。史称越国所造的船，"大翼一艘广一丈六尺，长十二丈；中翼一艘广一丈三尺五寸，长九丈六尺；小翼一艘广一丈二尺，长五丈六尺"。勾践争霸中原时，曾"从琅琊起观台，以望东海，死士八千人，戈船三百艘"，其造船业之发达由此可见一斑。越国的纺织业主要以绮罗、纱葛为主，产量相当大。为取悦吴王，勾践曾一次就进贡葛布 10 万匹。随着让会经济的发展，越国的人口也在不断增加。据《吴越春秋》和《史记》记载，公元前 481 年，勾践发"习流二千人，俊士四万人，君子六千人，诸御千人"伐吴。按每户出一人计算，则当时越国已有近 5 万户。若以每户 5 人计，其总人口当在 20 万人以上。据史料记载，当时越国的影响力不仅限于大江南北、黄河上下，而且涉及朝鲜半岛、日本列岛和东南亚地区。可见，越国的国力有了很大的增强[①]。从近年来的考古发现也证明了这一点，印山越王陵即越王勾践之父的陵墓，就以巨大的墓坑、形制奇特而豪华的木椁、构筑缜密防腐设

---

① 车越乔、陈桥驿：《绍兴历史地理》，上海书店出版社 2001 年版，第 3—9 页。

施而轰动一时。总之，越国社会经济的发展和人口的增加，为此期钱塘江流域城市的产生奠定了坚实的基础。当然，"人民山居"的漫长时代也画上句号①。到了勾践在位的第二十四年（前473），利用夫差北上称霸的机会，一举击败吴军，覆灭句吴。其势力范围北抵山东，南入闽台，东到大海，西达皖南、赣东，是中国古代东南沿海一个强盛的大国。与大国诸侯角逐中原，并且得到周王朝的承认。

　　勾践在位的第二十五年（前472），迁都琅琊。迁都以后，绍兴虽然已不是越都，但仍是越族的经济中心和部族中心。越国建都琅琊以后，延续了至少达二百数十年之久。这段时期中，故都大越（绍兴）的情况缺乏记载。越国的最后一代君王无疆（或作无疆）伐楚，大败，为楚人所杀。时在周显王三十五年（前334）。据《史记·越世家》所载，楚"尽取故吴地至浙江"。《资治通鉴》亦载，楚"乘胜尽取吴故地，东至于浙江。越以此散，请公族争立，或为王，或为君，滨于海上"。从《越世家》和《通鉴》所载，楚国当时所占领的是"故吴地"（《通鉴》作"吴故地"）。"（东）至于浙江"。从现在来说，即楚国所占的土地只达钱塘江以北，钱塘江以南的故越地仍为越人所有。其地位处境，如《越世家》和《通鉴》所载"服朝于楚"（《通鉴》作"朝服于楚"。但从另外一些文献所记判断，钱塘以南的越人，仍在称王的部族领袖领导之下，并且还有相当充裕的实力。按《水经·河水注》引古本《竹书纪年》，魏襄王七年（前312）："四月，越王使公师隅来献乘舟，始罔及舟三百，箭五百万，犀角、象齿焉（今本《竹书》基本相同）。"当时距越王无疆被杀不过20多年，在无疆溃败后不久，就能以这样一大批物资远送北方，这显然是以绍兴为中心的越故地的力量。说明越国都北迁以后，故都大越城及其附近地区，仍是越族经济中心和部族中心②。

---

① 陈国灿、奚建华：《浙江古代城镇史研究》，安徽大学出版社2000年版，第34—40页。

② 车越乔、陈桥驿：《绍兴历史地理》，上海书店出版社2001年版，第3—9页。

二　浙东南文化特色：海神信仰

（一）海神信仰产生的地理环境

浙江东部与太平洋相邻，面向东海，海岸线曲折漫长，海岛众多，浙江的陆地西高东低，众多河流由西向东汇入海洋，这样的自然地理环境决定了浙东文化的海洋性特征。

浙东海岸线北起平湖金丝娘桥，南至苍南县的虎头鼻，海岸线长达2200多千米，沿海岛屿星罗棋布，共有三千多个岛屿，约占全国岛屿总数的三分之一，沿海分别有钱塘江、瓯江、曹娥江、灵江、东苕溪、飞云江、甬江、敖江八大水系的入海口，与浙八大水系相连的内陆有大量湖泊和人造水体。可见，浙东区域文化与水是密不可分的，最后万川入海，水及水环境是浙东文化孕育的温床。因此，浙东文化具有海洋文化的典型特征。最能代表浙东海洋文化的是海神信仰。

最早关于浙东海神信仰记述的是《大荒东经》，"东海之渚中，有神，人人面鸟身，珥两黄蛇，名曰禺"[①]。这恐怕是对浙东海神信仰最早的记叙，只是那时还是一个比较模糊的概念，具体模样，恐怕无人知晓。随后，出现了东海龙王信仰，其在浙东海岛渔民心中以及整个海神信仰谱系中占有十分重要的位置。东海龙王信仰改变了远古时代人面鸟身的原始海神信仰，中国有龙崇拜的王权思想，与此同时，印度佛教于西汉末年传入中国，佛教中许多经典都有关于龙王的传说，如《大乘佛》中有藏龙之说；《法华经》中有龙女传说……到了唐宋年间，东海龙王神格升高，得到了朝廷的推崇[②]。舟山海龙王信仰的鼎盛时期是在清明年间。据清朝光绪年间编纂的《定海县志》所载，在舟山各地的众多庙宇中，龙王宫占了相当大的比重，祭祀活动也十分频繁。然而，在海岛渔民的心目中，对海神龙王的信仰有着复杂的心情，一方面由于龙王能呼风唤雨，又象征着权势，渔民崇拜；另一

---

① 袁珂译注：《山海经全译》卷十四，贵州人民出版社1991年版，第12页。

② 舟山政协文史委员会、嵊泗政协文史资料委员会：《舟山海洋龙文化》，海洋出版社1999年版。

方面龙王又能在海上兴风作浪，威胁着渔民们的安全，因此又有一定的恐惧、憎恨的心理掺杂其中，十分矛盾。至今在浙东沿海地区，许多龙宫、龙王庙还保存着，民间对龙王的寿诞和出巡亦十分重视。另外，渔民在鱼汛来临之前以及丰收谢洋时都会举行隆重的祭龙王活动，"供、请、祭、谢"，四个环节缺一不可。随着时间的推移，浙东这片海域上又出现了新的海神，作为佛教信仰的女神观音，目前比海龙王信仰更胜，尤其是在舟山一带更为明显。观音本是一位受人敬仰的民间神，她救苦救难，怀有慈悲心，拯救苍生，特别是对于海岛渔民来说，她能救他们于风口浪尖处，原为"善男子"，到了南北朝时期，逐渐转化为女性，在中国本土上发展、演变，于唐朝最终定型，成为我国本土神。她有求必应、无所不在，为无数东海渔民出海捕鱼照亮了前方的路，观音道场普陀山也成为了无数东海渔民心中的神圣之地。

　　与观音同样具有女性魅力的另一位海神妈祖，其发源地在福建湄洲，据《闽书》记载，妈祖姓林名默，福建省莆田市湄洲岛人①。她死后转化为神，多次帮助人们逢凶化吉，海上渔民在危难之时施以援手，多次显灵，至今在渔民心中已有了神圣不可替代的位置，舟山群岛很多岛屿都有天后宫，位于台州的玉环岛与福建近邻，天后宫也不胜枚举。海神妈祖信仰不同于龙王、观音信仰，她是一位俗神，海岛人自己的女儿，更显亲切。妈祖在浙东海岛的兴起，主要是其地理因素，浙江洞头、玉环诸岛，临近福建，更有许多先祖是由福建移民过来的，舟山群岛虽然在地理位置上远离福建，但舟山渔场在整个东海中具有举足轻重的地位，每年都要吸引众多的福建渔民聚集于此，因此，妈祖信仰在渔民中流传开来，渔民上岸后便在岛上修建妈祖宫，以便祭祀。

　　另外，在浙东海岛渔区，鱼神、网神、礁神、岛神等各路海神不计其数，种类繁多，凡是与海有关，与出海捕鱼有丝丝联系的都有可

① 刘大可：《女性与民间信仰——文献记载与田野调查相结合的研究》，中国社会学会 2007 年年会"社会建设与女性发展"论坛，2007 年，第 24 页。

能会被冠以海神的称谓。总体来说，浙东海神信仰发展经历了原始海神、海龙王、观音、妈祖以及其他海洋神灵，各路海神相互吸引、整合、发展、衍变，形成了强大的体系，为出海捕鱼、海上贸易的渔民渔商们提供心灵上的慰藉①。

表6-2　　　　　　　浙东部分沿海地区海神信仰庙分布情况

地域	海神庙	妈祖庙	龙王庙	其他	合计
鄞县	7	2	2	3	14
慈溪	17	3	3	11	34
象山	54	11	9	34	108
镇海	38	15	6	17	76
定海	65	47	16	2	130
合计	181	78	36	67	362

数据来源：郑衡泌：《以祠神为纽带和标志的迁移人群的地方认同和融合》。

（二）浙东主要海神信仰

从宗教信仰的类别上看，浙东南海洋文化区的地方性宗教信仰以海洋神灵为主。在这一地区，由于每年的台风影响，海水易倒灌，造成潮灾，给民众生命财产造成巨大损失，如南宋乾道年间（1166年）"八月丁亥，温州大风，海溢，漂民庐"②。由于对潮灾以及海难的恐惧，这些地区的海神信仰非常发达。从分布上看，宁波受到太湖地区的宗教影响较大，温州受到福建的影响较大，台州介于两者之间。浙东海岛渔区海域面积大，从事海上捕捞、贸易等海事活动的参与者数目庞大，海神信仰也深深扎根于渔民的日常生活中，岛上可见各种祭祀场所，寺院宫庙一应俱全，甚至还有某一块礁石，某一块墓碑都可能是渔民们心目中的偶像。浙东海神信仰主要是海龙王信仰、妈祖信仰、观音信仰等分布区域广泛的"大神"信仰，各地还有大量的地方性"小神"信仰。

1. 平水大王

宁波南部以及温台地区的海神主要是平水大王，平水大王的庙宇

① 张莉：《浙东海岛渔区海神信仰研究》，硕士论文，2014年，第5页。
② 《宋史》卷六十一，中华书局1977年版，第1330页。

主要分布在温州、台州、宁波南部
以及丽水地区。平水大王的人物原
型是西晋时横阳（现在的温州平
阳、苍南两县及泰顺县部分地区）
人周凯。周凯在民间的事迹主要与
治水有关，可以说是温州以及西晋
时的临海郡最早的治水英雄。明代

温州平水大王庙

宋濂在《温州横山仁济庙碑》中描述了平水大王的传说：

> 神讳凯，字公武，姓周氏。世居临海郡之横阳……及司马氏
> 平吴，与陆机兄弟入洛。张华荐之，神知晋室将乱，犹辞不就。
> 时临海属邑……地皆濒海，海水沸腾，蛇龙杂居之民雁其毒。神
> 还自洛，乃白于邑长，随其地形，凿而疏之，遂使三江东注于
> 海。水性既顺，其土作乂。永康中，三江逆流，飓风挟扶怒潮为
> 孽，邑将陆沉，民咸惧为鱼。神奋然曰：吾将以身平之。即援弓
> 发矢，大呼，冲潮而入，水忽裂开，电光中见神乘白龙东去……
> 俄而水势平，江祸乃绝……①

文献中对平水大王的记载在一定程度上反映了浙东南沿海地区的
开发过程，古时由于沿海地区海水倒灌，民众苦于海潮之灾。后来周
凯向当地官员建议疏导河流。永康年间，当地发生大海啸，在紧要关
头，周凯持弓射箭，冲入潮水之中，然后乘白龙车消失，退去了潮
灾。人们为纪念他便建庙祭祀。六朝以来，不断获得各种朝廷封号，
影响力也越来越大，明朝时封为"横山周公之神"。西晋时的临海郡
即现在的温州、台州、丽水地区，因此这样看来早期平水大王信仰主
要是在这三个地区，由于周凯传说正体现了沿海民众的精神需求，后
来随着影响力增大而盛行于广大的浙江沿海。

　2. 海龙王信仰

我国自古以来是一个龙崇拜的国家，龙乃神物也。龙本身是神秘

---

① （明）宋濂《文宪集》卷十六《温州横山仁济庙碑》。

的，海龙王就更加神秘，它是由龙一步步上升为龙神，最终被渔民们
既崇拜又恐惧的海上龙王，它主导着海洋世界，操着生死大权，在海
上呼风唤雨，兴风作浪，使每一个出海捕鱼的渔民心生畏惧，不得不
加以祭祀。我国海龙王信仰的形成离不开历代帝王的极力推崇，有推
波助澜的作用。樊恭炬在《祀龙求雨考》中曰："帝命祭龙制仪始于
唐。"① 舟山地区地处外海孤悬处，此处海龙王信仰不仅有上述特点，
还有着它自身的规律，如对龙王的恐惧很可能来自海上"龙卷风"的
威力或一些其他海上的惊涛骇浪。那时渔民们认为海龙王就是海内天
子，四大名著《西游记》中就有关于东海龙王的戏份，他掌握着海里
的生杀大权，唯有向他祈求，方能避祸。

　　据有关资料获悉，南宋时宋孝宗曾下诏令祭东海龙王于定海县的
海神庙，这是 1169 年之事。后来渐渐冷落。到了清朝康熙、雍正二
位帝皇时祭典东海龙王日趋频繁，海龙王信仰迭起高峰②。据志书记
载，仅康熙祭龙王的祭文就多达 8 篇，并以"万里波澄"匾赐舟山的
东海龙王宫，1725 年，雍正诏封东海龙王为"东海显仁龙王之神"，
过了两年又下旨祭龙，旨文曰："龙王散布霖雨，福国佑民，复造各
省龙神大小二像命守土大臣迎奉，礼仪与祭南海庙同。"③ 在此诏令
下，舟山各地又开始新建龙宫。但到民国以后，舟山地区海龙王信仰
大大削弱，这有几方面的原因。临近舟山的奉化渔村有许多龙王宫和
龙王堂。如杨村乡应家棚龙王堂有个香岩老龙王，杨村龙王殿有个小
金龙王，石盆村有个独角龙王，桐照乡泊所村龙王殿有个十爪金龙
王，吴家埠有个马林龙王，桐照村还有白龙大王和洞盆浦龙王等，这
么多的龙王，他们的原形到底是什么？说穿了，原来是些岩蛇、黄
鳝、灰白田鸡、跳鱼、河鳗、小白虾、青蛙等一类不起眼的小动物，
真所谓"一地一龙王，各村各龙王"。

　　所谓龙王信仰，很多只是渔民们遵循了原始先民"万物有灵"的说

　　① 叶澜涛：《试论海神信仰的功能性特征》，《广东海洋大学学报》2007 年第 5 期。
　　② 郭泮溪：《中国海神信仰发生演变过程及其人化影响》，《民俗研究》2009 年第 4
期，第 94 页。
　　③ 王钰：《中国古代海洋文化与海神信仰》2010 年第 3 期。

法，只要是与海有关的生物都有可能被崇拜。即便如此，海龙王信仰在浙东海岛渔区的信仰热度大大减弱，但其还是东海区渔民几大信仰之一。

3. 观音、妈祖信仰

这里所要介绍的是两位拥有菩萨心肠的美丽女海神，其中观音是佛教信仰，但在浙东海岛渔区这种特殊地理位置，也被赋予了海神的神力；另一位土生土长的海岛女儿妈祖，起源于福建省，但由于濒临浙东海域，浙东众多的渔场、港口，海产品丰富，吸引了大量福建沿海渔民聚集于此，因此，妈祖信仰同样在浙东渔区得到大力推崇，信众的热情程度不亚于观音信仰。

在舟山地区渔民心中，观世音不仅是一位佛教中的菩萨，而且还是一位救苦救难，能使他们在海上遇险时帮其脱离危险的女海神。普陀山作为观音道场，也为当地以及周边渔民送去了福音，舟山诸岛几乎岛岛有观音，观音从一位高高在上的女神逐渐走入了民间，被人供奉。海岛渔区的观音信仰自有其特点，例如在船上或是渔民家中，多设有观音堂，专供海岛人吃斋念佛；如果渔民在海上遇险时祈求观音后并顺利脱险，期间许下的种种诺言，事后一定要去还愿。在浙东海岛渔区，以海神身份出现的观音，在"潮魂"的习俗中，除了在海滩上由和尚做佛事外，另外还有道士参加，俗称"念伴"[①]。渔民们在建庙、修佛、增添各种法器时常常大方出手，毫不吝啬，对海岛人来说，这样做是积善积德，来日可以使他们在海上航行时一帆风顺。

在浙东海岛被渔民们崇拜的海神妈祖，作为海上保护神，得到广泛的奉祀。妈祖原名林默娘，从少年时就在海上救援了不少遇难渔民和商船，死后成神，并在宋朝时开始不断得到朝廷的册封，神格不断上升，最终影响巨大。早在北宋时期，浙江许多沿海地方建有妈祖庙，如宁波天后宫"名灵慈庙，县东三里东渡门外，建于宋绍熙二年（1191）"[②]，宁波天后宫是中国天后宫中有名的大庙之一。宁波象山石浦的开渔节历史悠久，祭祀活动中很多内容与妈祖有关。据传在许

---

① 高黎：《宋元时期泉州地区海神信仰的变迁》，华侨大学硕士论文，2011 年，第4 页。

② 成化《宁波郡志》卷六《祠祀考》。

多年前，象山石浦的渔民在夏季休渔期都很少出海捕鱼，有一天，村中一位不时会"弄神"的人突然对渔民们说妈祖给自己托梦，东海海上有大鱼，叫大家赶快出海去捕，而此时正当淡季，渔民们都不相信他，认为他在胡说八道，持续了几天，村中又有一位德高望重的船老大也称妈祖托梦，东海中有大黄鱼。渔民们半信半疑，出海去捕，果然发了大财。为了感谢妈祖，渔民们举行了大型祭祀活动，后来慢慢演变成每次出海前都要祭拜妈祖，祈求平安和丰收。近年来，妈祖巡游活动也在当地政府的支持下，成为象山开渔节的主要组成部分。妈祖出游时，渔港中所有渔船灯火通明，把整个渔港变成了不夜港。妈祖巡游开始时，渔船发出悠长的汽笛声，装扮一新的渔船船队从港中驶来，一时间岸上的人欢呼雀跃，渔民们也开始神情庄重的开始祭祀，供奉祭品、焚香叩拜，显得十分虔诚。

4. 其他海神信仰

与海洋密不可分的海洋水体、生物、礁石等也被崇奉成海神。远古先民们看到大海上波涛时而翻滚，时而降落，觉得有超自然的力量在支配，因此被当作自然海神崇拜。随着时间的推移和渔民认知能力的提升，一些自然海神演化为"人神"，浙江民间有信仰伍子胥为潮神，并慢慢扩展到福建沿海，为当地渔民信奉。然而，在浙东沿海区域，有些渔民信奉的潮神另有其人。相传在很久以前，宁波镇海海中有一条海蛇喜欢兴风作浪，对海上的渔民及海客舟子的出行带来了巨大的威胁，这时，有一个姓安的知县英勇能干，最终杀死了那条海蛇，为人民除去了祸患，保证了渔民海上航行的安全。后来，这位安知县便被封为东海潮神，这位潮神不仅得到了宁波渔民的供奉，舟山、台州、温州等地的渔民也信奉这位为民除害的安知县为潮神。台州地区信仰的鱼师菩萨，原先是一位能根据水色、潮流、气温、风候等因素准确判断鱼群的船老大，他死后被当地渔民奉为"鱼师爷"。宁波慈溪还有位"胜山娘娘"，当地人称"胜山老外婆"，相传很久以前，三北平原原是一片汪洋，上面有一座小岛，约几平方公里大。一日，胜山老外婆家四口人出海捕鱼却迟迟不归，后来亲人遇难后，她搬到了胜山顶的茅草房过日子。从此以后，她便一直在山顶上长夜点灯，为海上捕鱼迷失方向的人指引方向。从此以后，渔民如果在海上迷失方向，只要喊一声"胜山老外婆保佑"，胜山顶上的神灯便会亮起来，再也不会找不到回家的路。舟山东极岛上的"笼裤菩萨"也是一位类似胜山老外婆的引航神，为海上迷失方向的渔民照亮前方的路。嵊泗列岛中的大洋岛上还有一位礁神，叫"圣姑娘娘"，其事迹也类似于此，被渔民所信奉。宁、温、台、舟山沿海地区还有给太阳过生日这一节日，这是内陆地区所没有的信仰表现。民国《鄞县通志》中记载：

> 十九日，鄞俗以为太阳生日，各寺庙设醮诵经。①

继海洋渔民之后出现了海洋商人，他们从事的海洋贸易，虽然获利颇丰，却也存在着巨大的危险。他们往往要长途航海，不仅有商业风险，在浩瀚无垠的大海上长时间航行，无疑增加了人身危险系数。海洋商人不仅要祭拜渔民们崇奉的各路海神，同时也希望还有威力无边的海神保佑他们。海商都会在商船上供奉诸如妈祖之类的海神，祈祷全程庇护。不仅在船上设置神龛，其驾驶的船也同样被视为有灵之物，因而具有"船魂灵"②。

三　生产文化

浙东南沿海是随着沿海贸易的繁荣而繁盛的。由于该区具备出海的便利条件，自古海外贸易发达。在两宋时期，杭州、宁波、温州等地官方便设有市舶司，与高丽、真腊（柬埔寨）、日本都有商船往来，在贸易中温州等地呈现出"珠官贝阙竟来还，泉阁鲛人争献宝"、"有司资回税之利，居民有贸易之饶"的繁荣景象。浙东南海洋文化区是浙江省科技资源最集中的区域，也是科技生产力最发达的区域③，因

---

① 民国《鄞县通志》之《文献志巳编·礼俗·岁时》
② 朱建君：《从海神信仰看中国古代的海洋观念》，《齐鲁学刊》2007年第5期。
③ 陈修颖、陈颖：《浙江省科技资源配置的区域差异及配置效率研究》，《地理科学》2012年第4期。

此本区域的生产效率和生产水平是江南地区最发达的文化区。

在钱塘江以南余姚河姆渡文化遗址的发现，遗址距今 7000—6000 年，属于新石器时代中期。考古发掘的大多数深坑中都发现 20—50 厘米厚的稻谷遗存堆积层，最厚处达 80 厘米。经专家鉴定属栽培水稻的原始粳、籼混合种，以籼稻为主（占 60% 以上）。伴随稻谷一起出土的还有大量农具，如石斧、骨耜、骨镞等，主要是骨耜。说明河姆渡原始稻作农业已进入"耜耕阶段"。遗址中发现了干栏式建筑，其中第四文化层规模宏大，推测至少有 6 幢建筑，其中有幢建筑长 23 米以上，进深 6.4 米，檐下还有 1.3 米宽的走廊。这种长屋里面可能分隔成若干小房间，供一个大家庭住宿。清理出来的构件主要有木桩、地板、柱、梁、枋等，有些构件上带有榫头和卯口，约有几百件，说明当时建房时垂直相交的接点较多地采用了榫卯技术。河姆渡遗址的建筑是以大小木桩为基础，其上架设大小梁，铺上地板，做成高于地面的基座，然后立柱架梁、构建人字坡屋顶，完成屋架部分的建筑，最后用苇席或树皮做成围护设施。其中立柱的方法也可能从地面开始，通过与桩木绑扎的办法竖立的。这种底下架空，带长廊的长屋建筑古人称为干栏式建筑，它适应南方地区潮湿多雨的地理环境，因此被后世所继承，今天在我国西南地区和东南亚国家的农村还可以见到此类建筑。建造庞大的干栏式建筑远比同时期黄河流域居民的半地穴式建筑要复杂，数量巨大的木材需要有专人策划，计算后进行分类加工，建筑时需要有人现场指挥，否则七高八低，弯弯曲曲的房子是不牢固的。研究考证当时开始饲养猪、狗、水牛等畜牧业，在 6000 年前已用木构水井，汲取地下水作为饮水水源，可见先民已认识到地下水的作用，这是中国最早利用地下水的开端。这些说明人类普遍种植水稻，充分利用自然资源，稳定聚落已经出现。遗址出土的纺织工具数量之多、种类之丰富为新石器时代遗址考古所罕见。数量最多的是纺轮，有 300 多件，质地以陶为主，还有石质和木质，形状以扁圆形最常见，另有少量剖面呈梯形状。织的部件有经轴、分经木、绕纱棒、齿状器、机刀、梭形器等，纺织专家认为这是原始踞织机的部件。缝纫用的是骨针，有 90 多件，最小的骨针长仅 9 厘米，径大 0.2

厘米，针孔大 0.1 厘米，与今天大号钢针差不多。从出土的苇编和器物上精致的图案看，当时织品为经纬线数量相同的人字纹和菱纹。遗址出土的木桨共 8 支，系用原木制作，形似后世的木桨，只是形体略小一些。有桨一定有船，推测河姆渡人已划着独木舟在湖泊之中捕鱼采菱，也可能是作为氏族间交流时的交通工具。河姆渡遗址发现的漆器有 20 多件，早期单纯用天然漆漆于木器表面，稍后在天然漆中掺和了红色矿物质，使器物色彩更加鲜亮，第三文化层中出土的木胎漆碗是其中的代表作品。另外，河姆渡遗址中还发现以象牙雕刻为代表的原始艺术品，独立存在的纯艺术品和施刻于器具表面之上集实用和观赏于一体的装饰艺术两大类，而以后一类数量居多，充分表现了河姆渡人的审美兴趣和文明程度。艺术品中最为人称道的是"双鸟朝阳"纹象牙雕刻件。有人说它象征太阳，也有人认为是鸟在孵蛋，象征对生命、生殖的崇拜。说明该器物具有强烈的宗教意义，原始先民已有复杂的精神生活[1]。以上所述表明此时期生产规模较前扩大，农业、手工业出现分工，产品有了较多剩余，私有制萌芽开始出现，作为记事的刻符被广泛采用，产生文明因素的条件已初步具备。

现代浙东南海洋文化区的生产海陆兼具，以海洋生产为主。生产文化是随着船和捕捞工具的演化而演化的，在生产过程中还衍生出丰富多彩的科技、工艺流程、管理经验、贸易体制等文化内容，甚至还衍生出民间信仰、渔民画和民风民俗这类的精神文化。

四 饮食文化

浙东南海洋文化区沿海渔场密布，岛屿众多，水产资源丰富，加上地形多样，平原、山地、岛屿交杂，海陆兼备，物产更为多样。舟山是我国最大的群岛，古称"海中洲"。宁波的东部、北部濒临东海，是我国历史悠久的港口城市，商业发达，饮食业兴旺。同时宁波的市区及余姚、慈溪、镇海三县北部以及鄞县一带属于宁绍平原，水网密布，使得宁波兼具山海之利和水陆之产，物产丰富。温州市为滨海都

---

[1] 邵九华：《河姆渡文化略》（http://www.laoling.yy.gov.cn/2004/ah10.htm）。

市，人口稠密，商业发达。台州傍山面海，岛屿山地兼具，物产丰富。

历史上这一地区的主食，平原地区与城镇以大米为主，也有的以玉米和高粱为主食。在沿海的山地和岛屿上，居民多利用山地、涂田种植番薯，食用时多以番薯与米饭合煮为饭粥。

从饮食风味上来看，浙东南海洋文化区饮食注重鲜咸合一，相对于其他地区饮食来说，浙东南沿海的饮食风味偏咸，且菜品以海鲜为特色，擅长蒸、烤、炖等方法，讲究菜品的鲜嫩、香糯、软滑，非常强调保持海鲜的原汁原味。

舟山及温台、宁波的沿海地区日常菜肴均以海鲜为主，除了熟食外，还有腌制、干腊、生食的饮食习俗。具体来看，宁波的传统菜品中大都用鱼鲜制成，喜放苔菜和雪里蕻咸菜为辅料，因而口味大多咸里带鲜。宁波的传统名菜有苔菜拖黄鱼、腐皮包黄鱼、冰糖甲鱼、苔菜小方烤雪菜大黄鱼等。温州菜也称为"瓯帮菜"，大多采用近海鲜鱼和淡水小水产类，活杀活烧。一般采用鲜炒、清汤、凉拌、卤味等烹调方式。典型菜品有三丝敲鱼、带扎鱼筒、三片敲虾、鸡茸菜心等。在小吃点心方面，该地区的居民同样也是充分利用海产为原料。制作出许多海味点心，如鱼丸、鱼面、鱼饼等。

台州背山面海，与大陆深处有高山阻隔，故其饮食形成了独具一格的地方特色。主食以稻米为主，薯类、麦类、玉米、豆类为辅，一日三餐，干稀往往因地因时而异。如黄岩、温岭习惯三餐干饭，只在夏天晚餐时有喝稀饭者；玉环、仙居习惯早晚稀、中餐干；天台习惯早餐稀、中晚餐干；临海习惯早餐吃泡饭，其西北部山区，夏季中晚餐常以薄粥汤就干麦食为主食，立夏至中秋，农事繁重时上、下午各加一餐，称"接力"。台州菜肴叫"下饭"或"菜蔬"，沿海多海产品，山区多山货，平原兼而有之，喜食蔬菜与海的干、腌制品，咸菜、咸鱼、咸肉旧时为居家必备常菜，咸菜十分普遍。旧俗有"六碗"、"八碗"等规格，不足其数不成席。临海久为台州府治所在，而且当地所产五谷种类较多，其风味小吃较其他县市更为丰富多样。如水浸糕、麻糍、豆面羹、扁食等。农历年底，以粳米粉蒸熟捣揉制作条状年糕，浸水加明矾贮藏称水浸糕。以糯米蒸熟捣制成块状或厚片状者，称"麻糍"。米面、豆面在台州很流行，大米粉蒸熟后，捣块压挤成丝，称"米面"或"面干"。豆面以番薯为淀粉，搓揉成熟后以麻孔漏碗挤压成形，入沸汤烧熟，阴干再晒干，青绿有光泽，又称"豆面羹"。猪肉麦饼以肉糜为馅，入锅以少许油煎，香软可口。"扁食"近似肉馄饨，又如饺子，可煎可蒸，也可汤煮。三门名产三门青蟹，蜚声中外，以青蟹为主料衍生出大量美食，统称为蟹食，是最具地方特色的美食。

由于海鲜在饮食中占有重要地位，因此有关海味的饮食习惯也颇多，尤其表现在宗教祭祀、日常宴席方面。如沿海地区的喜宴便最讲究的是吃鱼，喜宴常上的十二冷盘中，除固定的四盘水果外，还有炸鱼块、炸鱼片、炸虾、鳗鱼干片、目鱼干片、蟹肉片、鱼饼片等。正菜则一般要有讨口彩的全黄鱼、全鲳鱼、鳗鱼块、目鱼花、带鱼段、鱼饼、漂丸、鱼羹、鱼面、鱼肉馄饨、泡鱼胶等①。

五　节庆活动

宁波、台州、温州的许多地区以及舟山都流行八月十六过中秋节，与全国多数地区八月十五过中秋有所不同，关于其由来则说法不一。据光绪《定海厅志》记载："相传昉自南宋宗藩所更，今沿其旧"②，即是因为南宋时期有一位叫史浩的宰相每年的中秋都会从临安（今杭州）赶回明州（今明州）与百姓共度佳节。但是有一年由于坐骑受伤，在绍兴停留，八月十六才赶到明州，而百姓一直等到史浩到达才过节。因此，这后来成为一种习俗沿袭下来。不过在民国《鄞县通志》中记载："中秋本八月十五日，相传元末方国珍以己生日改之。"③ 即在元末时台、温、宁地区曾被方国珍聚众割据，方国珍将自己的生日定为当地的中秋节，这类传说在台州最为盛行。还有一种说法是因方国珍的老母初一、十五吃素，因此便将中秋提前，让老母与

---

① 罗昌智：《浙江文化教程》，浙江工商大学出版社 2009 年版，第 200 页。

② 光绪《定海厅志》卷十五《风俗》，光绪十一年黄树藩刻本。

③ 民国《鄞县通志》之《文献志巳编·礼俗·岁时》。

民同乐①。《鄞县通志》中又记载曰："一说为史越王母夫人以十六日生，故易之。"

另外，宁波、台州一些地方也盛行正月十四过元宵节，如《宁海县志》记载："宁海以正月十四为元宵节，称十四夜。"据史料记载，这也与方国珍的孝行有关。因而民间相约成俗达六百年。

温州等地有极具特色的"拦街福"民俗。拦街福也称平安福，是一种祈福求神的活动。光绪《永嘉县志》中记载：

> 二月朔，通衢设醮禳灾，名拦街福。以后循次诹吉为之，至三月望日而止。②

可见，此俗在清初已盛行。从农历二月初一开始，从街头到街尾，排列有许多桌子，上面放置各种福礼，全猪全羊则另外安置于木架上。还有些富裕人家摆设花木、古玩字画供人赏玩，还有许多艺人在门前搭台演唱，另外还有滚龙、踏高跷、猜灯谜等各种文娱活动。店铺以减价招来顾客，各方游客云集。旧时温州城内每年农历二月初一从康乐坊开始，至三月十五日五马街止，主要街道依次举行祈福活动，一般是每条街道举办一天，第二天另一条街道开始，现在的拦街福都在温州城内的锦江路一带进行了。在温州下属各县，这一风俗也非常浓厚。民国《平阳县志》中记载："亦有祈年谷于社，祈毕而饭，曰做拦洋福，城市则有拦街福。"

六　婚葬文化

浙东南海洋文化区的墓葬形制主要以石椁式浮坟和椅子坟为代表。石椁式浮坟的历史比较悠久，今绍兴东源、台州温岭一带仍保留着古越国时期的采石场，其开采的石头大量用作石椁式浮坟建造的材料，两地的采石方式也颇为相像。再往南的温州地区则是以椅子坟为

---

① 朱晓明等：《灵山秀水隐前童》，河北教育出版社2003年版，第109页。

② 光绪《永嘉县志》卷六《风土·岁时》

主。从浙江省的墓式来看，总体呈现的都是浅圹式甚至有无墓圹式，这是为了适应浙江地区多暴雨冲刷和地表水位高的环境特点，防止被雨水浸泡。这与北方地区自古以来提倡的深挖墓圹以及修筑墓道的习俗是存在显著差异的。

在浙东南地区，尤其是沿海地区，流行一种二次葬的葬制，称为"捉骨葬"和"拾骨头"，这是一种土葬后再行洗骨葬的方式。一般是指人死之后，或暂时掩埋初葬，或将灵柩暂时停放，经过一段时间，待死者肌肉腐化掉，再把骨骸收拾起来举行骨葬仪式，将死者骨骸埋入墓穴。由于要掘墓开棺捡出死者遗骨，用水洗干净，置于瓮或木匣内再行安葬，所以俗称洗骨葬或捡骨葬。

七　文化性格和价值观念

作为全国民营经济发展最发达的地区，浙江人自古以来形成的重商、重利、鼓励致富思想在其中发挥着重要作用。

浙江东南沿海地区重商思想的盛行可追溯到早期浙江士人思想的变化过程。南宋时期浙江商品经济的繁荣发展，特别是城镇工商阶层势力的逐渐壮大，其社会制度和政治管理的要求，势必在思想领域中得到反映。永康的陈亮，永嘉的薛季宣、叶适，金华的、李渔、唐仲友等人，受当时温州、台州、宁波、金华等地区经济发展、商贾发达的空气熏染，讲究功利，主张发展工商业，形成了较为系统的商业思想。他们的思想首先肯定了商业的重要性，认为农业与商业在社会经济体系中具有同等重要的地位。陈亮主张农商并重，他说："古者官民一家也，农商一事也。上下相恤，有无相通，民病则求之官，国病则资诸民。商借农而立，农赖商而行，求以相补，而非求以相病。使得以行其意而举其职，展布四体，痛其有无，官民农商，各安其所而乐其生，夫是以为至治之极，而非徒恃法以为防也。"认为农业、商业是相互补充的关系，两者互为基础、互为促进、互惠互利。处理好两者的关系，做到有无相通，相辅相成，才能达到民富而国强的目标。唐仲友则指出："食所以养民，货所以通食而济民用，养身备矣。"力倡在注重发展农业的同时，同时发展商业、物品流通，以达到各供所余，各取所需，提高百姓的物质生活水平。叶适认为："夫四民交致其用而后治化兴，抑末厚本非正论也。"认为士、农、工、商四民是社会经济生活中的必要分工，四民只有借助商品交易，有无相通，天下才能大治。主张扶持商贾，流通货币，发展工商业。

同时义利双行，功利并重的观念也树立起来，自古以来人们多把道德和财富对立起来，如孟子便提出"为富不仁"的观点，董仲舒倡导"正其谊不谋其利，明其道不计其功"，鄙视功利的思想，这也成为儒家的传统。南宋理学流行，重谈心性而鄙视功利，认为理欲不可并存，义与利更是尖锐对立。在浙江经济发展的过程中，随着商品经济的日趋繁荣，传统的义利观念受到了冲击。陈亮提出了"王霸并用，义利双行"的命题。他认为义与利相辅相成，义要通过利来体现。义利对立是后世儒家的陋见，从而指出财富和仁义并不是相互对立的东西，"仁者天下之公理，而财者天下之大命"。强调人为地将义与利、仁与富割裂和对立起来是腐儒迂见。陈亮还从人欲的角度论述了追求财富的合理性和必然性，认为"人生何为？为其所欲，欲也必争"，所以人们去经商是无可非议的，"争名者于朝，争利者于市"。薛季宣指出："惟知利者为义之和，而后可与共论生财之道。"公开主张重利、重商。叶适则倡导就利远害，是众人之同心，"古人以利与人，而不自居其功，故道义光明。后世儒者行仲舒之论，既无功利，则道义乃无用之虚语耳"，力倡义与利一致。

并且，南宋时期浙江士人开始对财富推重，陈亮一向重视商人与富人，他指出："缓急指呼号召，则强宗豪族犹足以庇其乡井，而富商大贾出其所有，亦足以应朝廷仓促之须。"他认为今所在豪民"谷无五年之积，锱无巨万之藏"，决非国家之幸，是民乏财匮的表现，反对抑制商人致富。他对我国古代著名的商人范蠡、白圭以及那些勤俭起家，铢积寸富的富人，如"徒手能致家资巨万"的东阳郭彦明等，赞赏不已，因而积极主张人们致富。叶适认为富人在社会发展中具有十分重要的作用："小名之无田者，假田于富人。得田而无以为耕，借资与富人。岁时有急，求于富人。其甚者，庸作奴婢，归于富人。然则富人者，州县之本，上下之赖也。富人为天子养小民，又供上用，虽厚取赢以自封殖，计其勤劳亦略相当矣。"反对打击富人，遽夺其利。唐仲友则积极倡导注重积聚财物，他说："不厚其本，物何由阜？不节其用，积何由富？……桑木不蚕，则贡篚不足以御天下之寒；货财不阜，则府库不足以给天下之用。"同时，主张藏富于民，强调："百姓足，君孰与不足？百姓不足，君孰与足？"把百姓的富足比作国家的财源。进而他还指出："盖益民乃所以自益，利民乃所以自利也。"①

　　早期浙江士人的重商思想，对东南沿海尤其是温州、台州、宁波、义乌一带个私经济和商品经济具有重大影响。在这样的文化性格和价值观的影响下，浙江的专业市场众多就顺理成章了。浙江省的市场经济开始于改革开放以来的 1978 年，在全国最早摆脱计划经济体制下形成的思维方式，树立了大市场大流通大生产的观念，使浙江省在全国率先形成了一大批富有浙江特色的商品交易市场和要素市场，无论从市场数量还是市场成交量看，浙江省都是全国的市场大省，也是市场体系最完善、市场机制最健全的省份之一。据省工商行政管理局统计，早在 1997 年，浙江全省就有各类商品交易市场 4488 个，总成交额 7173 亿元，浙江省的专业市场年成交额连续 15 年列全国第一②。

第二节　文化孤岛与文化的浸入

　　文化孤岛是在历史变迁过程中极少受到外来文化扰动的相对孤立的独立空间。浸入与替代是伴随着历史变迁中的人口迁移、技术扩散和经济社会空间格局的演化而使区域本土文化产生蜕变的必然结果。文化的浸入具有明显的地域集聚特征，通常被浸入空间的自然、社会

---

① 中国社会科学院《义乌发展之文化探源》课题组（王延中等）：《义乌发展之文化探源》，社会科学文献出版社 2007 年版。

② 陈修颖等：《市场共同体推动下的城镇化研究》，《地理研究》2008 年第 1 期，第 33—44 页。

和原生文化能满足浸入体的特别需要，一般是安全需要和发展需要。因此，被浸入空间通常是地理环境条件相对闭塞、发展的水土资源条件相对优越、发展空间相对宽敞和独立、原生力量较弱的区域。浙东南区域的许多地方在不同的历史时期都曾有过外来文化的浸入，由于浙东南多山地丘陵和海岛，环境相对封闭，与世隔绝，因此在历史时期大量的外来文化，尤其是闽文化和北方文化浸入本区域，这些浸入区呈散点分布，主要集中在雁荡山区、天台山区和舟山群岛区、洞头列岛区。其中陆地上最突出的是楠溪江流域，海岛上最突出的是舟山群岛中的少数偏远离岛和洞头的大、小门岛。浸入的文化主要是中原文化、徽派文化（程朱理学），也有些是独特地理环境和特殊人群滋生的另类文化，如众多离岛上的海盗文化（典型代表是三门湾蛇蟠岛的海盗文化）。

相对而言，楠溪江流域的外来文化表现出的文化浸入与替代过程的脉络是最清晰的，我们以楠溪江流域为例，说明江南文化中孤岛文化和文化浸入过程及文化特色，以一斑而窥全貌。

一　文化孤岛与文化浸入的环境背景

楠溪江流域在汉朝以前，人烟稀少，只有"南蛮"在此繁衍生息，是个文化荒漠。"永嘉之乱"和"安史之乱"使得部分北方人迁入闽赣山区，五代时与永嘉相距不远的闽国王羲之乱，使得大批闽人为避乱而迁到楠溪江流域①。大量避居人口集聚永嘉，使楠溪江流域成了避世天堂。原来荒芜的楠溪江流域，人口增加，大量村落涌现。从此，异域文化开始浸入并逐渐替代和同化了本土文化，由于在一个完整孤立的河谷中发展和演化，因而极少受到扰动。楠溪江流域是个难得的独立传统文化圈，且较完整地保留至今，古村落的形成具有大致相同的历史人文与地理环境背景。受到高山阻隔，区域地理环境十分封闭。在这种封闭的条件下，逐渐形成了独具特色的"孤岛文化"现象，形成了丰富多彩的乡村文化资源，乡村文化景观保存较好。境

---

① 葛剑锋：《中国人口发展史》，福建人民出版社1991年版，第15章第11节。

内的古方言、许多民俗民风较好地传承下来，这都是珍贵的非物质文化遗产。由于多山环境，美妙的山水景观，境内有良好的隐居条件，长期下来形成了独特的隐居文化。独特的文化基因在封闭的地理环境中得以代代相传，因此文化极少受到干扰，成为有别于周边区域的文化孤岛。也由于文化的形成与发展"独善其身"，因此也就极重文化的根源性，重家族文化的传承和影响力，在许多的古村落都能寻到历史的渊源感，这也是村民产生文化自豪感的原因。

从地理环境来看，楠溪江虽属瓯江下游北侧的最后一条支流，但江的东、西两侧水系发达，上游多为丘陵山地，下游的两岸为平坦的冲积平原。整个楠溪江流域呈袋状封闭，东、北、西三面环山，南面开口，这一地形造就了楠溪江山水风景的格局。加上楠溪江是地处亚热带湿润气候地区，拥有优美的生态环境和肥沃的土地。在古代这里虽然交通闭塞，却是那些名门望族定居、耕读的理想境地，使他们世代在此繁衍生息，逐渐形成家族聚落，成为支配楠溪江农村文化的一种特殊的农村社会和文化结构。

楠溪江古村落大致相同的历史人文与地理环境背景造就了其相近的风格特点：历史悠久，遗风犹存；规划严谨，自然和谐；建筑类型丰富，风格朴素；文风浓郁，乡俗淳朴；宗族文化突出。文化传统、建筑风格与民风民俗趋同。目前的发展水平与经济结构既趋同，但同时又各有独特之处，比如岩头村的水文化，蓬溪村的诗文化、芙蓉村的"七星八斗"、苍坡村"文房四宝"。

二　隐士文化

隐士是古代一个特殊的社会阶层，是指隐居不仕之士。"隐士"一词最早见于《荀子·正论》和《说苑·正谏》。《南史·隐逸》云：隐士"须含贞养素，文以艺业，不尔，则与夫樵者在山，何殊异也"。换言之，隐士非一般"士"，更非一般人，需要有学问、有才能，能够做官而不去做官，也不做此努力的人才叫"隐士"[1]。早期隐士帝

---

[1]　谢宝富：《隐士定义及古称的考察》，《江汉论坛》1996年第1期。

王之隐为主，真正意义上的隐士应该形成于春秋战国时期。一方面因为政局动荡不安，使士子身处险恶的政治斗争之中；另一方面道家与儒家哲学思想的形成与发展，成了士子处世的人生观。因而在儒家"退则独善其身"和道家"复归返自然"思想影响下，许多深受社会政治动荡之苦的士子便寻求退隐，成为与社会、政治无关的真正意义上的隐士。到魏晋南北朝时，隐士的生活方式影响到整个士民阶层，隐逸思想和隐士文化发展达到了高峰，其中尤以陶渊明的隐逸思想最有代表性①。隐士文化的内涵主要是指隐士精神文化，包括隐士的各种文化活动、隐士在一定社会条件下满足生活的方式、隐士的价值观念、思维方式和心理状态等。而消极出世和积极入世的行为方式是隐士价值观念、思维方式和心理状态的主要表现，是隐士在一定社会条件下满足生活的方式，是构成隐士文化的主要内容②。楠溪江流域的绝大多数古村落的始祖都是历代的隐士，如蓬溪村、芙蓉村、岩头村、林坑村、埭头村、仓坡村、花坦村等。楠溪江流域的隐士文化浸透于营村造户的理念中、村落的建筑格局中、村规民约中、祖训家风中以及生产生活中，可谓无处不在。

三　耕读文化

楠溪江流域是相对独立的文化单元，也是江南文化区孤岛文化单元的典型代表。耕读文化和隐士文化是浙东南孤岛文化的主要特色。

楠溪江流域位于温州北部，与周边浓重的商业文化截然不同，在楠溪江流域孕育了独特的耕读文化和隐士文化，完全是异域文化浸入的结果。从历史人文来看，我国历史上曾有两次人口从北往南迁移，对楠溪江流域的文化发展产生了深刻的影响。第一次晋室南渡，黄河流域中原汉人越过秦岭—淮河一线，扩散到东南，也波及当时的永嘉。隋唐时期，人类活动进一步向楠溪江中游一带扩散，五代时，各地战乱频繁，特别是与永嘉相去不远的闽国王曦之乱，使得大批闽人

---

① 白振奎：《谢灵运、陶渊明诗歌比较研究》，上海辞书出版社 2006 年版。

② 陈志文等：《蓬溪村古村落社会经济变迁研究》，中国社科出版社 2010 年版，第2 页。

为避世乱北迁至永嘉。第二次宋室南渡，人口移动由淮河流域转向长江流域，使长江流域文化超过黄河流域而处于领先地位。在这一时期，形成了楠溪江独具特色的农村文化——"耕读文化"，并由此时的"耕读社会"演变至明、清的"宗族社会"。

耕读文化是楠溪江流域文化中不可或缺的一部分。耕读生活早期作为文人的一种理想，起源于隐逸，是儒家"退则独善其身"和道家"复归返自然"的人格结构，在中国传统的文化中有着很高的道德价值，意味着高尚、超脱，是古代士人们这个知识阶层陶情冶性的寄托。楠溪江历代的人们都很重视礼乐教化，同时，晋、宋两次人口北南大迁移使不少文化水平很高的仕宦迁居楠溪，在此建村落户，择地定居，他们更期望后代儿孙能够继续"读书入仕，光宗耀祖"。"读可荣身，耕可致富"成为他们宗族的传统，世代相袭。花坦珍溪《朱氏宗谱》中一篇题为《廊下即景诗序》里说道，"是乡秀士成群，多含英呕华之彦，古怀如晤，有庄襟老带之风，可谓文质彬彬，野处多秀者也"。乡村读书人成为楠溪江历代农村敦品励行的榜样，对于乡村事务也有着直接的影响。不过，楠溪江的乡村知识分子身上兼有儒、道双重思想。按照儒家的理想，他们进则庙堂，退则山林，然而当他们身处山水之间的时候，生活极尽淡泊恬适，饱含着道家"复归返自然"的思想境界。他们的这种思想，折射到楠溪江古村建筑上，使楠溪江古建筑显得特别亲切自然而极富人情味儿。因此，这一带的士子们对于传授儒家伦理、维系封建秩序是很自觉的，如花坦村朱谧"读书好古，淳朴自持，利欲不能移其心，荣禄不足夺其志，孝以事亲，友发处弟"。

耕读文化起源于隐士文化[①]。消极避世是隐士文化的出发点，因此源起于隐士文化的耕读文化就摆脱不了"厚本抑末"、"重农轻商"思想的束缚，与浙东南其他地区重商的浙东学派截然不同。虽然在政治上不得志，但也不会轻易屈身于工商之业。即使生活落魄，也不会

---

① 陈志文等：《蓬溪村古村落社会经济变迁研究》，中国社会科学出版社 2010 年版，第 2 页。

丢失气节，因此在隐居山林的同时，躬耕畎亩之间，过着边耕边读的生活。

宋室南渡，楠溪江流域耕读文化发展到了高潮。据统计，仅宋代，温州有文科进士1371人，武科进士374人，《宋史》立传者36人。其中楠溪江流域就有进士563人，芙蓉村有同期的"十八金士"，豫章村有"一门三代五进士"，溪口村有"一门六进士"，蓬溪村有状元李时靖。温州与永嘉分别有"东南邹鲁"和"溪山邹鲁"之称。同时，以薛季宣和陈傅良为代表的永嘉先贤把中原学术和文化带到楠溪江，经过传承、发展，形成了以楠溪江为源地的浙东主要文化流派——永嘉学派。

四　建筑的文化内涵

楠溪江流域的村落建筑和村落空间结构都深深地打上了耕读文化和隐士文化的烙印。

古村落蕴含的隐士文化可以从古村落的外部环境意象、村落内部空间结构、公共建筑的文化表达和居住建筑的文化表达四个方面找到线索①。

从古村落外部环境意象可以窥见隐士文化的表达。首先古村落都选择在相对隐蔽的自然环境中；其次有优美的自然环境和景观意象。

从村落内部空间看，主要表现在自由的村落空间结构特征。隐士避居的心态是自由自在、无拘无束，在院落规划上采取自由布局住宅的建设用地，形成自由自在的空间结构格局。

公共建筑的文化表达。楠溪江古村落的公共建筑是耕读文化、隐士文化、家族文化和宗教崇拜文化的物化形态。其特征主要表现在空间布局、建筑容量、建筑装饰和空间营造等方面。耕读文化的建筑特征主要表现在：（1）教育设施多而全，并占据村落空间的核心位置，村村都有家族书院，无一例外地位于村落中心位置，如楠溪江流域最

---

① 陈志文等：《蓬溪村古村落社会经济变迁研究》，中国社会科学出版社2010年版，第2页。

大的家族书院——芙蓉村的芙蓉书院。（2）建筑装饰以弘扬耕读文化为主要内容。如以砖雕、木雕、对联、牌匾、窗花等形式刻画和表达，表现形式多样、表达内容丰富多彩。如豫章村胡氏大宗祠的对联为"翰墨流芳成世衣冠开砚沼；诗书继美千秋笔墨换文章"，此类楹联在楠溪江流域随处可见。

居住建筑的文化表达。楠溪江流域居住空间的设计、布局很好地表达了隐居人士的精神世界，构成隐居文化的一部分。首先表现在建筑的外向性上。住宅建筑平面构图多呈现"一"字形、"H"形、"口"字形和"日"字形空间组合形态，设前檐、后厦，四面开门开窗，多有侧廊，充分体现出建筑形式的外向性；其次，住宅主体建筑大进深。左右住房、前堂后厅的格局充分显示了开敞的空间布局特点；最后是建筑用材古朴原始，建筑风格淡雅低调。为了凸显隐士的心灵境界，就地取材、古朴自然方显法效自然、返璞归真这一隐士们的理想家园。

五 村落空间格局的文化内涵

巧妙的营村造户理念充分地表达了隐士们的智慧和不同凡响的气节。每个村落的主体空间格局毫无例外地表达出某种理念，如程朱理学的"忠孝廉节"、南派理学的风水观等，对聚落环境的山体、水体巧妙利用，而不是改造，营造出独特的村落环境意象。这些一村一品、一村一味的古村落规划设计思想，值得当代人深入研究和学习。

苍坡村："文房四宝"意象

深厚的文化底蕴是苍坡村最突出的特色。文化通常是隐含于精神世界之中，但人们总是设法将其核心思想物化于现实的物质世界之中，这就是文化景观。苍坡村就是巧妙地将深厚的耕读文化物化于这个村落的布局上，形成了独特的村庄意象，具体体现在：（1）村落空间格局的文化意象表达：建在"文房四宝"上的古村庄。楠溪江一带传统的"耕读思想"在苍坡的规划和建设中得到了充分体现。"耕"指务农，"读"为入仕，因此，李时日在设计苍坡村村落的布局时设街为笔，正对着村外的"笔架山"；街边挖有方形的池塘，也就是"砚台"；砚台边还摆有几根巨型石条，是为墨碇；有笔，有墨，有砚台，就剩下书写的事了，而村外的顷顷良田就是最好的纸张，每一次的辛勤耕作就是在这张纸上写下了最好的文章。（2）文化作为村落和环境的链接纽带。村落的主干道设计成景观轴，并巧妙地将这条景观轴意象成文房四宝中的笔，并将其作为景观轴线，顺着主干道远眺便是村落的景观中心——"笔架山"。这样，作为文化符号的笔就将村落的道路系统与村落环境中最吸引人的景观联系起来，村落就融入了环境，自然包容了人居。人居与环境达到了和谐。（3）宗族传统文化的体现：人伦观念的物化。首先是宗族观念的物化。按古代的建筑风俗习惯，祠堂不近庙堂。但是李氏却没有在乎这些。这里是苍坡、方巷两地（苍坡曾有李氏兄弟，在离苍坡不远的地方另建村庄，名为方巷村）宗族聚会、重大族事庆典的地方。凡参加三试"金榜题名"的族人均要披红戴花到此祭拜列祖列宗。在李氏宗祠的牌匾上"氏"字一旁多了一点，不是笔误，是因为村中还有几个非李姓氏的人家，这一点表示接纳相容外姓人的意思。其次是兄弟情义的物化。在仁济庙的旁边有一座造型别致的小亭子，名叫望兄亭，初建于1128年。站在亭子里往村外的东南方向看，就是苍坡的"同胞村"方巷村了。那里的村头也有一座亭子，名叫送弟阁，两个亭子隔着阡陌纵横的田野遥遥相望，让人们不禁又想起当年那个情深义重的故事来。传说苍坡李氏第七世祖李秋山和他弟弟李嘉木分家后，兄长迁居对岸的方巷村。然而兄弟两个感情很好，分家后仍频频往来，每每促膝长谈到深夜，分手的时候还要相送到村口，直到来的一方平安到达对岸，举起手中的灯笼以示平安，兄弟两个才分别转身回家。后来，兄弟俩商定在苍坡村和方巷村各建一座亭阁，阁朝北，亭朝南，两亭之间盈盈一水相隔。这就是送弟阁与望兄亭。望兄亭有楠溪江古亭中少有的精致，特别是披檐，曲形的弧度放足，檐角飞翘，十分轻柔。两处亭阁四面开敞、八面来风，遥遥相对，情意绵绵。据说曾经有台湾同胞特地来看这座亭子，一见之下，不禁两泪涟涟，真可谓"双亭隔水频相望，两地同源本弟兄"。

村落亲水古驿道

邻水古驿道：丽水街

村落水量、小气候调蓄池

岩头村有两个突出的村落特色，一是独特的水系和水景，二是独具匠心的村落布局。岩头村水浚被称为楠溪江中游最大、最成功的水利工程，500 年来一直滋润着全村人的生活。村落的水利工程始兴于宋，竣工于明初。引溪水入村复出村，一路建有 8 个大小涵洞，2 个节制闸、5 个人工湖池，一水多用，灌溉、生活用水、发动水碓、观赏。全村坐西进东，背山面水。村内亭台楼阁、街巷民居、石桥牌楼，布局井然。横街直巷，三进两院大住宅，前后面街，左右临巷，以利出入；绕以流泉，取水方便，丽水湖堤后来逐渐形成商业街，濒湖一面建 300 米长廊，设美人靠，面湖建店铺，古风犹存。湖有亭，古色古香。岩头村的引水工程设计也是独具匠心，具有防旱抗涝、巧妙布局、灌溉农田、便利生活、美化环境等综合功能，虽然经过了 500 年的历史，依旧是清水长流，体现着楠溪江古村文化的源远流长。岩头村的公共供水系统从元代便开始建造了，由于全村地势西北高东南低，设计者巧妙地用引水渠把山溪接入村子西北角，再分成几条支渠绕街傍户贯穿村舍民居，最后汇入村子东南部的几个人工湖泊。一条两米多宽的水渠环绕全村，从村北引溪水进入西北角形成上花园，然后分成前浚、后浚，前浚向后形成下花园，并分支流经过大半个村子后注入丽水湖，后浚顺村子西部的浚水街南下，在水亭祠西南角汇合从西而来的水渠，注入塔湖庙前的湖里。这个庞大的水利工程是由元代日新公开始，一直到明代桂林公扩大并且完成的，清澈的溪水弯弯曲曲地流经农舍的门前屋后，滋润着全村人的生活，同时也是天然的消防设施[①]。岩头村村落布局为古色古香的街区式三进两院四合围式的建筑群，具有远近总体规划和详细布局规划，这在古代村落规划中是难能可贵的典范。

芙蓉村的选址至少考虑了 4 个重要的生存要素。一是安全需要。芙蓉村三面背靠芙蓉峰，一面临楠溪江，面向空旷的河流冲积平原，给人一种安全感。二是生存需要。在自然经济时代，发达的小农经济依赖肥沃的河流冲积阶地，芙蓉村就位于楠溪江流域面积最大的河谷冲积平原的西岸，有这样一块水旱无忧的肥沃土地，就有了基本的生存保障。三是水源地。优质充足的水源在农业社会时期可以满足生活需要、农业灌溉和作为动力来源，因此芙蓉村依傍楠溪江就是最佳选择。四是环境美感需要。芙蓉村位于楠溪江流域两大最美的景观中心之一的芙蓉峰下，芙蓉峰就像一朵盛开的芙蓉花，无论是从风水的角度还是美学的角度，都是难得的山水景致。

---

① 陈志华：《楠溪江中游古村落》，生活·读书·新知三联书店 1999 年版，第 10 页。

第三节　区域文化中心及文化特征

　　宁波为浙东南海洋文化区的区域文化中心。宁波地处浙东南沿海地区，西南部多高山丘陵，有天台、四明诸山；中部和东北地势平坦，河流纵横，余姚江、奉化江在境内三江口汇合后合为甬江，最终在镇海招宝山和北仑金鸡山之间入海；东北和东部周边濒临东海，海岸线长达 800 多公里，海岸上良港众多，其中著名的港口有宁波港、镇海港、象山港、石浦港等，而小港口则更是数不胜数。

　　宁波是江南文化的发源地之一，具有 7000 多年文明史的河姆渡文化位于距宁波市区 20 公里的余姚。唐时期设为明州府，与扬州、广州并称为中国的三大贸易港口，在宋时期与广州、泉州并列为中国三大港口重镇。明朝初年，朱元璋采纳鄞县读书人单仲友的建议，取"海定则波宁"之意，将明州改称宁波府。宁波之名沿用至今。

一　宁波的航海文化

　　早在 7000 年前，宁波的先民就已经活跃在海上。由于宁波附近海域潮流属东海沿岸流，每年夏季（6—8 月）西南季风盛行，浙江沿岸海水北移，在长江口外与长江水和钱塘江水汇合形成一股强大的冲淡水流。冲淡水流向东北至济州岛方向与对马暖流相接，其中一部分水流汇入对马暖流，随之进入日本海。

　　借助海流移动的力量，古江南人民能够在夏季到达日本等地。因此，宁波作为古代东渡日本的主要出海口具有得天独厚的条件。传说秦朝徐福东渡便是从宁波入海，这也可作为宁波自古就是东渡的优良出海口的一个印证。到了唐朝，浙江地区经济迅速发展，既是鱼米之乡，又是建造船舶之所，既是越窑青瓷产地，又有深受海外欢迎的湖纺和杭缎，为海外贸易的发展奠定基础。长庆元年（821），明州在"三江口"建立州城。随着与海外各国经济、文化间密切的交流，明州脱颖而出，迅速跻身于唐代"四大名港"之列，并成为日本遣唐使入口登陆和放洋归国的主要口岸。唐朝政府规定，日本遣唐使到达明州后，在此办理入京手续。在东亚贸易、文化圈中，无论是物质还是精神方面，明州都是一个主要的输出口。其输出贩运的物资主要有宗教用品（佛经、佛具等）、香料、药品、陶瓷、丝绸和书籍（尤其是唐代的文学诗集）等。

9 世纪时，明州商帮的崛起更是大大推动了唐日贸易。吴越统治时的浙东地区，采取促进农业、手工业、商业经济发展的政策，注意港口的建设。因此，明州不仅与日本等东亚国家贸易频繁，更与遥远的大食国（古阿拉伯国家）开展贸易、文化交流。北宋前期，明州在政局基本稳定的和平环境中迅速发展，成为全国三大市舶司（港口）之一。南宋时，由于北方陆路交通受阻，朝廷便更加注重发展海上交通，而明州作为离临安最近的一个大港口，在其他两个港口普遍衰落的情况下，一直保持着繁荣的贸易、文化交流。

元朝时期，庆元（宁波）市舶司始终是与广州、泉州并列的三大港口之一，外贸交流蓬勃发展。震惊一时的韩国新安沉船，据考古研究，就是元代从庆元港起航的巨大贸易船，其物流规模之大，数量之多令人叹为观止。

明朝以后实行"海禁"，庆元（宁波）港上船只绝迹，丧失了唐宋元时代海上贸易的繁荣。直至鸦片战争前，随着"海禁"的开放，一度沉寂的宁波港海外贸易逐渐得到恢复。鸦片战争后，宁波成为第一批向西方开放的条约口岸之一，与西方资本国际市场直接接触。前来宁波通商贸易的国家有英、法、美、德、俄、西班牙、葡萄牙、瑞典、挪威等国，港口贸易被纳入新的经济环境中，随着先进技术的引进，新式的轮船码头、新式的导航灯塔以及新式的管理模式和服务方式也相继引入，宁波港有了新的发展。

抗日战争时期、解放战争时期和新中国成立初期，宁波的港口贸易重陷低迷，几乎完全丧失了昔日的经济功能，区域生产能力和经济实力明显下降。改革开放以后，宁波被列为对外开放的沿海城市之一，南非、巴西、澳大利亚和印度的铁矿，中东的石油、欧美的化肥、粮食、液化产品和各种机械设备等各种物资，都通过宁波港进口到国内各地；宁波、浙江及周边各省的服装、工艺制品等也通过宁波港出口到世界各地。到 20 世纪末，宁波港已跻身于世界亿吨级大港之列。

纵观其历史，宁波城市的建设与发展有赖于它的天然良港，港口的建设发展必然促进城市的繁荣，反之，港口的衰落必然导致城市的凋零。从古至今，宁波都是一个外向型的开放港口城市，开放的港口赋予了宁波开放的海洋文化[①]。

二　饮食文化

以宁波菜为代表的浙东南海洋区饮食文化带有典型的海洋特征。宁波菜包括浙东沿海一带具有宁帮风味特色的菜肴，宁波滨海临江，水产资源丰富易得，尤以海鲜品种繁多，常年供应不断，因此宁波人的饮食与海洋紧密相连。

较之其他地方的菜肴，宁波饮食极具民间特色，可概括为鲜、咸、醉、臭、霉、腌、酱、风、干等。鲜主要是体现在宁波饮食中海产品丰富且极重新鲜和原汁原味，同时，旧时渔民出海以带腌制品最为方便，因而当地人有好吃腌制的海鱼和咸菜的习俗，腌制的方法很多，例如用酱油、盐腌制，也有的采用风干方法。臭是指宁波人会把许多食物用发酵的方法加工后再吃，一般此类食物臭味十足，但是口味却极佳。

宁波菜不太注重烹饪和调料而更为重视原料本身，即注重以清雅的烹调手法保持菜肴的原汁原味。例如宁波的海鲜，越新鲜的烹饪口味越清淡，反之则重色重味。最新鲜的带鱼必然清蒸，原味十足是为上品；稍不新鲜的加酱油红烧，是为中品；如果再不新鲜但还能吃的就用醋熘，用醋味盖住不新鲜的异味，此为宁波菜之下品。由于注重原料，而菜蔬四季不同，鳞鲜四时不同，这就造就了宁波菜极为鲜明的时令性。宁波人善于选择最具有季节特点的原料制作菜肴。就蔬菜而言，春天吃毛笋、洋芋芳、雪里蕻，夏天吃蒲、茄、带豆和瓜豆，

---

① 林士民、沈建国：《万里丝路——宁波与海上丝绸之路》，宁波出版社 2002 年版。

秋天是芋艿和毛豆，冬天则是冬笋和大头菜。在鱼类中，正月的虎鱼、二月的鲨鱼、三月的鲤鱼、四月的黄鱼、五月的鳓鱼、六月的弹涂、七月的米鱼、八月的鲈鱼、九月的鲓鱼、十月的带鱼、十一月的河鳗、十二月的鲫鱼，种种鳞鲜吃得恰如其时。在宁波俗语中有许多词如"九长十团"（指毛蟹九月要吃长脐的，十月要吃团脐的）、"冬鲫夏白"（指冬天吃鲫鱼夏天吃白鱼）等，都表现出宁波菜极强的时令性。

当然，宁波也有四季常吃的反时令性食材，用"风、干、腌、酱、醉、糟、霉、臭"八大方法制作。如盛产于鄞州东乡邱隘镇的邱隘咸菜，用雪里蕻菜腌制，色泽黄亮，有香、嫩、鲜、微酸特点，能生津开胃，可炒、煮、烤、炖、蒸、生拌、配菜肴、做汤料、做馅料。咸菜做配料可解鱼腥，除油腻，宁波名菜"咸菜黄鱼"即是以咸菜作为配料做成。宁波有句俗话："三天不吃咸菜（齑）汤，两腿感到酸汪汪"，可见宁波人对咸菜的青睐。由于宁波菜不甚讲究烹调技法而十分注重时令新鲜和原汁原味的特点，对原料的要求特别高，而时令原料的产地就在宁波，长途运输到外地后就失去了原料的原汁原味，这使得宁波菜尤其是宁波家常菜只能在宁波吃到而难以在全国其他地方推广。

宁波有传统的十大名菜：苔菜小方烤、网油包鹅肝、荷叶粉蒸肉、冰糖甲鱼、剔骨锅烧河鳗、雪菜大黄鱼、腐皮包黄鱼、黄鱼海参羹、彩熘全黄鱼、炒鳝背。不难发现，这十大名菜中的后七样菜都以鱼类等水产为主，而尤以冰糖甲鱼、锅烧河鳗为宁波传统名菜之最。海鲜料理以蒸、烤、炖见长，轻形式，重实味，鲜咸相兼。如宁波十大名菜之首冰糖甲鱼，吃来软糯润口、香甜酸咸，风味独特；甲鱼与冰糖同炖，具有滋阴、调中、补虚、益气、祛热等滋补功能。

宁绍平原都有吃臭菜的习惯，宁波和绍兴一样，臭味菜是真正属于民间的传统菜品，有化腐朽为神奇的美誉。宁波臭菜中以"宁波三臭"最为出名，三臭指的是臭冬瓜、臭豆腐和臭苋菜。其中臭冬瓜很大程度上曾因为当时香港著名的宁波籍大亨、公推的华人世界船王包玉刚回家乡指明要品尝而名声大噪，成为宁波臭味菜的代表。制作臭

冬瓜，需选取成熟冬瓜，除去皮瓤或不去皮，切成 10 厘米左右块状，
焯成八成熟，沥水冷却后，四周均匀地抹上盐，分层装入瓮内，加入
臭卤，封口后置放于阴凉处，半月后随需食用。臭卤大都采用豆腐发
酵而成，含有丰富的氨基酸，经过与冬瓜腐熟和分解，臭中又有一种
清香味。食时放些麻油、老酒、味精，味道清口而醇香。

三 宗教信仰

宁波现有佛教、基督教、天主教、伊斯兰教 4 种宗教，据宁波市
民宗局 2003 年统计，全市共有可统计信徒 134492 人，其中佛教 2068
人，基督教 362 人，天主教 61 人，伊斯兰教 2 人。有经批准登记的
宗教场所 916 处，其中佛教 565 处，基督教 298 处，天主教 52 处，
伊斯兰教 1 处①。由此可以发现，从古至今佛教一直都是宁波宗教界
的主导，其他宗教虽然在宁波有所传播但发展不大。

宁波是佛教传入中国的最早地区之一。东汉晚期，印度佛教通过
海道传入我国浙东三江地区，到西晋时，佛教在宁波已相当盛行，许
多寺院相继建立，有的寺院仍保留至今，如吴时兴建的慈城普济寺、
慈溪的五磊寺和西晋时兴建的天童寺、阿育王寺等。唐代以后，中国
经济文化重心逐渐南移，长江流域渐渐成为对外贸易和文化交流的中
心，宁波作为对外交流的重要口岸之一，对中外佛教的交流起了重大
的贡献，佛经、佛具等大量佛教用品从宁波传往日本、朝鲜等国家。
在著名的日本平泉中尊寺内至今藏有宋代明州吉祥院的《宋版一切
经》。日本僧人多乘明州（宁波）商船往返于中日之间，进行佛教的
交流学习。日本临济宗开山祖师荣西，在南宋时两次入宋，均到宁波
阿育王寺、天童寺取经学佛，回国时带回天台山佛教经义章疏 30 余
部和禅宗经典《六祖坛经》等。日本佛教曹洞宗的开山祖道元于嘉定
十二年（1219）、宝庆元年（1225）两次入宋，先后在宁波天童寺师
从无际、如静两位禅师，回国后在越前创大佛寺，弘扬曹洞宗风，其

---

① 宁波市民宗局：《宁波市宗教概况》（http：//www.nbmzj.gov.cn/html/zongjiaoyuan-di/zongjiaojianjie/20100504/8617.html.2010）。

禅林宗风皆取法于天童禅寺。天童寺被尊为日本曹洞宗祖庭。明太祖洪武十五年（1382）天童寺被诏定为天下禅宗五山之第三，阿育王寺为天下禅宗五山之第五①。

天主教传入宁波是在明朝末期，明崇祯元年（1628），由葡萄牙传教士来宁波设教授徒，到明永历二年（1648），意大利人卫济泰在宁波建立天主教堂，不久为清兵所毁。清康熙五十二年（1713），法人郭忠传在宁波药行街购地再建天主教堂；至雍正即位，毁教堂、戮教徒，使天主教遭到严重打击。1842 年，清政府签订第一个不平等条约《南京条约》后，宁波被列为对外开放的通商口岸之一，允许外人经商、传教，于是西方国家的传教士接踵而至，尤其是基督教（新教）传教士通过开办医院、学校等方式传播福音，吸引了众多中国信众，成为在宁波仅次于佛教的第二大宗教。

伊斯兰教最早于唐朝时期随"海上丝绸之路"传入宁波。这条"海上丝绸之路"大多由明州（今宁波）出发，经泉州、广州并由广州绕马来半岛，经印度洋，到达波斯湾以至各阿拉伯国家，根据考古资料表明，在许多阿拉伯国家曾发现越窑青瓷。当时的伊斯兰教徒多是来自不同地区的侨民，有阿拉伯人、波斯人、回纥人，以及改奉伊兰教的蒙古人，中国信徒不多。

四　服饰文化

宁波地势西南高东北低，山区、平原与海岸并存，不同的地域拥有各自不同的服饰文化②。

以余姚为代表的山区服饰多就地取材制作鞋服。如在产毛竹的地区，人们裁剪晒干的笋壳，拼制缝织成笋壳鞋。这种鞋雨天耐穿，晴天易破。还有一种"竹的笃"，将毛竹头直劈成两半，竹青面稍微削平，钻孔系上绳，下雨天系在脚上就是一双雨鞋。此外，还有麻、草编制而成的草鞋、麻鞋等。日常衣服多用余姚土布（即古时著名的越

---

① 来源于宁波阿育王庙散发的宣传资料。
② 来源于 2010 年宁波招商宣传资料：《宁波的服饰文化》。

布）制成，适于劳动之用，如余姚围裙，围于腰间，便于挡风防污。

以象山为代表的沿海地区多有良好的港湾，人们普遍从事渔业活动，经常出海劳作，这使得这一地区的服饰文化明显带有海洋性环境的渔民服饰的特点。如象山渔民惯穿的大襟衫衣襟右开不同于内陆左开式衣襟，主要是为了避免捕鱼遇右手对风时与网纲、绳线相互钩缠。同时，新制成的大襟衫需浸透在栲皮汁液中熬煮，至深褐色后捞起晒干，使衣服更奈海上作业时的海水腐蚀和风化日晒。布襦，是海岛妇女服饰的一大特征，又称腰巾。海岛妇女劳动在风大灰大的船头、滩头，腰间系上布襦可保暖、防尘，且在织网拣鱼时将布襦两角扎起可当盛器和避免衣服弄脏等多种功能。

以慈溪为代表的平原水乡地区与前文水乡文化区服饰相似，正如鲁迅《孔乙己》所描绘的，有身份有地位的人长衫马褂，劳动人民短衣短衫便于田间劳作。水乡多雨，所以蓑衣斗笠是水乡农家必不可少的特殊衣服。至于下雨时穿的鞋子，则有钉靴和套鞋。钉靴一半用布做成，抹以桐油，靴底钉上铁制的塔钉，这样，既防雨又防滑。钉靴是旧时江南水乡较普遍穿的雨靴。套鞋用橡胶制作，是全国比较普遍通用的雨鞋。

历史上，宁波是有名的"刺绣"之乡，素有"家家织席，户户刺绣"传统，宁绣曾与苏绣、蜀锦齐名。宁波绣品主要有"金银绣"，即用金线、银线为基材，辅以各种彩线盘绣于丝缎等面料上，绣工精湛、古朴雅致、色彩和谐。"金银绣"表现的题材主要有龙、凤、麒麟、如意和梅兰竹菊等吉祥图案，形式上吸收了敦煌画中藻井图案及戏剧补子图案，在空间布局上，金银线绣在彩色平绣图案的周围，盘金与色绣融为一体。"金银绣"始于汉而盛于唐，明清时期仍有发展。改革开放以后，中国逐渐走向工业化，传统的手工艺市场遭遇历史性衰退，宁波的金银彩绣业也急剧萎缩。目前，金银绣已被列为宁波非物质文化遗产进行扶植和抢救。

宁波的服饰文化发达，服装制作技艺超群，服装业是宁波主要产业，宁波的服饰业真正崛起是在民国初期，与宁波裁缝紧密相关，可以说宁波的服饰发展史就是宁波裁缝的发家史。宁波裁缝又称"红帮裁缝"，发轫于清末民初，宁波作为当时最早与国外通商的口岸城市之一，不少裁缝曾为外国人（又称"红毛"）裁制过服装，"红帮"之名由此而来。"红毛"最初是对荷兰人的称谓，后来泛指欧洲人。"红帮裁缝"是近现代中国服装史的主体，在中国服装史上，"红帮裁缝"创立了五个第一：中国第一套西装，第一套中山装，第一家西服店，第一部西服理论专著，第一家西服工艺学校。宁波裁缝起源于日本、成名于上海，发扬光大在宁波和上海[1]。宁波红帮裁缝是一个宝贵的品牌形象，从文化分析的角度看，红帮是一个群体，是中国近现代服装的开拓者。红帮又是一种精神，它凝聚了宁波帮的创业精神，已成为宁波服装大市弥足珍贵的精神财富。

五　宁波商帮

　　宁波商帮又俗称"宁波帮"，人们把旧宁波府所属的鄞县、奉化、慈溪、镇海、定海、象山六县在外埠经营的商人，称为宁波帮，是明清以来浙江省宁波府所辖境内的地域性商人集团。由于明清以来全国经济水平的提高和商品经济的发展，以及新航路开辟以后东西方经济联系的加强，众多的地域商帮在明代中期以后相继诞生，在全国范围内进行跨区域的长距离商贸活动。自宋代以来，宁波地区的人口剧增，土地资源非常紧张，所谓"地狭人稠"，到明清时期，人地矛盾更加突出。据明代《广志绎》指出"宁波齿繁，常取足于台……故台温闭籴，则宁、福二地遂告急矣"[2]。当地人民无法以农业养活一家，因而外出经商成为缓解人地矛盾的主要途径。宁波帮商人有一个显著的特点，即海上交流十分频繁，海商是宁波商帮的主体。由于"背山面水"的地形特点，海上交通较陆上交通方便，因此，海外地区和中国沿海地区始终是宁波帮商业活动的区域重心，如日本、东南亚地区、浙东地区、闽广沿海地区、长江三角洲地区、山东辽东沿海地区等，同时长江流域水运便利，许多宁波帮商人沿江而上，进而到达许

---

①　http：//baike. baidu. com/link？url = F6cTI3CnDMdyKYPnnapZTMzUH0fsTmY3jQqG-6GApnDUqTmh－8gsaCNimxskYYFb1.

②　（明）王士性：《广志绎》卷四，中华书局 2006 年版，第 270 页。

多内陆地区进行商业活动，如湘鄂川，北京和塞外地区等。宁波帮商人经营的行业十分广泛，而海商经营的航运业、鱼盐业、南北货业和清代的洋铜贸易是其中比重最大的行业。由于航运业等各行业"款项之进出浩大，金融之调度频繁，钱庄业顺其自然，得有创业成功之机会"①。宁波帮海商以经营北洋航线商运贸易为重要业务，与钱庄生意往来密切，在雄厚的资金支持下投资上海钱庄业，到上海开埠前后宁波帮商人已牢牢地控制着上海的钱庄业。五口通商之后，特别是清末到民国初年，宁波帮商人大规模移居海外，在世界各地进行商业活动，成功者居多。2008 年 3 月，宁波市首次举行"市外甬商创业创新大会"②，这次会议就邀请了约 40 万外地宁波商人回家乡交流洽谈，做大"宁波人经济"。由此可见宁波商帮规模之大、实力之强。

第四节　亚区划分及其文化特征

浙东南海洋文化区的内部文化空间分异明显。从地域单元的完整性和连续性看，可以划分为明显的两个亚区，即温台亚区和舟山群岛亚区，宁波作为浙东南海洋文化区的文化中心。从经济社会联系的紧密程度看，同样可以划分为宁波中心和温台亚区、舟山群岛亚区。大量区域经济研究成果表明，温州和台州的社会经济联系度远远大于甬台的社会经济联系度。从历史演化脉络看，宁波属于宁绍平原的一部分，但与绍兴的文化相差很多，与台州又不在同一自然地域单元。舟山群岛无论从社会经济联系看还是从自然地域单元看，与甬台温都不是一个社会、经济共同体，但从文化的历史演化看，渊源深厚，舟山是一个年轻的、由甬台温移民组成的一个独立群岛文化单元。因此，浙东南海洋文化区的内部文化空间分异为"一中心两亚区"，即宁波文化中心、温台亚区和舟山群岛亚区。

---

① 中国人民银行上海市分行编：《上海钱庄史科》，上海人民出版社 1978 年版，第 9 页。

② 中国宁波网：《宁波邀请 40 万宁波籍商人回到家乡来投资》，2008 年 3 月 14 日。

一　舟山群岛海洋捕捞文化亚区

舟山群岛是典型的海洋捕捞文化区。

舟山渔场一年有四个鱼汛，春季的"小黄鱼汛"被当做一年的开始。与大陆农耕居民的开春类似，海岛上一年开始的开捕祭海最为隆重，有颇多仪式和禁忌之处。在出海前一天，渔民要备好猪头、鱼鳖、鸡等各类祭品，担任洗涤任务的渔家主妇必须事前沐浴，洗净祭品后端到船头供奉龙王，或在船尾的圣堂舱供奉船神。然后由船老大带领点燃香烛，跪拜祈祷。祭祀完毕，还要将一杯酒和一些肉类等物抛入海中，以谢龙王和船神，称为"行文书"或"酬游魂"。最后全船人饮"祭海酒"，随着鸣锣开船渔船便出海去了。除了出海前的祭海，在鱼汛结束时一般还要祭海，俗称"谢洋"，实际上这与大陆居民庆五谷丰收的本质是一致的，可以看做古代农耕文明意识形态在海洋文化中的再现。上半年鱼汛是一年当中收获最丰的，因此在农历六月廿三，要举行第二次大规模的祭海仪式。

作为传统的海洋捕捞文化区，舟山的作业方式多样。具体有古老渔法、旋网、张网、对网、流网、拖网、围网、钓捕、诱捕九大类，其中古老渔法是最古老的作业方式。相比于陆上的淡水作业方式，舟山多大面积大规模海上作业，需动用大型渔船和人力。以对网为例，是以两船并对共同拖曳一张网为特征的海上作业方式。有大对、中对、小对、背对、机对等类目。还有拖网，是以渔船拖曳网具，驱使鱼虾入网的作业方式。诱捕是利用鱼类喜欢灯光和钻穴贪食的特性来诱捕其入网的作业方式，分为笼捕和光诱，笼捕器具主要是蟹笼。

在行船捕鱼中，由于海上作业的繁杂，人们便自动生成了许多礼数。例如在海上航行，常常会遇到别的渔船，一般是大船让小船，顺风船让逆风船，若同是逆风船，则橹前船让橹后船，停泊船要让捕捞船。晚上行船或停泊均要亮船灯。下网时，后下网的渔船要让先下网船的网地。停泊的商船均要让作业的渔船。

由于自古舟山人在海上捕鱼，风险颇多，与此产生了许多和大陆不同的风俗忌讳，这些一般都和海洋有直接或间接的关系。舟山人对于船上生产生活的忌讳颇多，如双脚不许伸出船舷外面，以免"海鬼拖脚溺水"；不许拍手，否则会"两手空空"；不许在船头撒尿，因为在渔民心中尿撒龙头便是冲犯龙神。吃饭时的禁忌也颇多，吃饭时需处处讲吉利，不可随便冲犯。

海岛人对后代的生养中，也非常注重与海的接触。婴儿满月时，要由父母抱着去海边戏水，一般是在父母的扶持下，让婴儿在一个木盆中随海水漂泊，目的是让婴儿与海亲近，习惯海水，也称"与海龙王认亲"，以图日后作业于海上时平安。

（一）饮食文化

舟山渔场是我国四大海洋渔场之一，也是我国最大的渔场。由于地理位置独特，海产资源十分丰富，四时海鲜轮番供应市场，鱼类、虾类、蟹类、贝类应有尽有，被誉为东海渔都。舟山饮食没有形成流派，以海鲜为主，随性而烹，制作简单，似乎是煮熟即可。旧时的舟山人主食以大米和番薯为主，偏僻小岛以番薯为主。菜品以海产为主，以肉类和蔬菜为辅。

不过随着时代的变迁，舟山交通日益发达，与大陆之间的联系方便快捷，菜品日渐丰富，现在舟山菜品中以鱼类为主要菜肴的格局已变，更加注重样式丰富和花色搭配了。

舟山渔民的饮食餐制平日一般也是一日三餐，如在鱼汛期，下午2点时张网和晚上11点归来时由于劳动强度大，都需要另外加餐。

舟山的菜品注重原汁原味，以鲜活、清淡为主要特点。烹调方式种类较少，以清蒸、羹制为主，辅以红烧、热炒和油炸。鱼类烹调主要有水煮、腌制、烤、风干等，这也是舟山最具传统特色的饮食习俗。腌制对象主要是鱼、虾和蟹，其中腌制蟹品为海鲜饮食的一大特色，这在整个浙江沿海地区都广为流行，口味偏咸。烤食以鱼虾为主，风干以鱼类为主，水煮以虾蟹贝螺为主。旧时的渔民由于在船上少油缺水，烹制带鱼时往往不放油而用热盐爆炒，这成为舟山极具海岛特色的烹饪方式。

传统的舟山饮食以纯海鲜烹饪为主，口味鲜浓，现在的海岛海鲜烹调也非常注重荤素、花色、味觉搭配了，家常菜里有豆腐蟹股汤、芹菜炒鳗干、螺肉煮白菜、鸡蛋炖文蛤、虾仁炒黄瓜等。

　　虽然舟山菜历史不长，没有形成风味固定的菜系，饮食风格仍在快速发展演化中，但烹制方法基本形成了四大特点：一是重口味，轻形状；二是善于烹制各种海鲜，海鲜在舟山菜中占有重要位置，活鱼现杀，海鲜现烹，因料施技，极尽其味；三是常用"鲜咸合一"的配菜方法，常将鲜活原料与腌制原料配在一起，再行烹制，由此产生非常独特的滋味；四是擅长烩、烧、炖、蒸、白灼、腌等烹调法。烩菜的羹、汤滑嫩醇鲜，风味独特；烧菜讲究火功，浑厚入味；炖菜讲究浓白、味鲜；蒸、白灼以断生为佳，食其本味；腌菜选料均以鱼虾、蟹、贝、螺等，口味重咸、味鲜，下饭极为入味。

　　舟山人好饮酒，这也是和海上打鱼的习惯有关，一般渔民下海前都会在船上备好大一箱的酒。舟山人饮酒量大，年长年幼者均能饮酒，且常年饮酒，中医认为海岛饮酒能辟阴湿之邪，解鱼腥之气，利于渔民健康。酒品一般以绍兴老酒和白酒为最，年轻人还喝啤酒和葡萄酒。白酒一般是渔民在船上饮用，以抗海上或水下作业寒冷。

　　（二）建筑文化

　　舟山海岛以青岗石筑成的石屋和渔舍为特色民居及地标性建筑，这与舟山岛的地理环境有很大关系。舟山岛上多石头，建造石屋便于就地取材，同时海岛上多大风，且潮气很重，因此石屋既能抗击暴风雨，也能防潮防腐蚀。石屋一般用光洁的方形花岗岩垒建而成，同时用水泥、黄沙拌粘于缝隙之中，一般不用其他建筑材料。这在普陀的东极岛和嵊泗黄龙岛最为典型。与内地的窗户完全不同的是，石屋的窗户一般也为石头雕成的花窗，花窗一般采用浮雕和圆雕的手法，雕成各种图案，如龙凤、钱币、蝙蝠、鲤鱼等，以图吉利，非常美观。另外，定海等地还有许多面积较大的四合院，多是晚清年间一些富商或船帮帮主在上海、宁波等地经商发迹后回乡修建的。四合院有黑白分明的骑马墙，总体结构类似浙东的民居。不过现在保留下来的四合院已经比较少了。

　　（三）服饰文化

　　舟山的服饰以劳动服饰最具特色，舟山的劳动服饰中最具地域特色的是大襟衫、笼裤、布裥这三种服饰。大襟衫是一种对襟外衣，衣襟向左敞开式，这样可以避免右手对风时被网纲等钩住。一般在穿用前会放置于薯莨根皮汁液中熬煮，可耐风化、日晒及海水腐蚀。笼裤因直筒大脚，裤脚较短，裤筒较大，形似灯笼而得名。笼裤的裤腰宽松，左右开衩，腰的开衩处缝有四条带子，便于束缚。这样的设计有利于劳动作业，且可往裤中安放御寒衣物，也可放手取暖，非常方便。布裥又称"腰巾"，制作简单，即在一块方巾上系两条带子围在腰间，背后打结即可。不过舟山布裥的用料和装饰很丰富，布料有印花蓝布、绸缎、细布、油布、塑胶布等，很多手巧的渔妇还会在布裥上绣上各种图案装饰，这样的布裥也称为绣花布裥。

（四）交通文化

"开门见海，出岛乘船"便是舟山人出行的最贴切的形容。船对于舟山海岛人来说，几乎达到了"不能一日而废舟楫之用"的地步。

舟山的地形犹如一只大船，意为船的聚集之所。在历史上，舟山曾以昌国为县名，昌即指独木舟。

在舟山，船被称为"木龙"，在舟山人眼中，龙为神灵，整艘船便是龙的化身，船上有龙眼、龙旗，人们要在船上置龙灵、祭龙神。

龙眼是舟山渔船的一大特色，尤其是在老式的渔船上，一般都会有两只黑白分明的船眼睛，俗称龙眼。其实，在中国的东南沿海的老式渔船一般都有船眼，船眼的类型一般分为龙眼、凤眼、蝌蚪眼三种。舟山船眼的形状为扁平半球形，眼白与眼珠间稍刻凹槽，眼珠凸出，外圈涂白漆，内侧涂黑漆，分别表示眼白和眼珠。舟山人认为龙眼能观渔路、绕暗礁、识方向，因此龙眼具有重要的地位，安装船眼有个复杂而隆重的民俗。船眼要用上好的木头制作，安装船眼要选吉利日子。新船下水时，船主要亲自将封眼的红绸布揭下，称为"启眼"。

与龙眼类似，船灵魂又称龙灵魂。一般选用小块木头，在上面挖一小孔，里面放入铜板、铜钱、银圆等物，铜板要选用吉祥图案，铜钱大多选用康熙、乾隆字样，认为这些象征真龙天子的龙铜钱作为船灵魂效果最佳。也有些小岛是用妇女的头发、手帕之类缚在铜钱上连同一对小木偶放入。这些放入小孔内的物品即为船灵魂。安置好船灵魂后将小孔密封，然后要用供品祭祀船灵魂，以求吉祥。

龙旗一般指的是船体上的鳌鱼旗。舟山的鳌鱼旗是一种以旗定向的风向旗。前半部分是用樟木精雕出的彩色鳌头，后半部分是块红布和鱼尾，中间用两条竹篾把两者连接，再用一根铁棒自上而下贯穿头尾钉在桅杆顶端。鳌鱼旗的由来和古神话有关，根据舟山民间传说，一开始舟山的船旗是一只鸟，但因东海鳌鱼作怪，观音斩其头悬挂在桅顶示众，以告诫海中水怪不得作怪。从此，鸟旗便演变成了鳌鱼旗。

在舟山，新船下海被称为"木龙赴水"。"赴水"谐音"富庶"，即富庶之意。木龙赴水是一件大事，在赴水的过程中船主要站在船头向四处抛撒新船馒头，且认为抛掷得越远越高越好。同时船主或司仪要在船上唱"木龙神歌"，围观的群众会争先去抢拾馒头，以图沾上喜气。

（五）宗教信仰

舟山的宗教信仰也带有浓厚的海洋捕捞印记。舟山人信奉船神，渔民视船为家，因此船神即为家神。舟山船神大概分为四种：一是宗教人物，如观音；二是历史人物，如关羽；三是传奇人物，如从闽南传入的妈祖；四是当地的捕鱼能手，如被舟山人尊为船神的杨普老大。另外，由于舟山岛屿众多且分散，因地域方位和生产作业上的差异导致各地船神信仰对象不同。在嵊泗列岛，因靠近上海、江苏，宗教信仰和大陆相近，多信仰关羽，故称为"船关老爷"。在舟山的大对、背对船作业地区习惯供奉男性船神。溜网及小对船作业地区习惯供奉的是女性船神。在普陀渔区，因靠近普陀山观音道场，渔民除供奉妈祖之外，还将观音作为船神供奉①。

舟山影响最大最具地域特色的便是观音信仰和观音文化。佛经中记载的观音的居住地普陀洛迦山与舟山的环境类似，唐朝时舟山是中日航线的中转站，唐时日僧慧锷在舟山首创不肯去观音院，加上唐朝

---

① 金庭竹：《舟山群岛海岛民俗》，杭州出版社 2009 年版，第 6 页。

舟山普陀南海观音　　　　　　　　　舟山普陀普济寺

以后历代帝王的推崇，使得日后舟山成为最有影响力的正宗的观音道场。加上海岛作业的艰辛，渔民对大慈大悲的观音的信奉更为神圣和迫切，使得舟山"海岛处处供观音，观音信仰说不尽"。观音在海岛及海内外的香火要盛于如来，以及文殊、地藏王等神灵。观音信仰中以观音的三大香期为主，分别是农历二月十九观音生日，农历六月十九观音得道日，九月十九观音涅槃日。尤以观音生日最为隆重，每到香期之时海岛居民以及海内外香客纷纷到普陀山礼佛，往往多达十万人，场面宏大。

（六）礼仪习俗

婚俗、寿诞和丧葬最能体现舟山群岛的礼仪风俗，渔风海韵是最突出的地域特色。

海岛人对于婚礼的重视程度也不低于大陆，从定亲到婚礼、回门等习俗种类同样繁多。不过在这其中也体现了浓厚的"海味"。例如在定亲过程中，男女双方都要送礼和回礼。男方下聘时礼品中少不了要有一对大黄鱼，而且这对大黄鱼必须新鲜漂亮、头尾完整，送到女方家时要让鱼头对着女方家门。女方接受聘礼后还礼时仍要将这对大黄鱼送回男方家，且鱼头必须对着男方家门。定亲后还有认亲，在认亲时送的礼品中必须送一担鲜鱼，鲜鱼中又必须有小黄鱼和鲳鱼，这两种鱼被视作吉祥鱼。此外，婚前逢年过节女婿也需往女方家送礼，礼品中也是必须有鱼的。在婚礼仪式上，总体来看，舟山和大陆并无太大区别，不过其中不乏许多特色之处。例如有些小岛上的婚宴必上烤芋艿，且每道烤芋艿后都要上一个菜系，包括六七道菜，因此烤芋艿的数目便决定了婚宴的丰盛程度。

由于长期在海上作业，舟山人的婚俗中有一些与大陆迥异之处。一般来说渔民对婚期是十分看重的，但是海上作业有时会被客观因素耽搁，如暴风雨等突发因素，这样新郎便不能及时赶回来。于是这时便由新郎的妹妹手抱一只体格健壮、当年养大的公鸡代替兄长与嫂嫂拜堂，然后又带着公鸡与新娘一同入洞房。因此便有"抱鸡入洞房，小姑代拜堂"的说法。

旧时在舟山地区接亲一般用船只，当距离较远时，接亲便受天气、潮汐的影响较大，所以婚期到的时间便很难择定。在船只的选择上，距离近者一般用改装的渔船，距离远者则用较大的船，如花雕船。一般要在娶亲的彩船前舱悬挂彩旗，也有在舱门悬挂大彩球和宫灯的。开船前必须在船头祭祀船神以求路途吉利。

海岛渔村婚礼中还有一种特殊的风俗——"贺郎"。所谓贺郎，是新郎新娘在入洞房后，会在新房里设案摆盏，邀请亲朋好友入房围坐，并从中推举能歌善舞的人做领唱，采用"一唱众和"的方式唱《贺郎调》以示庆祝，内容一般是祝福新婚夫妻百年好合等话语。更有一种即兴贺郎，考验的是领唱人的机灵和口才。一般是领唱人根据房中的摆设、众人的穿戴，随景编唱，一般唱时还会配以动作，这样的演唱一直要进行到夜半三更。

由于海上生产对生命的威胁较频繁，因此古时海岛人高寿者不多，海岛人的求生欲望和求吉欲望更加强烈，对寿诞的重视程度要高于大陆，并具有明显的海洋特征。同时渔民们也认为做寿时以酒肉祭祀龙王，以博龙王欢心，可以遇事逢凶化吉，为自己添寿。一般来说，做寿从50岁开始，10年一庆，这与大陆许多地区类似。按照惯例，海岛人一般是由寿者的女儿和女婿发动，征得寿者同意后，再由寿者的儿子和女儿出面向亲朋好友广发请帖。而且做寿中一般是女儿的开销要比儿子大。富裕人家往往还要请人唱戏，曲目也和祝寿有关，如《海龙王祝寿》、《八仙祝寿》等。寿宴中也少不了鱼类菜品，而且一般都要挑选讨口彩的鱼以图吉利，海鱼必须新鲜。一般选择大鲳鱼、大黄鱼、虎头鱼、龙头鱼、凤尾鱼、石斑鱼等。

在舟山，有一种称为"潮魂"的葬法。这是一种衣冠冢式的葬法。由于事故原因渔民死在海里，没有找到尸体，便在涨潮时扎个稻草人，给稻草人穿上死者生前的衣服，设灵堂祭拜，由道士打醮、超度，死者亲属则披麻戴孝，提着灯笼，奔走在海边，高呼"某某来呵"，后一人随后答应"来啰"。这样的呼喊要一直持续到潮水涨平，人们认为用这样的方式就能将渔民在海里的阴魂招进稻草人中，然后将稻草人放进空棺材中送到山上安葬。这是一种和大陆的土葬、火葬有明显差异的葬法。由于古时海上生活的艰辛，渔民出海风险很大，民间便有"嵊山箱子岙，十口棺材九口草"的说法，可见潮魂葬在沿海这一带采用的比例是比较高的。潮魂葬也可以看做中国古代民间招魂葬或衣冠冢的一种延伸。中国古代民间极重落叶归根，家人如死在外地，其尸体找不到或不能运送回老家，其家人只得用死者生前衣冠，请道士举行招魂仪式，认为借此能将死者灵魂招回衣冠中安葬，死者便不会在外成为孤魂野鬼。只不过海岛人选择的是海边举行仪式，道具是稻草人，而实际内容却是相似的。

（七）节庆娱乐

舟山的传统节庆与大陆基本类似，也有不同之处。例如中秋节，舟山和宁波都是农历八月十六过节。又如清明，江浙地区清明有尝鲜的习俗，舟山也有此习俗，不过尝鲜的内容不同。舟山清明时节春季鱼汛进入旺季，各类鱼鲜成为清明的时令海鲜，如大小黄鱼、春蟹、糯米虾、鲈鱼等。

舟山形成了许多独具地方特色的渔事节庆活动，如开洋节、谢洋节、赶海节和浴海节都是由海洋鱼汛规律形成的。赶海节是在农历三月初三，这一天是一年之中潮汐最大的时候，退潮时海水会退至最低，因此很多深藏在海底的海螺此时便会露出，这是海岛上海螺最多的日子。这一天舟山的男女老少都会涌向海边去采螺，所以这一天也称为"海螺节"。浴海节是在农历六月初六，这一天由于天气炎热，人们都要去海水里洗浴。

现在舟山形成了许多旅游节庆活动，这既是舟山海洋文化开放的需要，同时也是舟山古老传统的一种传承。2005 年，岱山县首创了中国海洋文化节，在每年的六月举行，时间与谢洋节相近，节庆的形式和内容也和谢洋节一脉相承，内容有渔船进港、渔网上岸、祭龙王、酬龙王、舞龙等，成为舟山旅游的亮点。1999 年开始举办的舟山国际沙雕节，便是起源于当地的游戏民俗堆沙和"水浇沙龙王"，这些都是海岛人童年的游戏。

舟山的许多娱乐方式都起源于海岛海洋生产过程。如船灯舞、锣鼓、双桥木偶等。还有一些源于海上作业时枯燥的生活，起调节情绪的作用。如渔歌、小调、舟山锣鼓。另外有一些是为祛邪求吉和祭祀神灵，如龙舞、跳灶神、海八仙。舟山的跳灶神相比大陆的小年祭灶神有所不同，每年农历廿三，舟山海岛上都要为灶神献艺，目的是逗灶神开心，使他在玉帝面前不说坏话多说吉言。还有一些是起源于历史事件而传承下来，如赛泥马，源于明朝戚继光为抗倭而发明，明时倭寇进犯江浙沿海，明军在舟山剿倭时，由于舟山多滩涂泥潭，马不能行，于是戚继光便发明了一种类似战马的器具，攻克了敌军，于是当地人便模仿泥马的制作，逐渐传承为一种游艺方式。当然舟山更多的游艺最初的目的便是为了愉悦身心和强身健体之用，包括锣鼓、跳蚤舞、鱼灯、船灯、渔民号子等。舟山锣鼓源于航船锣鼓，由套鼓和排锣组成。原先是木帆船敲打铜锣载客之用，后来由于不方便便将铜锣固定，伴以一面鼓来伴奏，航船锣鼓便由此诞生。

在所有民间娱乐活动中，跳蚤舞是最具舟山地方特色的，且在定海白泉的赛神会上最负盛名。跳蚤舞也可称为跳灶舞或跳灶神，是一种酬神舞蹈。跳蚤舞表演特点是诙谐、逗乐、灵活，一般是由一男一女组成，男角在前，女角在后，男角以阻拦和戏耍动作为主，女角以躲闪和挑逗为主，节奏为三拍，一般用鼓和钹伴奏。舟山渔民画与其说是一种独特的艺术形式，不如说是一种记录渔民生产生活的娱乐活动，描述的是渔民的生产生活场景，以及渔家接触的海洋及其海洋生物，渔民画质朴粗犷，用色大红大紫，画法夸张，不求形像只求神似。

二　温台海洋贸易文化亚区

(一) 语言和戏曲

温州方言主要有瓯语、浙南闽语、蛮话、蛮讲、畲客话、金乡话和蒲门话七种。此外还有南田话、大荆话和罗阳话等台州、丽水与福建方言等分支。而正宗的温州话要属温州市永嘉县。温州话的变化也很多，甚至各个县、市、区之间的发音也有差异，包括瑞安话、乐清话、平阳话、蛮语等。不仅近十种温州方言彼此语法、用词完全不同，无法相通，而且即使是瓯语，每个区县的发音也不同，通常不影响交流，但两较远区县沟通困难。

瓯语是温州方言里最强势的一种方言，分布在瓯江下游、飞云江和鳌江流域。其中以温州市区和永嘉县最纯；说闽南话的人口大抵是明清之交的泉漳移民，他们主要分布在温州南部；蛮话是温州市苍南县的土著语言，属古百越语的一种，与古瓯语（温州话）是同源；畲客话，畲族使用的汉语方言客家话。畲族有本民族的语言，但浙江境内的畲族都是用客家话。畲客话分布在苍南、泰顺、文成、平阳等畲族居住区；苍南县闽语区中有两个吴语方言岛，一是金乡镇，二是蒲门城。此外，在东瓯片以南的闽语区中还有好些地方是双方言区，如平阳水头镇，既说闽南话，也说吴语东瓯片的水头话。苍南县样样俱全，是温州地区方言最复杂的一个县。在苍南、平阳等县有许多地方，往往几种不同的话区交错在一起。为了交际需要，许多人不得不学会两种方言，还有的人会说三种或四种话。因此，在这些地区就形成"双方言"或"多方言"并举的局面，这是温州地区在语言方面呈现的一种独特景观①。

瓯剧是温州地区的古老剧种，俗称"温州乱弹"，其和绍剧、婺剧一样，都有着悠久的历史。瓯剧以温州官话为基础，由高腔、昆腔、徽调、滩簧、时调等多种声腔构成，由于长期在农村中发展，具

---

① 百度百科:《温州话》，来源于 (http: // www. baike. com/wiki/% E6% B8% A9% E5% B7% 9E% E8% AF% 9D)。

有质朴、粗犷和明快的表演风格，唱做并重，以做功见长，善于细致地表达各种人物内心的复杂情感。瓯剧以武戏著称，许多动作颇为惊险。它吸收民间拳术而形成了自身独特的"打短手"、"手面跟头"等动作，演员赤手空拳，互相搏斗，动作紧凑。

（二）丧葬习俗

温台的大部分地区及绍兴的部分地区流行的墓式是一种石椁浮坟。这种墓以石板建构，直接建在地表之上。这种坟一般是先用一块大石板铺垫在地上，上面再搭建一个由五块石板围合建构起来的石棺，上面堆上一些泥土。这种浮坟一般分为单眼和双眼，双眼为合葬墓，也有多眼的。这种墓式的石板一般来自台州温岭的长屿镇，绍兴东湖的古越国采石场的采石遗址和长屿的非常类似，足见绍兴至台州这一带地区的墓式沿革具有一脉相承的可能。史书记载，越国被楚国灭后，一部分越人越过南山进入东瓯，即现在的温州和台州地区[①]。实际上这种浮坟的分布也不仅仅流行在台州和绍兴部分地区，在台州与丽水市缙云县交界处，流行的是一种土库式样的墓式，土库式墓实际上也是浮坟，只是材料用条石和块石取代了石板。向南延伸到温州的洞头县，则演变成了一种塔坟。塔坟一般建有三层，由下层至上层逐渐变小，材料选用石块用水泥堆砌而成。相比台州的浮坟，塔坟要显得规模更大，周围也修建得更宽敞。

在整个温台地区最流行的墓式是椅子坟。椅子坟可以看做浙东南地区长久以来形成的一种适合本地区自然环境的土葬墓式。椅子坟大多是依山而建，建在地表之上，在四周会再浇筑水泥或石块，以防止多雨带来的冲刷。椅子坟一般有单圹式和多圹式，单圹式一般葬的是一至两个人，多圹式往往具有家族墓地的作用，可以安葬多人。椅子坟占地面积往往都在十几平方米到几百平方米甚至上千平方米，这种耗资较大的墓式原本只有富裕阶层才能建造，但是现在已经相当普遍，这与温州近几十年富裕起来的经济是分不开的，这种椅子坟由于耗资耗时，大都在生前便建造起来。

---

①　陈华文：《论吴越丧葬文化的区域性特征》，《广西民族学院学报》2003 年第 3 期。

在温州的平阳等地，普遍流行的墓式是平坟。椅子坟便可看做对平坟的改造，它是在平坟的基础上在外围再建造一圈坟墙。平坟一般以家族、家庭聚葬出现，所以有时其成片地分布在一个地方。

就浙东南这大片区域来看，椅子坟普遍存在。近些年椅子坟的影响范围早已超越了原来的瓯江流域，沿着海岸线一路向北的台州玉环、温岭等地直至宁波象山，以及向西北方向至金华地区都有大量分布。

温台地区的丧葬文化与福建也有许多相似之处，这与历史上福建移民的迁入有关。如台州的甏葬和草灰葬便源自福建，甏葬一般是在人死后三年至五年后，重新开坟，将骨骸按全身部分串接，置于甏中，重新埋葬。草灰葬的对象一般是男性，有点类似于潮魂葬，不过做法是将稻草人火化，放入甏中埋葬①。另外在温州部分地区流行甏瓶葬，也是二次葬的类型，也有资料记载来自福建，称"葬惟士人富室用棺圹，贫家多沿闽俗，用骸瓶，瓶比酒瓮略高，殁后隔数年，检骨纳瓶中以葬"②。不过温州的甏葬又有所不同，是在原坟葬破败之后才进行甏葬。相比之下，其他各县也有祖先坟葬破败进行捉骨重新安葬的习俗，但少有用甏，一般用木制箱。

---

① 浙江民俗学会：《浙江风俗简志》，浙江人民出版社 1986 年版，第 51—519 页。
② 同治《泰顺分疆志》卷二《风俗·丧祭》。

第七章

浙西南山地文化区

第一节　浙西南山地文化区特征

　　浙西南山地文化区包括金衢盆地的金华、衢州和西南山区的丽水三个地市。金华的地形属于盆地丘陵，盆地边缘环绕高山，在浙江省的几何区位位于浙中，但由于金华和衢州历史渊源深厚、社会经济发展条件相近，尤其是近现代的经济联系十分紧密，金华、衢州、丽水同处于金衢丽经济带，因此三地共同构成一个文化区。谭其骧在《长水集》对这一地区的地理环境有详细分析：

　　　　西境旧衢州府与江西旧广信府接界，衢州的信安江与广信的上饶江虽分属于浙江、鄱阳湖两大水系，而两江河谷，略成东西一直线，自浙境衢港（即信安江）上游之常山，至赣境上饶江上游之玉山，中间相隔一岭，舍舟从陆之道仅八十里，自古为浙赣间往来通途。

　　因而这条通道使得浙西南金华、衢州、丽水与江西之间的联系较多，因而文化上与江西存在共性。方言上，江西的上饶、玉山、广丰等县都通行吴语，与金衢地区通话程度较大；从地方戏方面来看这些地区都流行弋阳高腔；节日习俗上，这些地区都流行板龙灯。

　　同时衢州的江山县的仙霞岭通道是旧时浙江与福建之间最重要的路上通道，江山县廿八都古镇便是位于这条古道的三省交界处的有上千年历史的重要集镇，历史上仅镇区内便有九种方言，分别来自赣西、浙南、闽北、闽南等不同地区。因此，浙西南与福建的文化也呈现出一定的共性，至今为止，福建与衢州、丽水相邻的浦城县大部分地区还通行吴语。

一　区域文化特征

浙西南属于典型的山地文化区，是浙江省境内所有河流的发源地。金华的磐安、武义是金华江、义乌江的发源地，丽水的庆元、仙居、龙泉、遂昌、景宁是瓯江的源地，衢州的开化是钱塘江的源地。可见，浙江西南山区是名副其实的"浙江水塔"。这一区域的文化具有两个明显的特征：一是山地文化，二是文化的原始形态。

我们历时两年对金华的磐安、武义、金东，衢州的龙游、开化和丽水的遂昌、庆元、景宁的山区文化资源进行实地调研，根据这次大规模的调研，我们发现山地文化与江南地区其他地方的水乡文化、海洋文化等完全不同。概括地说，山地文化大致包括五大文化特色和十类特色文化。

（一）山地文化特色

1. 山水文化特色。所谓山水文化，是以自然山水为物质载体或对象而产生的各种文化形态与文化现象的总和。浙西南山区的山水文化体现在以下三方面：（1）山水文化蕴含着丰富而深邃的意识形态和思想精神。总体上说，主要表现在三种意识形态：风水的山水思想、崇拜自然的精神、君子比德的儒家精神。（2）山水文化的审美特征。山地的山水蕴含着巨大的美学价值，这是人文、历史的见证。①山水的形态美学。山水的形态美主要体现在山水的外在形象给人以美的享受。②山水的象征美学。人们在流连山水时，已经不仅仅注重山水的外在形态美，特别标举内在的品质，这也是山水"比德"儒家观念的表现。（3）浙西南山地的山水形成了丰富的人文现象，展现了山区较高品位的文化形态。

2. 孤岛文化特色。山区由于受到高山阻隔，古时交通较为闭塞，区域地理环境十分封闭。在这种封闭的条件下，逐渐形成了独具特色的"孤岛文化"现象。在"孤岛文化"的作用下，形成了丰富多彩的乡村文化资源，乡村文化景观保存较好。

3. 多种经营特色。由于地形多样，山地多平地少，西南山区的气候属亚热带季风气候，因此天气温和，雨量充沛。又由于地形有高山、低山、台地和丘陵等复杂因素，县内不同地段的气温、降水和日照差别很大，小气候复杂，加上境内自然资源较丰富，野生动植物品种繁多，因此，农林牧副渔全面发展，在这样的条件下，山区形成了独特的山区型产业

4. 山地建筑特色。西南山区民居多就地取材，因此留存的历史建筑风貌体现出了显著的山地建筑特色：建造简约朴素、多为木结构房屋，一般为两层、坡屋顶，为适应山地多雨水的气候而有较大的挑檐。在平面布局上主要有四合院式、三合院式、一字型和组合式。

5. 鲜明的文化区域差异。"一山有四季，十里不同天"是对山区的地域差异性的形象描述。往往山的南坡、北坡不同、山沟和台地不同，表现在文化上有生产方式不同、生活方式不同、语言不同、民间信仰不同、习俗不同，等等。

（二）山地特色文化

饮食文化、古村落建筑文化、农耕文化、儒家文化、隐居文化、方言与民俗文化、茶文化、药文化、菇文化、榧文化十类。我们对浙西南山区的饮食文化、古村落建筑文化、农耕文化、宗教信仰、隐居文化、节庆娱乐文化和婚丧习俗加以讨论。

二　饮食文化

浙西南地区境内丘陵起伏，峡谷众多，间有狭长的山间盆地，树木蓊郁，自古农业以麦类、杂粮为主。其中金华、兰溪、龙游等地地处金衢盆地，土地平坦肥沃、水源丰富，历来以稻作生产为主，有浙江"第二粮仓"之称。浙西南地区的主粮有稻米、小麦、玉米、番薯等。如丽水便有做番薯羹（也叫番荠羹）的饮食习俗：

> 番荠俗名地瓜，味甜，初冬经霜，味益甜。农家以之果腹。有以之为糊羹者，法去番荠首尾两端，置笼内蒸熟，再去其皮，

磨擦细汁，和以蕨粉及糖霜，加水搅匀，再用猪肉炒之，即成番荠羹矣。[①]

在山区，日常菜肴除食用四季新鲜蔬菜外，往往好用干制、腌渍等加工方法，尤其在秋冬季天气寒冷之时家家都会准备，如咸渍菜、腌菜梗、腌萝卜、榨菜、汤菜、泡菜、腌辣红菜顶，干制菜有萝卜条、萝卜丝干、芋干、各类菜干等。金华地区还盛产火腿，以色、香、味、形为金华一绝，便是将猪后腿经过上盐、整形、翻腿、洗晒、风干等程序，历时数月制成，也是腌制类食品。民间腌制火腿始于唐代。因火腿集中生产于金华一带，故俗称"金华火腿"。

浙西南地处南方山区，地形起伏大，盛产山珍。例如丽水的"炒二冬"，便是由山区出产的冬菇、冬笋烹制，冬笋鲜嫩松口、冬菇香气浓郁，成为丽水山区的传统风味菜。

在小吃上，浙西南山地文化区不似太湖地区以米类和豆类为主料，而是以面类和杂粮为主料，制作的点心口味咸、香、松、脆，例如肉麦饼、玉米饼、麦饼头、大饼、单麦饼、蛋肉饼、荞麦饼等。

三　古村建筑文化

传统民居大致可以分为木结构民居、徽派民居、土夯民居、乱石民居 4 种类型。

木结构民居。是浙西南山地县传统民居的主要形式。年代自宋至民国各个时期都有，其中明清时期最多。土夯民居在浙西南山地分布随处可见，但随着现代建筑材料的使用，传统土夯民居保存越来越少，整村保存就更少，因此目前能保留下来的都是很珍

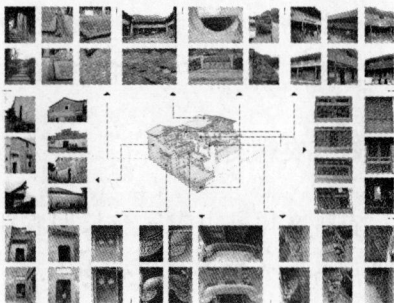

浙西南山地古村落传统建筑主要构件

① 胡朴安：《中华全国风俗志》，上海科学技术文献出版社 2008 年版，第 529 页。

贵的乡土建筑文化资源，如新渠村土夯结构民居。这类建筑的特点是就地取材、冬暖夏凉。乱石民居在浙西南山地分布较广，是浙西南山地山区特色乡土建筑的典型代表，就地取材，色彩古朴，巧妙地融入环境之中。

磐安管头乱石民居

　　徽派民居。是浙西南山地县保存最多的古建筑。浙西南山地县徽派建筑的特色主要体现在村落民居、祠堂庙宇、牌坊和园林等建筑实体中。其风格最为鲜明的是大量遗存的传统民居村落，从选址、设计、造型、结构、布局到装饰美化都集中反映了徽州的山地特征、风水意愿和地域美饰倾向。

　　土夯民居和乱石民居在浙西南山地区随处可见。土夯民居以黄土筑成，内嵌木条或竹条加强墙体的强度，防止开裂，内嵌以竹条居多。这类房屋冬暖夏凉。乱石民居多分布在石材多的地方，以不规则的石块垒砌而成，没有任何雕琢。

四　农耕文化

　　农耕文化是由农民在长期农业生产中形成的一种风俗文化，以为农业服务和农民自身娱乐为中心。农耕文化集合了儒家文化，及各类宗教文化为一体，形成了自己独特文化内容和特征，但主体包括语言、戏剧、民歌、风俗及各类祭祀活动等，是中国现存最为广泛的文化类型。浙西南山地的农耕文化历史悠久，长期的农耕生产形成了浙西南山地特有的山地农耕生产方式、民歌、语言以及民俗民风，形成

浙西南农耕用具

了具有浙西南山地特色的水车、石臼、蓑衣等旧式农具，传承下了具有本地山水特色的古老的舞龙灯、炼火、先锋、赶大旗、茶道、浙西南山地婺剧等民俗方式。

五　隐居文化

浙西南山地多山的地理环境相对比较闭塞，因此也带来了与世隔绝的环境，所以浙西南山地是历史上得天独厚的避难之所。自古以来，浙西南山地就是隐居者的乐园，历史上也留下了众多名人能士的足迹，其中不乏许多在浙西南山地扎根繁衍后代的，使得其逐渐地形成了独特的富有神秘色彩的隐居文化。其中最为著名的且有历史资料考证的有萧统、陆游、卢琰等历史人物。

六　宗教信仰

浙西南地处山区，区域内水神种类较少，因而太湖地区盛行的金龙四大王等庙宇在该区基本没有分布，也没有潮神、海神崇拜，同时商品经济远不如太湖地区发达，因而五通神信仰在该区也影响不大。首先，由于自然环境影响，该地区祈晴求雨类神灵较其他地区更为典型。与北部的平原水乡相比，浙西南山区地势较高，水田高低分布极不均匀，因而蓄水、保水及灌溉条件相对较差。虽然江南地区降水量普遍较高，但是年内季节分布极不均匀，梅雨期内连续一个月的降水，而梅雨过后的盛夏由于在副热带高气压控制下，又持续性的晴热天气，且气温普遍高于浙北等地区，而这一时期正逢水稻生长旺盛季节，所以农业上的干旱灾情较之江南其他地区更为明显。因此，凡是具有求雨灵验的神灵，在当地便得到广泛的供奉。如胡公大帝、马夫人、陈夫人等神灵，都是首先具有求雨的基本职能。

这一地区最有代表性的地方神灵是胡公大帝。胡公大帝其人物原型是北宋初年婺州（现金华）永康人胡则（963—1039 年）。他是北宋时期金华境内第一个中进士的人，也是第一个当上高官的人。因传说其生前曾奏免婺、衢二州的身丁钱，因而在他死后，金衢一带便自发为其建庙纪念。早在北宋中期，胡则便为金衢一带民众祭祀，永康方岩山的胡公庙是其祖庙。北宋末年方腊之乱时，其下一部占据方岩山，朝廷攻其不下，传说是胡则阴助王师剿灭方腊，因而胡则又被朝廷封为佑顺侯，正如《梦粱录》中所载：

> 方岩山有方寇聚众，夜梦紫袍金带神人现赤帜于空中，随即剿灭，朝省褒嘉建庙……神之赫灵，乡民著于方言矣。①

胡公是金衢地区所信奉的"有祷无不答，有求无不应"的第一神灵。在民间，胡公的主要称谓是"佑顺侯"，这是南宋时期朝廷册封胡则神的最初封号，其含义是保佑风调雨顺，这也恰恰证明了求雨在当地的重要性。胡公信仰不仅仅限于金衢地区，据胡公研究专家胡国钧先生考证，仅这个信仰圈的最核心地区，就覆盖了一万九千平方公里；而胡公信仰的辐射圈还要大大超过这个范围。早在清代，胡公庙便遍布全省十二府七十六县中的十府六十二县，尤其是浙江中南部大多数府县，同治时，"浙东千里，几无一乡一邑无（胡）公庙……余郡暨绍、台、温、处诸郡，公庙以千计"。②从明清方志祀庙等资料也可以看出，胡公庙宇的分布是以金华为中心，向四周呈衰减趋势；从庙会活动的情况来看，金衢地区是胡公信仰的主要分布区，其中又以金华地区为胡公信仰最集中的地区。虽然胡公信仰遍及浙江全境，但

---

① （宋）吴自牧：《梦粱录》卷十四，浙江人民出版社 1980 年版，第 126 页。

② 来自天涯社区《江南药师》，2008 年 3 月 2 日（http://www.tianya.cn/new/public-forum/Content.asp? strItem=no05&idArticle=116929）。

杭州西部山区、宁绍地区的胡公信仰多由金衢地区的移民带去，在当地土人中影响并不大。金衢地区关于胡公大帝信仰的民间习俗丰富，在每年农历八月十三胡则诞辰时，该区民众都要举办盛大的胡公庙会，举行迎神赛会活动，当地有"七十二个胡公上方岩"的说法，便指的是各处的信徒组织起来上方岩祭祀"迎案"，这一日为浙中山区最重要的岁时节日之一。此外，当地也有孩子十岁时必须上方岩拜胡公大帝的习俗。

浙西南山区的地方宗教受移民影响很深。这一地区由于毗邻江西、福建，因而由外省移民带入的宗教信仰种类较多。丽水与温州境内与福建相邻的县市都信仰马仙姑、陈十四夫人。在金衢、丽水地区建有许多万寿宫，万寿宫原是为纪念江西的地方保护神许真君——许逊而修建，随着江西商人行走全国，在其他省份也修建有万寿宫，万寿宫逐渐也成为外地江西同乡的"江西会馆"，而浙西南地区与江西毗邻，该地区有大量的手工业者、商人都来自江西，因而也有一定的许真君信仰存在。甚至在一些地区也成为了当地的保护神，如磐安玉山镇，是有悠久历史的茶叶之乡，许逊便作为"茶神"被当地人奉为"真君大帝"，磐安的许逊与江西的许真君同名同姓，应该也存在着一定的联系。

七　民间工艺

浙西南以山地丘陵为主，多林木岩石。民间传统工艺主要以木材和石矿为原料，如东阳木雕、青田石雕、龙泉宝剑、龙泉青瓷、龙游根雕等，最有代表性的便是金华东阳的木雕、丽水青田的石雕和遍布浙西南山区的根雕。

东阳木雕因出自东阳而得名，其历史悠久，大约始于唐代，主要为古代的木结构建筑作装饰用。北京故宫、杭州灵隐寺等古建筑中均有东阳木雕的构件。明清时期，东阳木雕发展达到鼎盛阶段，此时的东阳木雕用于家具和建筑装饰，形成了自身的一套完整的体系。木雕的用材选择木质坚韧、质地细腻、木色纯洁的种类，不同的木雕形式所使用的材质也不同。一般来说，浮雕选择用椴木、东北松、白杨木等；镶嵌选择用白桃木、苦槠木、桑木、檀木等；防蛀一般用樟木；仿古家具打造选择紫檀木、花梨木等；圆雕采用黄杨木等。东阳木雕的特色是层次多、构图饱满，种类多，雕刻精美、形神兼备、古朴厚重，采用散点透视、保留平面的艺术特点，兼具欣赏性和实用性。其品种包括屏风、壁挂、梳妆台、写字台、书橱、衣橱、茶几、宫灯、台灯等千余种。东阳木雕的生产一般仍采用传统技艺，生产流程以手工操作为主。主要工具有平凿、圆凿、蝴蝶凿、三角凿、雕刀、翘头凿这六大类 30 多种雕刻刀。生产工序分为设计图样、打轮廓线、脱地、分层次、分块面、细坯雕、修光、打砂纸、细刻 9 道工序；分为阴雕法、薄浮雕法、深浮雕法、半雕法、锯空雕法、圆雕法、半圆雕法等 11 种雕刻法①。

东阳木雕

开化根雕

　　青田石雕以青田石为原料，青田石是我国名石，在地质学上称为"叶蜡石"，是一种耐高温的矿物，本身便很名贵。青田石色彩丰富、光泽秀润，质地细腻，软硬适中，可雕性极强。青田石雕便是根据石料自身的色泽、花纹和形状等特征刻制出各种人物、山水、瓜果、花鸟、器皿等工艺品。青田石雕源于宋代，一直享有盛名，在长期的历史发展中石雕匠们也形成了独特的习俗。

　　根雕艺术是中国古老的艺术之一。根雕艺术清淡、高雅、潇洒、奔放、贵在自然、重在发现、艺在巧用，它最大程度地保留了树根、

_____

① 罗昌智：《浙江文化教程》，浙江工商大学出版社 2009 年版，第 49 页。

竹根特殊的天然美质。浙西南山区根雕原材料丰富，根雕历史悠久。如开化根雕历史可上溯到唐武德四年（621），从明正德六年（1511）开始根雕从木雕中渐渐分离出来，形成一个单独的艺术门类，浙西南山区的根雕艺术产业发展迅猛，成为继东阳木雕、青田石雕、黄杨木雕之后的浙江第四雕。

八　节庆娱乐

浙西南山地区与江西、福建相邻，许多民间节庆都是三省共有，如板龙灯在浙西南山区、江西上饶以及绍兴与金华相邻的诸暨等地都十分流行。板龙灯也叫桥灯，光绪《诸暨县志》中载：

> 用六尺板，穴其两头，交锁连络，首尾为龙形，中剪彩作楼阁人物，多者至四五百板，杂以旗鼓，夜行以烛，倒映五湖，交影上下，烂若星点。①

板龙灯

浙西南山地区民间极其重视板龙灯，这一娱乐活动与历史上当地的自然环境和经济形态有很大关系。由于水旱灾害对该区农业生产影响很大，而迎送板龙灯被认为是一种祈求风调雨顺的活动，因此本地

---

① 光绪《诸暨县志》卷十七《风俗志》。

人都非常重视板龙灯。板龙灯的搭建由每户居民提供一座"灯桥板"，全村的灯桥板连接成数百米长的龙灯。这也是浙西南以及赣东北地区古代农耕文化的一大特色。

磐安炼火

金华斗牛有"东方一绝"的美誉，黄牛与黄牛相斗，因此又被誉为"东方文明斗牛"。金华斗牛据传始于宋明道年间（1032—1033），曾与金华火腿齐名，至今已有千年历史，清末民初尤其盛行，并与庙会相结合。斗牛除金华市外，市属义乌、浦江、永康、武义、兰溪等均可见到，一般都是为庙宇开光的一项娱神活动。斗牛一般选定在春秋农闲之际，数十天便举行一次，一般选择群山环抱的水田为场地，场地常常是固定的并不从事耕作的土地，大多是庙祠公产的或私人捐献的。参加角斗的都是未经过阉割的公牛，身体强健、性情凶暴，不能从事耕作，专门用以角斗。饲养斗牛的成本是非常高的，由此也足见斗牛在金华地区农村的重要地位。上斗场之前，还要加以人工修削使之尖利，并要将牛角绑扎保护只露出角尖，使其在角斗时不至于断裂。斗牛结束时，胜者则身价百倍，主人将其牵至溪水边洗刷干净，重整丽装，众人敲锣打鼓护送回去，主人家还要宴请亲友，威风一时。而败退之牛将被主人贬为耕牛甚至宰杀。

炼火，俗称"踩火"，为古老的禳灾集体舞蹈，也是一项大型的秋祭活动。它源于古时对火神祝融的崇拜。《雷涛丛谈》"遇夜炳燎，其光烛天"、《建水州志》"于燃松炬……以炬插田，设牲致醴祷"的记载，都属以火祭神，是崇拜火神的一种古老习俗的遗存。其目的为求神祇驱鬼避邪，风调雨顺，五谷丰登，人寿平安。磐安西邻灵山，故称炼火为"灵山案",名震邻近各县。在择定吉日的黄昏时分,用石灰在晒场上根据木炭多少画一个圆圈为炼火场。先将木柴堆放在圆圈正中,各神祇请到后,开始点火。待烧到一半,倒上木炭,边扇边倒,等全部红透,用铁耙均匀地摊成圆圈一样大小,炭火七八寸厚,火堆一般直径10—60米。参舞的人数少的几十人,多则上百人,手持铁索、钢叉、铜锣的村民壮汉高歌狂舞,冲进通红的火堆,有的从容不迫地从烈焰滚滚、火星四溅的炭火中走过,有的在火红的木炭场上奔跑,有的将脚插入火中,似犁田一般行走,显示本事。先自东往西踩过去,再从北到南奔腾,勇往直前,动作剽悍粗犷,气势壮观。练的人豪气冲天,看的人惊心动魄。

从该区的民间娱乐也可以看出这一地区人群具有朴素、豪气的文化性格,正如王士性所写的浙西南山区人为"山谷之民,石气所钟,猛烈鸷愎,轻犯刑法,喜习俭素,然豪民颇负气,聚党与而傲缙绅"。

九　婚丧习俗

由于浙西南山区有聚族现象,在婚丧方面的攀比明显。在聚族而居的山区,为增强集体权威,各宗族都极注重面子。旧时一般同族不婚,因而男方女方属不同宗族,如女方嫁妆丰厚,往往在族中较有颜面。相反,则在本族和男方家族中都会被人耻笑。这样的现象尤其体现在金华、衢州、丽水、温州山区,一些地方还会在婚前将女方嫁妆陈列于村中坪上,供本村人评判。《永康县志》中记载:"嫁女多论财,娶妇多论资装,更相责望,因生乖别,致酿淹没之俗。"由史料记载可知,这些旧时相对贫困的山区由于置办嫁妆成为沉重负担,因而贫困家庭的溺女现象严重。由此可见,浙南山区婚姻文化中攀比嫁妆的风气之盛行。当然,这主要是针对汉族群体而言,少数民族并无礼制婚约束,婚约采用其他形式,这种现象也并不严重。例如丽水地区的畲族群体就没有这类现象。

而浙西南山区的葬礼也同样极其讲究排场,攀比现象十分突出。招待吊客、饮食变成了丧礼的头等大事,下葬等礼制环节反而居于次要地位了,丧事往往像办喜事。不过由于总体上浙西南山区自古经济发达程度远不及平原地区，民风简朴也使得丧俗不可能像平原地区那样繁复、奢侈，且受中原文化影响不如平原地区深，许多独特的丧俗或来自北方移民早期的丧俗而被保留了下来。例如相对于太湖、江淮地区，浙西南山区受佛教影响不如前两者深，太湖等地丧葬必做佛事，浙西南山区往往并不请僧侣做法事，因为在丧葬的礼制上要比太湖等地简单，这样便显得儒家的土葬习俗较为繁杂。金华、衢州、丽水地区有死者下葬后第二天早上，子女要重穿孝服的习俗，这一天子女要送火至墓地，并且要连送三天，以示继承烟火、门第旺发之意，俗称送火种。第一次送到坟前，第二次送到半路，第三次送到离家百步之外处，送火种的含义是让死人举火烧食①。民国《宣平县志》中记载："葬后三日内，每日送火于坟前，谓之送火种。"②

十　文化性格和价值取向

浙西南地区多山，因此民性刚烈、性格豪爽，相较于浙东北平原水乡而言，文化性格和价值取向迥然不同。《金华府志》里载金华"民朴而勤，勇决而尚气。族居岩谷，不轻去其土。以耕种为生，不习工商。其富人雅好善，喜延儒硕。士爱诵读，历产名贤，巍科执政，踵相接也。登仕者，多尚风节"。激烈的民间娱乐活动金华斗牛正是浙西南山区人民勇决尚气的表现。

浙西南山地地区与浙东南沿海地区一样，重商思想浓厚，且相比浙北和浙东南，浙西南山地地区人民更加勤俭，且具有敢闯敢做的精神，在现代中国的民营企业发展中占有重要地位。

浙西南山区聚族现象十分普遍，这是这一区域主要的文化特质。本区地处深山，是隐世的绝好地方，自古每逢乱世便有许多北方大族从不同方向迁移而至，并长期居住下来，由于交通不便，聚居现象便流传至今，往往同一姓氏的人群居于一个地区呈块状分布。在浙西南地区，有春节举族拜谒祠堂神主及参拜祖先坟墓的盛大场面，这是浙

---

① 浙江民俗学会：《浙江风俗简志》，浙江人民出版社1986年版，第571页。

② 民国《宣平县志》卷四《风俗》。

西南地区所常见的。如金华武义县"元旦，举家夙兴盛服，设香案、茶果，焚香拜天地，拜祖宗遗像，再诣神庙，诣祖宗，还家拜父母、尊长"①。我们走访了金华市磐安县的十九个乡镇，发现普遍都是聚族而居，其中也不乏一些聚族型的千人大村，如王家村、林宅村、陈界村、马家坑村等以姓氏命名的村落，基本上都是由同姓家族聚居而成。由于位处深山，许多中原文化在这一地区反而保存较好，这在其他地区则由于受其他文化冲击以及时间推移则不甚明显。如磐安盘峰乡榉溪村的孔氏家庙始建于南宋，在每年的清明节要举行全族性的祭孔大典，有"常（大常）祭"、"家祭"两种。大常祭祖，就是族人集中的传统性。家祭，每户每家自行祭祖，烧香点烛，足见儒家文化保存完好。由于宗族组织强大，该区民间极重视灯会，并能以全族的力量来组织盛大的灯会活动。由于"灯"的发音与"丁"的发音一致，因此在当地人观念中，灯的数量便一定程度上代表了丁的状况，往往出现相互竞争的场景，由此当地民众会对灯会有格外的热情，场面非常盛大。元宵举办迎桥灯时，灯队每到一处，该村须有代表在村口迎接。最后在灯会达到高潮时，人群还会在空阔处乱舞拉扯，俗称"拉灯"，以拉落龙头为大吉，讨"及第"的口彩。灯会结束后，各家各户的灯桥板扛回其家。龙头的装饰等物要焚烧，意为"送龙上天"。龙头上的彩灯则常常送给村里的新婚夫妇，称为送丁，意为早生贵子②。这一地区桥灯的盛行是其他地区所没有的，这是山区聚族而居现象的结果。

第二节　亚区划分及其文化特征

浙西南山地文化区的亚区划分依据主要是自然地形、经济联系度、历史渊源和行政区的完整性。由于金华好衢州同属于金衢盆地，

① 嘉庆《武义县志》卷三《礼俗·岁时》。
② 朱海滨：《近世浙江文化地理研究》，复旦大学出版社2011年版，第144页。

又同属于浙赣东西向走廊，历史上社会、经济联系紧密，饮食、语言、风俗、宗教信仰、建筑等的相似度高，因此，金华和衢州属于同一个文化亚区，称其为金衢文化亚区。丽水位于瓯江上游，自古与外界接触较少，属于较孤立封闭的区域，其饮食、语言、宗教信仰、民风民俗等方面自成一派，将其列为丽水文化亚区。在丽水文化亚区内，景宁的所有文化现象都与周边有明显差异，将其单独列出为畲族文化亚区，由于这个文化单元的文化独特性及存在的历史悠久性，我们称其为一个文化孤岛。浙西南山地文化区划分为金衢文化亚区、丽水文化亚区和畲族文化孤岛三个文化亚区。

一　金衢文化亚区

（一）戏曲文化

婺剧有 400 多年历史，是全国乃至世界闻名的戏曲剧种之一，2009 年已申报国家级非物质文化遗产。婺剧流行于金华地区，俗称"金华戏"。新中国成立后又改称为婺剧。婺剧是一个多声腔的剧种，吸纳融合了高腔、乱弹、昆腔、徽戏、滩簧、时调六种声腔，流行于金华、丽水、临海、建德、衢州、淳安以及江西东北部，具有粗犷、强烈、明快的表演风格。婺剧最大的特点是特技表演多，如变脸、耍牙、滚灯、红拳。婺剧表演讲究"武戏文做、文戏武做"，即所谓的"武戏慢慢来，文戏踩破台"。婺剧的许多表演方式和其他剧种有明显差异，如武将出场，一般是以迅速后退一步并亮一高架子来突出人物，这与其他剧种武将的站定后向前跨一步不同。许多剧种的招式讲究圆，强调动作呈连续变化的曲线，而婺剧讲究曲中带直，曲线中往往用折线和直线来表达动作的力量和感情的强烈。婺剧的经典曲目有《断桥》、《黄金印》、《孙膑与庞涓》、《三请梨花》、《西施泪》等。其中《断桥》最好地展现了婺剧文戏武做的艺术风貌特征，剧种角色白素贞的"蛇步蛇行"和一连串的舞蹈身段以及许仙的"飞跪"、"抢背"、"吊毛"等跌扑功夫丝毫不亚于武戏的激烈。目前婺剧表演水平最高的是金华和龙游，尤其是龙游的表演最地道，当地流传"东游西游不如龙游，东看西看不如龙游花旦"的说法。龙游戏剧史上曾经出了 20 个著名婺剧花旦。

（二）宗教信仰

这一地区有代表性的地方信仰主要有以金华为中心的胡公大帝信仰、以衢州为中心的徐偃王信仰及周宣灵王信仰。胡公信仰前文已提及。徐偃王信仰主要分布于金衢、杭州西部山区、安徽南部和苏北地区，以金衢为集中区。据传徐偃王崇拜起源于衢州龙游一带。徐偃王是西周时徐国王，戎族偃姓，统辖淮泗地带。传说徐偃王为周穆王时诸侯，因避秦来到衢州龙游县，死后由当地人建庙祭祀。此事虽系传说，不过金衢地区徐偃王崇拜历史悠久，早在唐代的文学作品中就已有徐偃王信仰的记载。唐代文人韩愈便曾为重修灵山徐偃王庙撰写过《徐偃王庙碑》①。并且徐氏在衢州乃一大姓，徐偃王信仰在衢州的出现与发展应与徐姓人的积极发展有关。徐偃王庙最先在衢州各县市出现，又逐渐扩散到金华、杭州西部山区，以龙游灵山的徐偃王庙影响最大。

周宣灵王信仰也称周孝子崇拜，起源于南宋，其人物原型是南宋时杭州新城人周雄。周雄在死后被民众作为神灵祭祀，并有封号为翊应将军。虽然周雄为杭州人氏，但祭祀他的庙宇最早建立在衢州。《浙江通志》有记载：

　　神杭州新城人，姓周名雄，字仲伟，母病剧，奉母命祷于婺之五王庙，比归及衢，闻母讣，哀痛苦泣死，舟中直立不仆，衢人异之，即奉神肉躯敛布加漆，建庙祀焉，有大旱为霖、反风灭火之应。②

到了明代，民间也尊称周雄神为周孝子，因传说其生前有孝行。从地方志的记载来看，周宣灵王庙宇主要都分布在钱塘江上游的干流和支流两岸，即现在的金衢、杭州西部地区。由于周宣灵王死在钱塘

① （清）嵇曾筠：雍正《浙江通志》卷二百二十四，韩愈：《徐偃王庙碑》。

② （清）嵇曾筠：雍正《浙江通志》卷二百二十四。

江上游，死后传说显灵，因而被上游的民众奉为江神。主要被衢州、杭州西部山区等地供奉。

（三）节庆活动

本区最具特色的岁时活动是农历八月十三的胡公生日，传统上这一天都会被当做一个重要节日来过，届时区内许多地方都要举行盛大的庙会，并有朝拜永康县方岩胡则祖庙的风俗，其隆重和盛大的场面完全不亚于太湖地区的蚕花庙会、观音庙会。康熙《永康县志》中记载：

> 八月十三日，佑顺侯胡公则生辰，各分村落为会。挂大帛为旗，长二三丈，导以鼓乐，从以伞盖，或以纸为马，登方岩，赛神而还。盖一郡香火之盛，未有若此比者。[1]

我们在走访磐安、龙游和开化的乡镇时，发现许多村落的庙会中有以迎大旗、大凉伞、大祭马等活动为主的大型庙会活动，虽然缘由并不全直指胡则信仰，甚至大相径庭，但与胡则信仰存在着紧密的联系。

（四）龙游商帮

龙游商帮，是我国明清十大商帮中唯一以县域命名的商帮。在中国历史上，这批从浙西山区走出来的商人，是一个很奇特的存在。既无官府支持，又无强大的宗族势力作坚强后盾，但他们却能在强手如林的各大商帮中崛起，自立于商帮之林。龙游商帮的崛起有其历史的必然性及其内外因。明清时期由于商品经济的发展，商品流通领域扩大，商人十分活跃，逐渐形成了商帮。从外因上来看，龙游商帮，实际上包括了常山、江山、开化等衢属各县的衢州府商人集团。衢州地接浙江、江西、福建、安徽四省，四省通衢，水陆交通便利，是毗邻地区各种物资的集散地。从内因上来看，龙游商帮虽地处偏僻，却有着开放的心态和以义取利的儒商品格，也使其获得了良好的市场

---

[1]　康熙《永康县志》卷六《风俗》。

信誉。

　　现今龙游散落乡间保存下来的佛塔古寺、祠堂庭院、古街民居、牌坊府邸、古驿道、古码头等都见证着龙游商帮文化的繁荣，其保存完整也为江南罕见。总体来看，龙游商帮具有以下 3 个主要特征：（1）以诚信为立身之本。龙游商人在营商活动中，历来看重"财自道生，利缘义取""以儒术饰贾事"。主张诚信为本，坚守以义取利，从根本意义上说，将诚信作为经商从贾的道德规范，正是龙游商帮获得成功的要诀。（2）具有开拓进取、不畏艰辛、不恋家土的敬业精神。明清时期，许多商人将经营商业所赚得的资金用来购买土地或者经营典当、借贷业，以求有稳定的收入。而龙游商人敏锐地意识到，要获得更多的利润，必须转向手工业生产和工矿产业上。他们果断地投入造纸业、矿业的商品生产，或者直接参与商品生产，使商业资本转化为产业资本，给当时封建社会注入了带有雇佣关系的新生产关系。同时龙游商帮秉承"敢为天下先"的精神，深入到西北、西南偏远的省份，开辟徽商、晋商通常不去的边远地区作为经商之地，开启了草根创业的辉煌。（3）有海纳百川的开放精神。龙游商人不排斥外地商帮对本乡的渗透，并且相处友善，吸收外地商人于己帮，推进了龙游商帮的发展。

　　（五）丧葬习俗

　　就墓葬形制来看，浙中地区以八字坟为主，人们认为建造八字坟能给后代带来好的影响，在一定程度上能左右子孙后代的命运好坏，八字坟被认为是一种潜在的认可和安排。从样式上看，八字坟是从平面的石砌墓式向两边延伸发展而来的。八字坟有小八字坟和大八字坟，小八字坟比较简陋，一般由石块和砖块砌成。现代稍微富裕的家庭一般都采用砖砌形式。八字坟一般呈砖拱式，坟包上为土堆，用于清明时上坟添土。大八字坟比小八字坟大，大都以砖砌形式，模仿徽式的马头墙形态，上覆瓦片。砖面上刷白石灰，一般还要写上一些文字，如"山清水秀"等。后来也有人仿八字坟形态的用石板和石条建造的二柱或四柱式八字坟，这种坟的形态与八字坟相像，坟面要更美观一些。

二　丽水文化亚区

丽水位于浙江西南部，总面积 1.73 万平方公里，东南与温州市相邻，东北与台州接壤，北与金华市交界，西南与福建毗邻。丽水古称处州，本区在建处州府以前，其归属沿革多变。隋开皇九年（589）废永嘉、临海二郡设县，始以括苍、松阳、永嘉、临海置处州，当时的处州府管辖范围很大，相当于西汉的东瓯国属地，即现在的台州、温州和丽水三个地区的范围之和。元朝时改为处州路，1359 年改为安南府，随后改为处州府。明朝景泰三年（1452）起，处州府辖丽水、松阳、景宁、缙云、青田、遂昌、庆元、宣平、云和、龙泉 10 县。直到清朝结束，"处州"这一区名沿用了 1130 年。丽水是江南地区的大山区，地形以中低山为主，间有丘陵和小面积河谷平原。境内地势高峻、峡谷众多，有"九山半水半分田"之说，主要山脉有仙霞岭、括苍山、洞宫山，海拔 1000 米以上的岭峰便有 1300 余座，是江南地区海拔最高的地区。该区是省用材林基地，素有"浙南林海"之称。境内兼具海洋性及山地气候特征，冬暖夏凉。丽水市是全国最大的畲族聚居地，景宁县是全国唯一的畲族自治县，境内畲族人口数量占少数民族总人口的 95% 以上。

丽水地处深山，文化上带有浓烈的大山特色，加上其是浙江境内开发得较晚的地区，历史上行政归属多变，且地处浙闽赣交界处，因此文化上有其独特性。

（一）生产生活及制度文化

丽水地处深山，自古便盛产木材。旧时一些富户在山中设有树厂，由雇工帮树厂运送木材。由于深山砍树和背树有很大危险，因此自古便形成了一些伐木的禁忌和制度。树厂给雇工送的饭菜要全部吃完，吃不了则可以请路人同食，也不能剩下。雇工在出工后不能说话，要一直到第一个人把树砍倒后背走才能说话，此俗在丽水庆元县更加严格。若违犯此俗，所有雇工要停止背树，损失由说话者承担[①]。

---

① 浙江民俗学会：《浙江风俗简志》，浙江人民出版社 1986 年版，第 543 页。

例如在著名的龙泉宝剑制作中，清末民初时剑鞘采用珍稀名贵的花梨木打造，在采伐花梨木时，匠人需在正月初三选好木，用红纸贴在树干上，然后要用三牲祭祀山神，一直等到五月初五的午时才能动工砍伐①。

由于旧时山林在丽水是重要的营生来源，丽水自古便重视山林管理，民间有山林管理会一类的组织，负责订立民约，管理山林。民约一般是一些山林禁例，各地简繁不同，大致内容相似，如村口树木有关风水，不能砍伐；坟头和寺庙前后的树木不能砍伐；山冈和高阜上的树木不能砍伐；房前屋后的树木不能砍伐；个人所有的树木，别人不能砍伐，可拣柴木；公有山林可以砍伐，等等。这些民约条目一直沿用至今。

（二）饮食文化

旧时处州之地三餐以大米为主，面粉次之。由于地处山区，缺少粮食，便多以玉米、番薯、马铃薯、南瓜等粗粮瓜果补充。由于山区出山珍，丽水人有吃野菜的习俗，主要有荠菜、苦衣、马兰头、蕨菜、野芹菜、马齿苋、野葱、金刚刺根、地蚕等。丽水饮食有很浓的山区特色，与北边的金衢地区饮食有许多相似之处。代表性民间特色饮食有索面、麻糍、卷饼、清明粿、米粿、乌饭、千层糕、山粉饺、光饼、鼠腊、田鱼干等。麻糍是浙南山区重要的外出干粮，例如丽水菇民在上菇山种菇时携带的干粮一般就是数十个麻糍，每餐一个便饱，吃时用柴火烤热即可。鼠腊是庆元特产，捕捉山鼠（名菇山香，一种专吃香菇的山鼠）去毛破肚后，用火焙、烟熏腊干，食用时浸软加生姜、糖、酒等佐料烧成，是一种山间野味。

旧时丽水地区由于位处深山，许多山民生活非常贫困，因此有用红辣椒代替食用油做菜的饮食习惯。丽水的特色菜品都以本地山野为主料，著名的传统菜品有炒二冬、香菇里脊、细卤螟蜅、葱油桃酥、炒面油饼等。

丽水地区立夏有吃立夏饭的习俗，立夏饭由笋、豌豆、糯米煮

---

① 浙江民俗学会：《浙江风俗简志》，浙江人民出版社1986年版，第543页。

成，相比太湖地区立夏时丰富的吃食要略显简单一些。

（三）语言与戏曲

丽水方言内部较为复杂，所属各县之间距离只有几十公里，但"百里不同音"，差别很大。丽水大部分地区方言与衢州同属处衢片，其中的龙泉、庆元、遂昌、松阳与衢州各县同属于龙衢小片，境内的缙云县方言与金华同属婺州片。由于南邻福建，因此丽水方言与闽北方言有语音交叉，同时因地处深山，处衢片是受北方方言冲击较轻的地区，因此保留下来了大量江东方言的特征，体现在保留了许多古代读音和词语——当然，这些特征更好地保留在了闽语中。丽水方言是吴语中保留最为古老的方言。

丽水的民间曲艺主要有鼓词、莲花落、花鼓和说唱。丽水鼓词源于祭祀时所演唱的"唱太平"、"灵经"、"娘娘词"，由当地的民间小调发展而成，分丽水、青田、松阳三路，大多数由盲人演唱。莲花落用方言演唱，于清末开始流行，以莲花板击节演唱，有单人、两人或多人的，内容都以祝福为主，主要曲目有《十杯喜酒》、《十房媳妇》、《新十字》、《老实字》、《保佑你身体健康》等。花鼓相传由安徽凤阳传入，主要流传在丽水的各县，初为男女两人自编自演，反映颠沛流离的情景，后来发展为花鼓灯戏，内容以演唱民间爱情传说为主，主要曲目有《牛郎织女》、《白蛇传》等。说唱主要流行于丽水市，一般由一至二人怀抱琵琶在会堂、宴会、茶馆等场所演唱，用竹简、二胡、三弦及鼓板伴奏，主要曲目有《西湖十景》、《断桥》、《貂蝉拜月》等。

（四）宗教信仰

由于地处多省交界之地，宗教信仰也有多成分的特点。丽水境内的宗教信仰与金衢地区、温台地区、福建以及江西都有相同之处，如胡公大帝信仰、许真君信仰、平水大王信仰、临水夫人信仰，这些信仰分别受金衢、江西、温州、福建的影响，此外，丽水的民间信仰也体现了浓厚的敬山神畏山魈的特征。

丽水的地方神灵中以马夫人信仰为主。总体来看，马夫人信仰的分布地区主要是浙南山区和福建大部分地区，更是丽水的地方保护神。关于马夫人的人物原型最早的文献记载是唐代缙云县令李阳冰所作的《护国夫人庙碑记》，这是在唐肃宗时期为祈雨灵验而撰写的碑文。明代的《绘图三教搜神大全》、史学家何乔远的《闽书》、文学家冯梦龙的《寿宁待志（香火篇）》、清代景宁鹤溪人潘可藻的《马孝仙传》等，明清其他一些地方都有记载。《浙江通志》中对李阳冰的《护国夫人庙碑记》有如下记载：

　　护国夫人马氏，括苍下邑鸬鹚滩人也。滩出鹤溪，源深水迂，山高路阻，猿猱纷纷，虎狼相尾，自仙居之，异兽屏踪，仙迹既往而井存焉。肃宗上元间，连岁苦旱，郡守太子率更令司马公遣吏与二老抵祠，所致享礼吏未旋踵，合境告足。公异之，乃复命二老至黄堂，问仙姑始终出处之迹。二老曰：某儿时间，诸故老云，仙家贫，事姑孝，工辟纑机杼事以致养。其家距鹤溪百余里，晨往夕返，以羹与姑，如始出釜甑。然水潦泛溢，船断浆摧，轧倒持其伞以自载，望之隐隐若云雾间，人莫有知者。后莫识其所往。忽里人见之井所，自言名在仙籍，邻邦令为我祠，我其福汝。由是里人共立祠以祭之。于时乡人为戎卒者，事仙益谨，遂立边功，得美官，以阴府助国疏神善告诸当路者，闻于朝，乃赐命护国夫人。阳冰时为缙云令，并记之以示不朽。因为之歌曰：

　　鸬山苍苍
　　鸬水茫茫
　　阴府助国兮
　　于时彰彰
　　福我邻邦兮
　　民斯永康
　　仙兮，仙兮
　　与日月而齐光。①

---

① （清）嵇曾筠：雍正《浙江通志》卷二百二十六，清文渊阁四库全书本。

　　马夫人传说源于现景宁县鸬鹚乡。马夫人，也有的地方称马仙、马仙娘娘、马天仙、马七娘、马五娘、马氏真仙、马真人、护国夫人马氏、娘娘妈、娘妈等，她主要的封号是来自宋朝的赦封。从记载中可知，马夫人信仰是随着丽水山区的开发出现的。"护国夫人"的神号，是由民间人士通过地方官员，向朝廷上报的。在马仙信仰的这些地方，是当地群众祈福禳灾的主要对象之一，其庙宇民间一般俗称马仙宫。在马夫人飞升之地建有岭后殿，每年马夫人的诞辰（农历七月七日），便有成百上千的信者从周边地区前来祭拜，在浙闽山区十分具有影响力，其信仰甚至渗透在当地民众的日常生活之中，求雨祈子、召圣兴云、驱瘟遣疫、降魔伏寇，都在马仙的主要职责之内，光绪《处州府志》中便有描述："七夕为护国夫人诞辰，里巫以彩缕系小儿颈臂，云可长命，谓之长命缕。"在丽水，马夫人还被称为催生夫人，作为妇女生育的保护神来祭拜。

　　丽水与福建接壤，与温州一样都普遍流行着一些由福建传播过来的神灵信仰类型。其中典型的是临水夫人信仰。临水夫人也称陈夫人、顺济夫人、陈十四娘娘、顺懿夫人、顺天圣母等，是福建和台湾闽南籍民崇奉的女神，也是道教闾山派的重要女神，在信仰地区视为妇女和儿童的保护神。其人物原型一说福建古田人，一说福州人，由于没有可靠的史料记载，关于陈夫人信仰的起源时间以及何时传到温州、丽水等地，都无从考据。民间传说临水夫人能降妖伏魔，扶危济难。二十四岁时，因祈雨抗旱、为民除害而牺牲。临水夫人在保护妇幼上颇有奇效，因而被人们称为"救产护胎佑民女神"。又被列为道教中救助妇女难产之神，被称为顺天圣母，尤其受到妇女的信奉。浙江境内临水夫人信仰主要在丽水和温州的山区流行。《浙江通志》中记载有康熙四年（1665）庆元县人季炷所作《顺济行祠记》：

　　　　顺济夫人，闽古田陈氏女也，行十四，生于李唐之大历，精巫咸术，活人最多。殁更灵异，祀之临水。至宋封为顺懿夫人。不独八闽之人祀之，即吾浙之穷乡僻坞，莫不崇奉。而余城西之行祠，高敞独为群庙冠。自辟邑来，凡疾疫或作，雨阳或愆，无不于夫人是祷，祷则未尝不应。①

　　由此看来，临水夫人在浙南山区的影响力很大。当地有关生育的祷祝活动，一般都在陈夫人庙（或马夫人庙）中进行。在温州地区有习俗，农历的正月十五和十月初十，未生育的妇女去陈夫人庙中求子，庙中神案上摆列着许多米制男孩，当地人认为如果吃了这种米制男孩，便能怀孕得子。足见临水夫人在当地生育信仰中的重要性②。

　　丽水有浓厚的祭祀山神、崇畏山魈之俗。人们上山砍树时，有腰插纸马的习惯，砍树前，用石头将纸马压在树旁。大批伐木时，要在山上堆三块巨石，下放两块，上面横放一块，祭祀山神。在砍伐期内，逢初一和十五还要用三牲祭祀山神。

　　丽水地区的景宁、庆元、龙泉等地自古就种香菇，香菇从明初开始被列为贡品，在丽水有专门的菇民群体存在。菇民的敬山神畏山魈的风俗表现得尤为明显。菇民中奉吴老三为菇神，称"吴三公"，在许多村庄里还设有吴三公殿，菇山上的菇棚里也设有神位。菇民上菇山之前，要在菇神殿祭祀，在菇棚种菇时，每逢十四和二十九，也要在菇棚的菇神神位前以及山魈庵（离菇棚一二里的山岙口，由三块巨石叠成）祭祀，俗称"过旦"。在种菇期内的禁忌也颇多，上菇山之后，菇民即讲"菇山话"，这是一种种菇的暗语，柴刀要说"弯"，斧头叫"蓬"，鸡称"地下婆"，香菇叫"香老"，猪肉叫"歪老"，稀饭称"平碗"，干饭叫"饭脑"，回家叫"落棚"，等等。接近菇民下山回家的日期时，菇民一般要在远离菇山的地方交谈，不能表露出回家迹象。回家这天黎明菇民动身后互不搭话，回家的路上不能回头看菇棚，要等走出菇山五里地之后才能说话，俗以为怕山魈追赶。回到村中要先往菇神殿中上香，以感谢菇神护佑。

　　除此外，龙泉的龙泉瓷匠将章生一、章生二兄弟作为龙泉窑业的祖师祀之，青田石雕的采石矿工将山田老爷作为矿山神灵祀之，龙泉

①　（清）嵇曾筠：雍正《浙江通志》卷二百二十五，清文渊阁四库全书本。
②　浙江民俗学会：《浙江风俗简志》，浙江人民出版社1986年版，第216页。

剑匠将欧冶子作为本业的神灵，等等，不一而足。

（五）文化性格和价值观念

丽水深处浙西南山区，长期处于较为艰苦的自然环境中，形成了居民质朴、刚烈的文化性格。包伟民评价丽水居民文化性格有以下几点①：

第一，山稠田狭，务俭质朴。由于丽水山多地瘠，自然资源不足，因此形成了俭约而勤种的民风。据《雍正志》记载："旧志云处州山多田少，地瘠人贫，较他郡穰岁不及其中年，富家不及其中户，故俗务俭崇朴，男力于耕，女勤于绩……"且"山稠田狭，民甘俭约而勤种，士崇礼议而尚儒雅"。

第二，安土重迁，俗鲜工商。由于地形的制约，丽水境内自古交通不便，商品经济相对不发达。在丽水地区，旧时便少有纯粹的商品生产者和经营者，多是在较大的村落中，有一些从事百工技艺的陶匠、木匠、篾匠、铁匠等，为乡民提供生产用具等必要物品，本业还是务农。如乾隆《龙泉县志》中便记载龙泉"男鲜罗纨，妇无盛饰……力勤而尚俭，商旅禅于远出，贸迁不越厥封"②。光绪《松阳县志》中记载："非邑津要，商贾鲜通，百货难备，市井间自布帛菽粟别无异物。"③

第三，气刚以劲，人尚气节。相对艰苦的生活环境，形成了丽水人坚韧尚气的民风。《雍正志》中描述丽水"古称山国之民，其气刚以劲，处介万山，人尚气节，盖亦禀山川之气而然者。无论城邑即僻壤编氓饥寒切肤，断不肯鬻其子女，里间间有富贵人诱以厚利，令其肩舆执盖，亦断不屑从充，其羞恶可以端所好矣"。

第四，报本追源，佞鬼尚巫。在中国传统时期，民俗之信巫佞佛，是普遍现象。不过由于正统儒家文化"不言怪力乱神"，历代地方官多有压制地方"淫祀"的举措，经长期演变，各地的宗教文化还

---

① 网络视频资料，包伟民：《婺瓯之间——处州历史文化特征浅说》，2009年6月24日（http://www.lishui.gov.cn/xsls/lszs/rwdjt/t20100602_664868.htm）。

② 乾隆《龙泉县志》卷十一《风俗志》。

③ 光绪《松阳县志》卷五《风俗志》。

是有相当差异的。尤其在偏离政治文化中心的边缘地带,受儒家文化影响较少,信巫俟佛之风不免尤甚。

三　畲族文化孤岛

丽水市有全国唯一的畲族自治地方——景宁畲族自治县。这是江南地区畲族人群分布相对集中的地区。江南地区少数民族以畲族人口最多,具有大分散和小聚居结合的特点,主要分布在丽水、温州的山区,衢州、金华和杭州也有分布。其中丽水市的畲族人口占整个浙江省约五分之一。丽水畲族是明代从福建迁移而来,其文化特征在迁入前既已形成,迁入后因浙南地区境内丘陵密布,海拔较高,历史上长期对外隔绝,因此文化传承得较好,被汉文化同化的程度相对较少,保留了极富特色的少数民族风俗习惯,在一定程度上在整个江南文化区形成了一个文化孤岛。

（一）制度文化

畲族一般都是家族聚集生活,一个家族一般有二十余人,由家长负责日常安排,总体上遵循平均分配原则,经济收入和日常消费都基本采用平均分配,分家时财产也由兄弟平分。与汉族近世以来不同的是,畲族的家族主要分为母系家族、父系家族和双系家族三种类型。母系家族,丈夫、子女皆从女方姓,女子在家中享有很大权力;父系则是男子在家中享有很大权力;双系家族指的是因女方是独女,为继承女方世系,所生子女,长子从父姓,次子从母姓,形成双系大家族,男女享有平等权利。

（二）饮食文化

与浙南山区其他汉族人群一样,旧时的畲族人以番薯为主食,兼以玉米、高粱、大麦等杂粮,大米饭较少。不同的是对杂粮的吃法,除了用高粱烤饼吃外,其他的都是用石磨碾碎后,搅糊吃。畲族人在饮食上还有一个特点就是喜欢吃热菜,吃法特别。吃饭时把菜锅放到火上,围坐在旁,边煮边吃。到了现代则改成在桌面上放置火炉和小铜锅,厨房里做好一道菜端上来倒入铜锅内,边煮边吃,直到上完最后一道菜,桌上也只有一只小铜锅。

畲族有"有事一起做，有食大家尝"的风俗。平时杀一只鸡，要先炖成鸡汁给家里的主要劳力吃，鸡头和鸡爪由长者吃，其他部分平分。小儿也有一份，由母亲代吃。平时杀猪也要由长辈平均分配给家庭成员。这个风俗现在仍保持着。

（三）服饰文化

畲族的传统服饰有男女之别。男子的为带襟无领黑色麻布短衫，女子的为自织的黑蓝色麻布取料，领袖襟都镶有大长边花。其中又因地而异，景宁的畲族服装式样，"无寒暑，皆衣麻，男单袷不完，勿衣勿裳；女长，短统群蔽膝，勿袴勿袜"。丽水畲族"男子布衣短褐，色尚蓝，料质粗厚，返夏穿苎而已。妇女……衣长过膝，色或蓝或青，绿则以白色或月白色为之，间亦用红色，仅未嫁或新出阁之少妇尚之。腰围蓝布带，亦有丝织者，裤甚大，无裙"①。

（四）语言和音乐

畲族语言与汉方言有许多不同，体现在许多发音上面。以家庭成员称谓为例，畲人称祖父为阿公，称祖母为阿姆；父亲叫阿爹，母亲叫阿娘；丈夫称为昌铺，妻子称为布娘；儿子称作子，女儿称为女。

畲族人善唱。畲族人不分男女老幼，人人爱歌善唱。畲族人不管在婚嫁、节庆、生产劳动、待客、闲暇、丧葬等何种场合都有相应的民歌。

以婚嫁中长夜对歌最为有名。在婚宴上，男女双方要请来歌手互相比赛，男女双方的亲友们则在一旁助兴。对歌一般都要一天一夜，甚至连续三天三夜。有的两班对歌，即赤郎一班，行郎一班。根据赤郎的任务，所唱的歌有《定亲歌》、《交银器》、《交彩礼》、《脱草鞋》（即吃点心）。赤郎进厨房要唱《借镬歌》。行郎则是根据婚礼程序来唱歌，酒宴开始要先唱《对盏歌》，边唱歌边向舅公、娘舅、太公及其他亲属和厨师——敬酒。酒宴过后又进行长夜对歌，先唱婚嫁时常唱的《度亲歌》、《嫁女歌》、《红轿歌》、《扛轿歌》；半夜吃点心时，要唱《点心歌》；新娘起身时，要唱《起身歌》、《伴新娘》、

---

① 浙江民俗学会：《浙江风俗简志》，浙江人民出版社 1986 年版，第 637 页。

《流筷歌》；新娘上轿时要唱《上轿歌》；新娘上路宾客欢送时要唱《送谢歌》。这样唱歌欢送一程后长夜对歌才算结束。

畲族的情歌种类丰富多彩，主要用以表现畲族男女青年恋爱和歌颂恩爱夫妻之间淳朴而真挚的爱情，如《同心歌》、《采茶歌》、《成双歌》、《出门千里莫相忘》、《白鹤度双》等。劳动歌则体现在日常生产劳动中都有一整套的民歌，如《种田歌》、《种麻歌》、《积肥歌》、《犁田歌》、《割稻歌》、《放牛歌》、《养猪歌》、《织布歌》、《养蚕歌》、《砍柴歌》、《煮饭歌》等，不一而足。

还有一种长篇叙事歌，这类民歌篇幅较大，如《末朝歌》、《灾荒歌》等。另外还有小说歌，种类繁多，有一百多种，一种是根据章回小说和评话唱本改编而成，如《西游记》、《白蛇传》、《天仙配》、《曹操下江南》等，还有一种是根据历史人物传说改编而成，如《钟良弼》。

（五）婚葬习俗

畲族婚俗实行一夫一妻制，畲族的民风较为开放，起初实行族内远房成婚，通过对歌的方式找恋人，自许终身，后来由于受汉族影响也逐渐演变为经媒人介绍双方同意后聘礼式结婚。畲族的婚嫁方式和汉族有很大不同，有女嫁男、男嫁女、做两头亲、子媳缘亲等。婚礼仪式分为拦路、举礼、喝宝塔茶、脱草鞋、借镬、杀鸡、撬蛙、对歌、对盏、留箸、留风水、行嫁、拜堂、传代、回门等环节。其中借镬仪式是畲族婚礼中较具特色的仪式。

借镬意为男方借女方炊具举办酒席，借镬的渊源可起始到很早。过去男方去女方家借镬还要带两个赤郎，即为大小赤郎。大赤郎是厨师，在借镬成功后负责烧菜煮饭；小赤郎是专门负责对歌的。借镬时，要在中堂祖宗香案前点上香烛，然后大赤郎来到灶前，女方家长辈端来盛有一块猪肉、两块豆腐和香烛的米筛，向小赤郎作揖，小赤郎接过再向对方作揖，然后向灶神作揖，将米筛放在灶台上，开始念借镬词。借镬前炊具都已被家中姑嫂们事先藏了起来。借镬词一般是即兴演唱，内容一般是先谦虚一番，然后再用吉祥的比喻话语来唱歌借物。接着是念接炊具的谜语山歌，小赤郎念到什么，姑嫂们就要拿出什么，谜语山歌是小赤郎按炊具的形象随口编唱。现摘录畲族《借镬谜语》如下，内容充满趣味：

四四方方一垛墙，（锅灶）
中央开个大龙潭，（铁锅）
铜镜双双对月亮，（锅盖）
金鸡洗浴海中央，（木勺）
三足落地火焰山，（小火炉）
两耳朝天喜洋洋，（小锅）
仙女点香来洗坛，（竹刷）
青龙引水茗香茶，（茶壶）
鲤鱼翻白凑成双，（菜刀）
凤凰伸腰五味香，（锅铲）
双龙抢珠城门内，（火钳）
九龙高山喷云雾，（饭蒸）
金童举掌开火路，（铣铣）
玉女吹箫笑眯眯，（火筒）
锡将军来坐木台，（酒壶）
五龙载水落凡来，（斟酒）
江西兰花金玉盏，（饭碗）
象牙银线成双对。（筷子）①

　　借镬时大家都会静听，尤其是长辈更认真，要留意赤郎吟得是否合理。若内容合理，礼数上又周到，立在灶后的姑嫂们便立即接应，同时把米筛接过去，女方家的厨师即刻拿出烹饪工具帮助烧煮，否则便故意不动手。有时长辈不同意赤郎，可能还要吟唱好几遍才能通关，有时还会遭到故意的作弄，整个过程充满欢乐。

　　（六）节庆娱乐

　　抢猪节，是畲族特有的传统节日。抢猪节在每年秋收后举行，主

---

① 浙江民俗学会：《浙江风俗简志》，浙江人民出版社 1986 年版，第 645—646 页。

要内容包括迎神、演社戏、杀猪、庆丰收等系列活动。据民间传说，从前大漈乡猪养不大，故很少有人养猪。明朝时有一个文成县人，来这里卖小猪，他从早到晚非但一只猪也没有卖掉，反而在马氏仙宫附近走失一只，因而哭泣。大家出于同情，将他的小猪全买下养起来。这年，该乡的猪养得又肥又大，人们认为这是马氏娘娘相助之故，为了感谢马氏娘娘，便议定每年举行抢猪节。

　　抢猪节由迎神与抢猪两部分构成。无固定的日期，一般在秋季择日举行。节日这天，旌旗飘扬，锣鼓喧天，人们涌集到时思寺内接神、看戏。整个抢猪节持续七日之久，第七天晚看完戏后，众人回家将猪杀好、洗净、绑牢，一直等到迎神头（卯时杀猪的第一声猪叫声），立即抬起猪奔向马氏仙宫。最先抬到的猪，摆在宫的正门，称为"首猪"。随后按到达先后次序排放。猪被全部抬到后，由各村推出的董事，以猪的大小进行评选。最大的称"駃"猪（"駃"为最大的意思），最小的称为"昌"猪，即祝主人来年养猪昌盛。待这三猪确定，四周鞭炮齐鸣，人们为三猪披红挂彩，吹吹打打，将它分别送回主人家，其余的猪由各人自己抬回家去。

　　而杀猪人家要在午饭时邀请亲朋好友吃饭，来者每人向主人交一红包，内有现金，其额不拘，主人一一笑纳，当即摆酒席，宴请客人，谓之吃"丧猪福"。宴罢，主人便据客人所送红包内的金额，按当时当地市价，称猪肉给客人带回家，谓之"散席"。至此，抢猪节才算结束。

后　记

本书获得浙江海洋学院出版基金和国家自然科学基金（41371182）的资助。

本研究最初是 2011 年浙江省重点社科研究基地"浙江省江南文化研究中心"设立的中心年度课题"江南文化区划研究"，由于工作异动的原因，该研究时有中断，并于 2012 年列为浙江海洋学院资助出版的学术著作，历时三年多才得以完成。

研究的初衷是想结合本人长期从事区域规划和区域经济研究的经验和知识积累，对江南地区的文化进行空间区划，目标仅仅是想获得一个文化区划方案，以期为江南文化的地域差异的专项研究提供基础，重点服务于江南地区文化设施建设的空间布局规划、文化产业的空间布局规划，服务于其他专项文化研究，如江南经济发展与地域文化关系研究、江南经济史研究、江南古村落研究、江南园林研究等。随着研究的深入，发现系统地探讨江南文化区空间分异的生成机制以及系统梳理各个文化区的区域文化特征更具实践价值，于是将研究重点放在探讨江南文化的空间分异及区域特征等内容。

《江南文化：空间分异及区域特征》一书是集体智慧的成果，历史学和文化学的深奥知识为本人专业和能力所不及，因此本人只不过做了些研究方案拟定、研究进度控制、撰写与出版的组织协调等方面的工作，同时完成了第一章、第二章第一节的二、第三章第一节第二节第三节的三、第六章的第一节的一二和第二节。2010 年 10 月至 2012 年 7 月由本人指导的研究生曾祯在这期间按照项目申请时拟定的研究方案、研究内容和研究进度，一直从事本研究的资料收集、整理工作，并在指导下完成了余下内容的初稿写作，为本研究做了大量基

础工作。研究生王楠在赴台湾海洋大学合作研究期间也抽出时间为本
研究收集、整理了部分文献资料，同时完成了部分初稿的写作。浙江
师范大学陈国灿教授为本研究的资料收集提供了大量方便，同时提出
了很多研究建议。浙江海洋学院的倪浓水教授帮助审阅了初稿，并提
出了很好的建议。中国社会科学出版社的责任编辑宫京蕾老师为著作
的文笔润色、文字校正等做了大量工作，在此深表谢意。

　　本著作是在前人大量研究的基础上完成的，参考了大量前辈的相
关研究成果，主要成果在参考文献中已列出。关于各文化区的文化现
象（第四章至第七章）的描述和记载，由于民俗民风内容是通识性
的，有的是口口相传的内容，不少来源于政府网站的宣传资料，对这
类不属于研究性的和创新性的，而属于记录和描述性的资料我们没有
一一列出其出处，对相关网站和作者表示感谢。同时也对由于我们的
疏忽或者由于种种原因找不到原成果作者或出处而被我们引用了但未
注明的成果作者，深表歉意，同时对这些前辈深表谢意。

陈修颖

2014 年 4 月